U0921271

“平潭传媒丛书”编委会

平潭传媒丛书

新闻人·耕耘

平潭综合实验区传媒中心 编

海峡出版发行集团 | 海峡文艺出版社

新闻人·耕耘
平潭传媒丛书

图书在版编目(CIP)数据

新闻人·耕耘/平潭综合实验区传媒中心编. 一福州：海峡文艺出版社，2020.4
ISBN 978-7-5550-1883-4

Ⅰ.①新… Ⅱ.①平… Ⅲ.①新闻学一传播学一文集 Ⅳ.①G210一53

中国版本图书馆 CIP 数据核字(2019)第 247118 号

新闻人·耕耘

平潭综合实验区传媒中心　编

责任编辑	任心宇
出版发行	海峡文艺出版社
经　　销	福建新华发行(集团)有限责任公司
社　　址	福州市东水路 76 号 14 层　　**邮编**　350001
发 行 部	0591一87536797
印　　刷	福建东南彩色印刷有限公司　　**邮编**　350008
厂　　址	福州市金山浦上工业区冠浦路 144 号
开　　本	787 毫米×1092 毫米　1/16
字　　数	340 千字
印　　张	18.5
版　　次	2020 年 4 月第 1 版
印　　次	2020 年 4 月第 1 次印刷
书　　号	ISBN 978-7-5550-1883-4
定　　价	58.00 元

『麒麟』之约

文/蔡露

真想不到，25年前登岛旅游，25年后会登岛工作。

1986年6月暑期，我从福清海口乘小船跨海登上平潭岛。那是一个黄昏，岛上的拖拉机穿过密密麻麻的木麻黄林与低矮的石头厝村落，将我拉到一片空旷的海滩上。同行的人告诉说，“龙王头”到了。

夕阳下，海面涌动着金色波光；浪拍打着洁白的沙滩，发出轻柔的水声。“龙王头”好似递来一张特别吸引人的名片。

离开平潭以后，我多年没有上岛过，与走过的许多景点一样，平潭仅是一种远去的记忆。

2011年6月，“平潭热”暖风激荡，我应邀来到平潭综合实验区筹办报纸。

这是“麒麟”之约。由此，与形似麒麟的平潭热切牵手。

踏上平潭的第一天，迈入没有人影的传媒院子(县检察院旧址)，等待我的是一切从零开始，更顾及不到“小岛也能办报吗”的疑虑目光。

申请刊号，这是我们首先要做的。只有领到“出生证”，一张报纸才能合法诞生。福建省新闻出版局蒋达德副局长、平潭综合实验区管委会周青松副主任带着我数次赴京，有人形象地说“跑北京就像从客厅到厨房一样勤”，上报材料，汇报工作。当最后通知进京领“证”时，我得知，《平潭时报》是当年全国唯一获得批办的报纸。更惊奇的是，报纸刊号为CN35-0068。“68”正是平潭到台湾的直线距离的数字：中国大陆与台湾本岛最近的距离——68海里。后来，邮发代号来了，也是一个没有想到的数字“33-33”。因平潭简称的“岚”，就有山，“3”与山，都是平潭“海山哥”喜欢的数字。真是巧了！

这巧了，还真不是人为的安排，或许是平潭到了“千年一遇”的历史时刻。大机遇的到来，就是这么巧合。“麒麟”腾跃，祥气氤氲，小小岛屿万般瑞吉。“麒麟”之约，约的是在台湾68海里对岸的平潭建设实验区，也约得《平潭时报》CN35-0068。

平潭作为中国唯一的对台综合实验区，独特的区位，独特的使命，独特的发展模式，此时自然引起人们极大关注，特别是台湾同胞，从实验区一成立就急急探问。在这样的背景下，实验区的第一张报纸如何办？办成什么模样？

记得有一天，我与同事张金飞在宿舍彻夜苦思报纸的定位，一个又一个想法提出，又一个一个否定。最后，敲定“共同家园，前沿媒体”。共同家园，实验区发展的目标；前沿媒体，说的既是平潭对台区位的前沿，更要进行媒体的前沿探索，办“全媒体”。报纸创刊号发刊词《从此，如老友之约》开宗明义：“带着对梦想的期待和对新闻的追求，带着一颗真诚为您服务的心，我们赶‘海’上路，扬帆启航。今日前沿，有不尽的新闻。我们起步追寻。”

催征的鼓点传向远方，回荡海坛。在《平潭时报》招聘中，18个采编职位，报名应聘400多人，走进考场的有300多人。“平潭热”在报纸招聘中可窥见一斑。来应聘的，不仅有大陆的，还有中国香港、新加坡、英国的。

报头，由书法家叶韶霖帮助集字，取自最早的魏体碑帖。

版面，请《厦门日报》版面总监王晓峰帮助设计。

……

在之后的采访中，平潭工地里常常还可以见到一辆黑色奔驰轿车。那车是一位“富二代”记者吴宇伟的采访工具，因为他的家人希望他能在采访的路上与实验区共同成长。

在之后的传媒院子里，可以看到，夜里灯火通明。赶稿、编稿、发稿，送走一个个黑夜，迎来的是带着墨香的清晨。长期值夜班的季亚军，有一天晕倒在办公室；版面女编辑哪怕有孕在身也轻易不下“火线”，坚持值夜班，真令人感动。

2011年9月27日，筹备3个月，在平潭综合实验区传媒中心成立的第二天，带着活泼小“麒麟”LOGO的《平潭时报》呱呱坠地，洪亮发声。

办报如此，办台也如此。

报纸一问世，区党工委要求尽快筹办电视台。

办电视台，审批手续更复杂。《广播电视管理条例》对平潭综合实验区这样的非一级政府来说，本身就是无法逾越的办台门槛。福建省广电局庄志松副局长带我们多次赴京汇报、沟通。最终，依托原平潭县电视台，得到一个“平潭广播电视台”呼号的批复。这个呼号，既非原来县台的，也非“平潭综合实验区广播电视台”的。“平潭广播电视台”的批复算是特事特办，也是实验区的一次国家“实验”吧。

办电视台，没有基本的专业团队，党工委、管委会向省广播影视集团请求支持，省广播影视集团二话没说，派出人员驻点开展筹备工作。

没有技术楼与演播厅，周青松、谢秀桐、林杰等区县领导现场决策：就在传媒院子的一侧打桩建设。

采编、播出技术标准，直接由省广播影视集团帮助设立。集团专家说，这些技术标准，相当部分是全省最高的。

除了硬体设施外，最缺的是采编播人才。虽然招聘了二十来人，但对办一个电视台来说是远远不够的，更何况招来的基本都是新手。在实验区向省里提出下派挂职干部时，我们要求从管理到采编、技术，全面下派。到开播前夕，来自全省各地有经验的广电系统挂职干部达31人，超过全台半数人马。挂职干部欧阳晓波担任广播电视台总监，具体组织紧张的开播工作。在缺乏的人才中，最缺的又是播音员、主持人。晓波、谢崴立即飞赴沈阳，向辽宁大学要人。该校从播音专业应届毕业生中推荐了4名优秀学生，东北俊男靓女“孔雀东南飞”，结群飞到平潭岛。但还是老问题：都是新手，专业实战风险大。为此，我们再向省广播影视集团张宗云董事长请求支援，要女主播。集团研究后，派出4名一线女主播轮流为平潭台播新闻3个月。有人说，那时常常把平潭台错当福建台呢。

这就是实验区，就是平潭传媒的起步。“麒麟”之约，众人行。因为我们都怀揣“共同家园”的梦想。

经过7个多月的筹备，2012年6月19日，平潭广播电视台正式开播。这创下全国办电视台筹备时间最短的纪录。开播当日，两岸传媒界宾朋会聚。不巧的是，设于户外的开播现场，乌云满天，风雨交加。大家心里犯愁，怎么办？然而，等到正式开播时间一到，就云开雾散，红日当头。在场的人，无不欢欣。平潭有喜，“麒麟”送福啊！

其间，我们又办了中国平潭网。中国平潭网因创新的网页设计，在中国优秀政府网站推荐中，被评为“设计创新型政府网站”。接着，挂职干部、传媒中心副主任邓培树牵头筹办“平潭网”，平潭的网络宣传在持续推进……

2012年下半年，我们开始创办广播。省广播影视集团“老广播”陈晓光应邀来岚，将最新的广播运作理念带了过来，“微博+广播”让业界对平潭《共同家园广播》眼睛一亮。

至此，平潭综合实验区传媒中心“全媒体”运作，基本完成架构。选题共享、联手采访、编辑分发，在重大事件、重要活动报道中频频运用。

台湾法律界名人谢启大女士参观平潭后接受《平潭时报》记者陈景军采访，畅谈对平潭法制环境建立的看法，并在创刊号上祝愿：“《平潭时报》蒸蒸日上，成为两岸同胞交流合作的新桥梁。”

“川妹子”余小燕开办“海坛风”文学栏目，许怀中、陈章汉等名家将自己赞美平潭的大作也送来了。陈章汉先生在《风的宣言》中写道：“潮平两岸阔，风正一帆悬。海坛的双帆石，可是风的宣言？那是天地合著的语码，读懂它，你便触摸到了奋飞的边缘。”岛上的象形石就是“麒麟”的机体，在文学家的笔端，那么生动迷人，富有寓意。借助传媒，平潭之美到达远方。

陈帅采写的陈茂训隆冬跳海救人事迹，感动许多人，陈茂训也由此被推为“全国见义勇为英雄”。

2012年、2013年，由传媒中心、平潭广播电视台与台湾东森电视台合办的“两岸财富列车——从平潭出发”专题，邀请陈文茜、连胜文等台湾名人来平潭录制节目，传播平潭声音、平潭故事。陈文茜说：“我认为从平潭出发，是两岸和解开始的出发，是共同面对经济衰退出发，是一次创新的出发。”通过台湾、平潭媒体刊播，各地网站转播，“平潭热”风行两岸。平潭“全媒体”成了平潭最重要的新闻发布平台、通道，占平潭对外新闻发布量的80%以上。

在这里，“麒麟”之约，已成新闻聚合之约，成两岸交流之约。

海面之上，君山巍峨。一次，去北港的路上，望见白雾如哈达披覆君山。有人说，那是岚气！还记得有个夏天随东庠渔船出海，体验捕鱼，渔民在海上望着远去的君山告诉我，若看到君山上有雾缭绕，那当天在台湾海峡就能捕到很多鱼。我问：

“为什么?”他说：“因为刮起了东南风。”也许就是因为东南风，海水蒸腾，岚气生成。

我想，“麒麟”之约，正是人集物聚，如岚气一般，带来丰收之喜，借力传媒助推两岸和合。

……

“开门”创业的足迹，深深浅浅，已逐渐淡去。进入新时代，传媒格局发生巨变，数字化、智能化、平民化将关系到传媒的未来。毫无疑问，作为实验区的媒体，适应变革的脚步又将急促。

2018年12月20日于福州

（本文作者系福建省文联文艺理论研究和文艺传播中心主任，高级记者，平潭综合实验区传媒中心原主任）

目 录

第一辑 | 传媒研究

第一辑

传媒研究

蒙少祥 / 文

座右铭：事在人为。

个人简介：蒙少祥，平潭时报社总编辑。

让工地新闻报道变得有温度

——《平潭时报》如何做好新时代基础设施建设宣传

内容提要：城市建设是城市管理的重要组成部分，有关城市发展建设的工地新闻是媒体报道必不可少的素材。那么，如何通过有温度的宣传报道，让工地新闻也能够立体丰满起来呢？

对于福建平潭综合实验区的了解，许多人都是从“比经济特区还要特”以及“一天一个亿，三年一千亿”这些话语开始的。

2009年以前，平潭还只是一个“非舟楫不能往来”的偏远海岛。而就在这一年，平潭迎来了千载难逢的历史性机遇，开始了它向“两岸同胞共同家园”的华丽转身。2009年，平潭在建的大项目就平潭大桥一个，所有来平潭考察的客人，都只能看看大桥建设，多的时候一天接待两三批。如今的平潭岛变成了一个大工地，遍地都是开建的重点项目，其热火朝天的建设场景可见一斑。

作为一片新兴的开发热土，平潭综合实验区一年投资300多亿元，主要用于基础设施建设，平均一天一个亿，而在3年时间内的投资额要达到1000亿元。可以说，福建省举全省之力，超常规推进平潭的开发建设，努力把平潭建设成为两岸同胞合作建设、先行先试、科学发展的共同家园。因此，在平潭这一片热土上，大干快上、提速建设的故事俯首即是。

作为福建第一大岛、中国第五大岛，平潭与台湾隔着台湾海峡相望，是祖国大陆距离台湾本岛最近的地方。原本偏安一隅的海岛，因为先行先试打造“两岸同胞的共同家园”，已经成为海峡两岸共同开发的一片热土。如今，拥有“对台综合实验区+自贸试验区+国际旅游岛”多核驱动的平潭综合实验区正走向全国、迈向世界，一改往昔风沙满地跑的落后形象。

人物：塑造工地建设中的主角

《普利策新闻奖最佳作品集》引言中写道：“新闻之所以重要，主要有一个原因，那就是人。”人是新闻的主体，也是传播效果的检验者。因此，《平潭时报》主要是从“人”这一角度来讲述那些遍布平潭全岛的工地新闻故事，从而让生冷、没有感情的工地，也立体丰满起来了。

《祖孙三代皆建桥，一家四口聚岚岛——瞧，这有个建桥世家》是平潭时报社于2016年11月14日刊发的一篇报道。该报道主要讲述，在平潭海峡公铁两用大桥项目部工作的庞孝均50多岁，是中铁大桥局福平铁路三标三分部装吊高级技师，其父亲是已退休的老一辈桥工，他自己也已从事建桥30多年，后来连女儿都跟随庞孝均的脚步来到平潭，为这一国内首座公铁跨海大桥的建设出力。一家四口人之所以能够聚集平潭，主要是缘起于庞孝均女儿庞春燕的一个决定。早年的庞孝均长期在全国各地奔波，极少有机会与家人团聚。庞春燕从小与父亲聚少离多，在心疼父亲劳碌辛苦的同时，她最想做的就是陪伴在父亲身旁。高考填志愿时，庞春燕选择了土木工程专业，为的就是追随父亲的脚步。2009年，她从西南交大毕业，也选择进入中铁大桥局，成为“庞家第三代”建桥人。2015年，庞春燕踏上了平潭小练岛，与父亲相聚，成为大桥项目部的一名档案员。庞春燕的丈夫也是一名建桥者，距离平潭小练岛不远的平潭海峡公铁大桥长乐段就是他工作的地方。如今，庞孝均的老伴张罗也来了平潭。下班之余，庞孝均能够吃到老伴的饭菜，可以与亲人聊天，还可以逗逗2岁的外孙女，这让庞孝均感到十分欣慰和满足。

在不经意间，该报道通过描述一家人在工地上的生活细节，从而带出了他们的日常工作，包括类似现场装吊施工、浇筑等常人不熟悉的工作，读者也会有一个大概了解。

2017年9月29日刊发报道的《工地上的“夫妻档”把最好的年华献给大桥》，主要是讲述了平潭海峡公铁两用大桥建设工地上的一对“夫妻档”丁岩与林平夫妇。丁岩是福平铁路四标一分部的副总工程师，他是大桥项目建设中不可或缺的骨干力量。作为工程师，丁岩更是工地里最忙碌的人。而妻子林平则是一名80后的东北姑娘。2016年年初调到平潭之时，丁岩与林平刚结婚3个多月。新婚的两人却要忍受两地分居的相思之苦。但在重任面前，两人毫无怨言。2016年一整年，丁岩仅回家一次，平时更是几乎没有出过平潭大练岛。2017年2月，林平毅然选择放弃原本待遇更加丰厚、环境更加安逸的工作，从江西婺源来到平潭大练与丈夫团聚。

通过这些可歌可泣的人物故事，一个个有温度的工地浮现在读者面前了。

创新：挖掘工地建设中的灵魂

创新是引领发展的第一动力，抓创新就是抓发展，谋创新就是谋未来。

一个个热火朝天的工地，它们看起来普通得不能再普通了，传统得不能再传统了，好像与所谓的创新、高科技没有啥联系。但是，如果深入挖掘进去，我们就会发现创新是每一个工地的灵魂所在，一项项高科技创举就蕴含在一个个工地的建设当中。

《海上“鲁班”天堑架飞虹》是2017年年底刊发的一篇通讯报道，该报道主要是深入挖掘平潭海峡公铁两用大桥建设的幕后故事，尤其是大桥建设所创造的一项项世界创举。平潭海峡公铁两用大桥全长16.34千米，跨越四个海岛，是我国第一座公铁两用跨海大桥，也是世界上第一座真正意义上的公铁两用跨海大桥。风大、水深、浪高、海底岩石坚硬——这座桥所在的海坛海峡，与百慕大、好望角并称世界三大风口海域。平潭海峡公铁大桥被称为在世界风口上建世界最长的公铁大桥，世界水上基础施工难度最大的跨海大桥，可以说，施工难度堪称前所未有，国内乃至国际上没有成熟的经验可供借鉴。那么，面对茫茫大海，面对无处藏身的风，如何在海上打下一根又一根桩基呢？

我们的记者深入一线实地采访了大桥的众多建设者，挖掘出大桥建设当中的许多科技创新。比如，由于海坛海峡地质特殊，海底花岗岩的强度像钢铁一样坚硬，当钢管桩桩头打进岩床1米深左右时，就被挤压得严重变形，把变了形的钢护筒从海里拖上来，已经扭成一团“麻花”了。针对这一建设难题，大桥的技术攻关小组没日没夜地测算、画图、修改、复核，一项海底裸岩上的“搭板凳”技术最终得以诞生。这个被称为“深水裸岩区埋植式海上平台”，已经成为国内首创并申报了国家专利。这个技术的成功开发，既加快了建桥速度，又降低了桥梁建设成本。而四年多以来，单单在平潭海峡公铁两用大桥的施工过程中，中铁建大桥局先后获得国家知识产权局审批的专利就有14项。历时几年时间，大桥人终于攻克了浪高涌急、深海裸岩、斜岩、孤石等世界桩基施工难题，最后圆满地完成全桥1895根桩基础施工。

《海上“鲁班”天堑架飞虹》荣获了第二十四届福建省新闻奖报纸副刊复评暨2017年度福建省报纸副刊作品年赛一等奖，并且被报送参与中国新闻奖的评选。

用技术换速度——这是遍布平潭岛内外众多建设者的一句口头禅。比如，平潭大桥是福建省内第一座真正意义上的跨海大桥，从开工伊始，就不断刷新着国内桥梁建设速度的纪录。大桥2010年11月建成通车，比原定计划整整提早了9个月。2011年3月份，莅岚考察的一位中央领导同志满意地说：“平潭开放开发不是一般的事情，就是要体现高效率、高效益，就是要体现平潭速度。”

而在这背后真正体现了“用技术换速度”的精神。比如，平潭大桥的建设采用造价先进的打桩船，施工平台的建设时间缩短一半；经过技术革新，冲击钻钻得更深了，一小时就能钻进岩层十几厘米，比过去回转钻技术快十几倍，这就叫“拿技术换速度”。

也正因为凭着“拿技术换速度”的一个个建设工地，原本只是偏安一隅的海岛——平潭正在走向全国、走向世界。

建设：发展成果与人民共享

发展目标是为人民，发展举措依靠人民，发展成果与人民共享。可以说，平潭的一切建设与发展的最终落脚点都是人民。

作为一家主流媒体，在宣传报道城市的工地建设方面，眼光绝对不能只是停留在工地上面，而是要跳出工地，从更高的角度、更广的视野来做好报道。

对于像平潭这样一个原先基础非常薄弱的欠发达的海岛县来说，把基础设施、人居环境和软环境搞好，从而吸引更多企业和人员前来干事创业，是非常关键的一步，也是必须要走的一步。从2009年福建部署推动平潭开放开发以来，平潭基础设施逐步完善，产业特色逐步显现，对台优势逐步发挥，体制机制改革逐步深入。目前，平潭综合实验区已形成打造国际旅游岛、闽台合作窗口、对外开放窗口、新兴产业区、高端服务区、宜居生活区的发展思路。

如今，越来越多台胞前来定居兴业。截至目前，近2000名台胞在平潭生活就业，其中1000多名台湾专才在平潭创业就业，300多名台商在平潭购房置业，200多名台籍学生在平潭就学，在岚台胞从“我爱平潭”到“爱我平潭”，平潭这一台湾同胞的“第二生活圈”正在形成。尤其是随着平潭澳前台湾小镇、台湾创业园等承载平台加快建设，越来越多台资企业落地平潭，呈现迅速增长的趋势。

因此，媒体人最终还要从“发展成果与人民共享”这一高度来宣传报道城市工地建设。

1989年出生的台湾嘉义人林智远，是平潭北港村最早的民宿开发者之一。2015年4月，林智远和父母到平潭旅游，从此和这里结下缘分。当年6月，他携妻子来到平潭，在澳前台湾小镇开了“阿里山馆”，经营自家“松木工坊”的文创品。当年10月，他“邂逅”北港村，石头屋的古朴、村民的热情，给他留下了深刻印象。2016年，平潭确定北港为文创村，即以文创为主题，引进两岸文艺青年、名人名家设立工作室，建设两岸共同家园文化创意聚落区，同时整合周边原生态山、石、田、海资源，打造原生态海岛渔村文化旅游目的地。2016年3月，林智远的“石头会唱歌”团队来到北港，向村民租下了8栋石头屋，开发成集民宿、文创、料理等于一体的“石头会唱歌”艺术聚落，把台湾元素与平潭石头屋完美融合在一起。“石头会唱歌”艺术聚落还成为两岸文创交流平台，不少台湾画家和音乐人来此寻求灵感，进行交流创作，游客也纷纷来此体验北港的独特味道。

为此，《平潭时报》对于林智远一家人以及“石头会唱歌”艺术聚落多次进行了报道，令林智远和“石头会唱歌”成为远近闻名的新闻人物、烫金名片。

类似的报道还有很多，“愿做两岸交流使者”的平潭台商协会副会长薛清德，在平潭安家乐业的台胞陈翠娟一家人，在平潭干事创业的台湾村里长朱倚谅……他们都是平潭开放开发的直接受益人与见证人。

张金飞 / 文

座右铭：众行致远。

个人简介：张金飞，平潭时报社副社长。

苦心争夺“微受众”

——“平潭时报”微信公众号运营实践探析

引　子

时光进入21世纪第二个十年，智能手机和微信等社交媒体迅速普及，形成强大的社会媒介。以此为根基的自媒体风起云涌，对主流传统媒体形成了巨大冲击，刚刚诞生不久的纸质媒体《平潭时报》也面临严峻考验。关键时刻，报社及时注册上线“平潭时报”微信公众号，主动参与社交媒体上舆论阵地的争夺。本文是对“平潭时报”微信公众号运营经验的思考和总结，亦可作为历史资料参考。

一、社会微信公众号的兴起，冲击主流舆论阵地

2011年9月27日，《平潭时报》创刊，成为平潭综合实验区第一份公开发行的报纸。作为实验区党工委的机关报，主要担负着宣传推介平潭综合实验区开放开发成就的任务，是当地的权威主流媒体。

《平潭时报》创刊初期，恰逢电子信息技术迅猛发展的时期，也是媒体变革转型的发轫期。《平潭时报》这个“新生儿”也和其他老媒体一样，受到了不断兴起的新媒体的巨大冲击。特别是头两三年，社会上不断冒出的微信公众号，以其传播上的威力，让我们的主流舆论阵地感受到了来自社会自媒体的强劲挑战。

由于注册微信公众号门槛低、手续便捷，越来越多的组织和个人开通微信公众号。在平潭综合实验区，一时涌现出来的微信公众号就多达几十个，有的已经发展成数万粉丝的大号，在当地公众中具有一定的影响力。

这些微信公众号的兴起，对地方主流媒体形成了合围之势，主要体现在以下几个方面：首先是与纸媒抢时效。由于报纸在时效上的局限性，给这些自媒体提供了抢占时效先机的机会。对刚刚发生的新闻，许多自媒体简单编辑处理就发出去了。报纸虽然能够做到详细和深度报道，但到读者手中，这些新闻已成明日黄花。其次是侵犯主流媒体版权。由于自媒体不具备采访权，许多新闻无法直接获得，他们就从官方的报纸、网站上转载新闻稿件，进行“巧妙”处理，甚至隐去来源，改换标题，使许多“微受众”误以为是这些自媒体的作品，削弱了主流媒体的影响力。再次，更为严重的是，常常抢发一些不实信息，博取眼球，混淆视听，甚至严重影响了党和政府的中心工作。

二、主流媒体有必要、有能力争夺“微受众”

主流媒体遭受自媒体的“四面埋伏”，已成现实。主流媒体如何突破重围，继续发挥其影响力，是我们必须破解的新课题。

当前，已有许多传统媒体在新媒体建设中，对微信公众号的运营也投入了相当的力量，在舆论传播渠道中获得了主动权，不仅弥补了传统媒体先天的缺陷，而且形成了叠加效应。这些媒体微信公众号的成功经验告诉我们，传统媒体不仅有必要，而且有能力与社会上的自媒体争夺“微受众”。

与社会自媒体相比，主流媒体运营微信公众号具备诸多优势。一是主流媒体拥有法定采访权，可以获得最权威、最直接的信息；相反，自媒体只能道听途说，或直接从主流媒体上进行转载，很容易沦为“搬运工”。二是主流媒体的编辑记者都是专业的新闻从业人员，在内容处理方面，其优势是运营者多为技术型人员的自媒体无法比拟的。何况主流媒体“人多势众”，自媒体多为“单打独斗”，高下不言而喻。三是主流媒体已经在市场上形成一定的覆盖面，可以与新媒体融合，多形式、多渠道的综合性推广，让微信公众号快速进入“微受众”视野，大量聚集粉丝。而自媒体往往只能靠本身的单一渠道，借鉴、采用商业的手段来吸粉。

2013年10月，平潭时报社申请开通了“平潭时报（pttimes）”微信订阅号。刚开始时，我们只是抱着“蛮开通一个，做着玩玩”的想法，并未给予太多重视。微信编辑也只是由一位报纸编辑兼任，所推送的内容基本上都是照搬报纸上。到2014年底，运营一年多的“平潭时报”微信号，仅积累粉丝2000人。

2015年，我们在社会微信公众号的冲击中“幡然醒悟”，决定将微信公众号的运营当作一件“正事”来做，成立了微信工作室，确定一名报社领导主抓微信工作。此举大大改变了“平潭时报”微信运营的被动局面，所选内容更加贴近受众，形式更加活泼，语言更加生动，在“微受众”中的影响力大幅提高。截至2015年6月底，仅半年时间，粉丝量就在原来的基数上翻了几番。从2015年6月份开始，福建日报社与清华大学合作开展微信公众号影响力测评，“平潭时报”微信号数度进入全省媒体微信公众号榜单前20强。

三、内容为王，争夺“微受众”的三个维度

在运营微信公众号方面，传统媒体虽然有诸多优势，但如果重视不够、投入不足、理念不新，也难以与社会微信公众号比拼。

在与自媒体争夺“微受众”的过程中，我们深切体会到，做好内容才是制胜的根本法宝。不论传播技术如何发展，不论传播渠道如何更迭，“内容为王”是我们始终应该坚持的原则，也是我们应该淋漓尽致发挥的优势。我们觉得，做好微信内容，应该从三个方向努力，追求高度、长度和广度。

1.高度：坚持权威性，占领舆论制高点

追求高度，就是要坚持权威性。微信推动了信息传播的速度和广度，但在其带来的海量信息中，难免泥沙俱下、真假难辨。社会微信公众号所推送的信息，其公信力常常受到人们的质疑。而主流媒体推送的微信，因其具备专业甚至官方的背景，自然让人们觉得“更靠得住”。

平潭作为全国唯一的对台实验区，又是自贸试验区，备受海峡两岸民众关注。平潭的发展和走向，是人们最关心、最迫切需要知道的，当地的主流权威媒体，自然成为发布权威信息的权威平台。而作为当地党政机关报《平潭时报》派生的微信公众号，“平潭时报”自然应该坚持主流媒体的权威性，用权威的信息吸引

粉丝，用权威的信息增加粉丝黏度，用权威的信息占领舆论制高点。

从2014年底到2015年初，一些社会微信公众号或道听途说，或臆断猜测，或采用一些不够权威的信息源，言之凿凿地多次发布“福建自贸区在某天挂牌”的预告消息，但每一次的预告最后都落空，在受众中造成了舆论混乱，给政府工作带来不良影响。在各种消息满天飞的情况下，具有官方背景的“平潭时报”微信号，始终保持冷静，没有慌乱，坚持以最权威的信息源为依据，坚决不发布那种臆断猜测或含糊其辞的消息，不给党和政府的工作添乱。最后，在获得最可靠信息后，我们才发布了确切的自贸区挂牌消息。

坚持权威性，让“平潭时报”占领了舆论高地，获得了粉丝的好评，也增强了粉丝的信任度。一位粉丝告诉我们，她原来关注了好几个本地的微信公众号，后来发现“平潭时报”推送的新闻最权威、最可靠，便取消了对其他几个本地微信公众号的关注。

2.长度：坚持原创性，拉伸阅读链条

主流媒体微信公众号背靠专业的新闻机构、专业的从业队伍，原创性是其本色，是自媒体难以企及的。这里所说的原创，有两个方面的含义：一是区别于社会微信公众号的抄袭搬运、组装拼凑；二是与所在媒体的新闻报道，在选题策划、表现形式、语言风格等方面，均有所区别。

“平潭时报”所推送的微信，并没有完全简单地搬运转载所在媒体的报道，常常进行二次创作，甚至原创，做出了自己的特色。

一是遇重大新闻事件时，如果等报纸、电视刊播后再来推送，往往要到新闻事件发生的第二天，时效性便大打折扣。在这种情况下，应派记者到现场采写专门的微信稿，争取最快的时间推送，争取最佳的时效性。比如在2015年6月8日，平潭举办国际“海洋杯”自行车比赛，6月14日，平潭“共同家园”论坛开幕，“平潭时报”微信工作室都派出记者现场采访。要求记者要针对“微受众”的心理，写出语言生动、形式活泼的微信稿，当天及时推送。结果，这几次的尝试都取得了喜人的效果，微信稿被转发、被点赞的数量明显增多，阅读量可观。

二是对传统媒体刊播的新闻进行改造，添加链接和相关阅读，拉长阅读链条。传统媒体，特别是报纸、电视台，容量有限，受篇幅和时长的限制，对一天新闻的报道，总无法做到随意延伸。相对来说，微信的容量较大，可以对许多新闻进行“拉长”，延伸阅读长度。如2015年入伏那天，“平潭时报”微信除了转载报纸上关于入伏的新闻报道外，还链接了如何避暑、三伏养生、国家防暑降温政策等

相关资讯，得到粉丝的广泛点赞。

三是多种形式并用，如文字、图片、动漫、表格、视频、音乐一齐上阵，营造“微受众”阅读的愉悦感。夏季是平潭岛的旅游黄金季节，2015年6月，平潭早早就出现了“蓝眼泪”奇观。“平潭时报”微信工作室派出记者连夜采访、拍摄，编辑人员连夜赶制出了一条有文字、有图片，还有动图制作的微信，凌晨就予以推出。第二天，这条微信迅速成为朋友圈的热点，阅读量、转发率、点赞率急速攀升，阅读量突破4万。许多外地游客冲着“蓝眼泪”来平潭，再一次引发了平潭的旅游热。

四是推出媒体新产品。在公众号运营中，我们发现，H5、微视频等新媒体产品备受受众喜欢，我们也在“平潭时报”微信公众号上及时推出了此类新产品。根据自身的采编力量，我们创建了“平潭时报最现场”微视频栏目。创建初期就精心制作了《高铁大桥建设工地》《平潭石头会唱歌》《阿迪力平潭走钢丝》《竹屿湖白鹭翱翔》等微视频报道。这些微视频推出后，平均点击量普遍高于常规报道，初步形成了品牌效应，在吸粉方面发挥了重要作用。

3.广度：坚持大众性，锻炼说好“普通话”的本领

受众是媒体生存的基础，微信公众号本质上就是一种媒体，也不例外。一个微信公众号影响力如何，主要看阅读量，而粉丝量是阅读量的基础。运营好一个微信公众号，要坚持不懈地吸引粉丝，始终保持粉丝量处于增长状态，最大幅度地增加“微受众”。

“平潭时报”微信公众号在运营过程中，始终保持粉丝量有较大幅度的增长，很大一部分得益于其在传播的广度上做文章。

一是注重选题策划。为了增加“微受众”的阅读广度，“平潭时报”微信还经常策划一些报纸上没有刊载的选题，以顺应不同层面、不同领域、不同需求的“微受众”需要。“平潭时报”微信对“番薯藤食疗作用”的策划，就是一个比较成功的案例。平潭盛产番薯，以番薯为原料的食品不少，但对有专家称“像人参一样”的番薯藤的食疗养生作用认识不足，对番薯藤一般是丢弃或喂猪。我们从网络上搜索了番薯藤养生作用及烹制方法的文章，整合当地对番薯的传说，推送了一条《平潭满地都是人参，可惜都把它拿去喂猪……》的微信，效果出人意料，阅读量数日内就超过了3万，当天新增粉丝100多人。

二是注重运用大众化语言。微信要受欢迎，必须改变冷面孔和官腔官调，或者空洞的口号语言，必须使用通俗、直白的大众化语言，这一点在标题上特别关键。为了增加亲和力，“平潭时报”编辑人员在标题上动了不少脑筋。比如，《这是我见过最美的阳光海岸！平潭人有福了!》《平潭封关一周年，这么多政策红利你未必都知道!》等，都是编辑人员精心改造制作的标题，与报纸上的标题风格明显不同，其亲和力如春风化雨。另外，微信要多使用“悬念式”标题，这一点和报纸对标题“直截了当”的要求不同。微信在标题上适当地故意“绕弯子”“卖关子”，反而能激发粉丝的好奇心和点击阅读欲望。比如，《他们纷纷从外地赶来平潭，都是为了她……》《昨天他跳海，7米高！结果……》《平潭要建地铁？真的假的?》等等，都是这类标题，对阅读量均起到了拉升作用。

三是经常开展互动活动。经常开展受粉丝欢迎的互动活动，不仅对吸粉具有重要作用，而且还有利于增强粉丝黏度，不易掉粉。平潭雕塑园建成后，成为人们休闲游乐的好场所，但也有许多游客存在攀爬雕塑、踩踏草地等不文明行为。“平潭时报”通过微信平台，向全社会征集文明标语，评选出“十佳”标语，镌刻在雕塑园内。这项活动最后征集到文明标语数百条，在“微受众”中产生良好影响。“平潭时报”微信还与报社小记者活动配合，线上线下同时开展活动，及时推送小记者活动的新闻和资讯，吸引了大批家长粉丝。

欣桐 / 文

座右铭：过程尽心，结果随缘。

个人简介：欣桐，《平潭时报》专副刊部主任。

地方党报副刊如何办出特色与品位

——《平潭时报》文化副刊解读

地方党报的副刊作为报纸的有机组成部分，同新闻版一起发挥着重要功能。副刊的质量如何，品味是否高雅，风格是否清新，能否吸引广大读者朋友，对报纸的品牌影响很大。作为一名地方报纸的副刊编辑，本文拟以《平潭时报》为例，结合自身的工作实践，谈几点体会和感悟。

一、挖掘历史文化，打造特色栏目

地方党报副刊是新闻版的延伸和深化，在一定程度上，其“润物细无声”的传播方式，更容易为广大读者所接受。无论是报告文学、散文还是诗歌，无论是随笔还是文艺评论，对读者的思想观念、精神境界、认知水平等方面，都会有不同程度的影响和渗透。因此，必须从思想观念上高度重视办好行业报副刊，从组稿、编辑到排版的每一个环节，都要坚持先进文化前进方向，牢牢把握时代主旋律，把行业报副刊办成宣传先进文化的主阵地。

2011年9月27日，《平潭时报》刚创刊时为周三刊，对开8版。2013年1月1日改为周五报，2015年1月1日起为全日报。

“海坛风”作为纯文学副刊，主要刊发平潭作者以及外来作者文学稿。创刊时设置八个栏目，有“名家名作”“流金海坛”“灯下漫笔”“拍客天下”“诗性岁月”“平潭话辞典”“人在他乡”等。

福建著名作家陈章汉题写“海坛风”刊头并创作创刊词《风的宣言》。2012年，“海坛风”开辟了“作家的眼”这个栏目，旨在向福州及台湾等地的作家们约稿，曾获鲁迅文学奖的厦门作家何况先生，著名词赋家陈章汉，《中篇小说选刊》主编林那北，美国文心社社长施雨，作家朱谷忠，美国华裔作家虔谦、凌珊，国内著名女作家雪小禅、安宁，以及著名散文家鲍尔吉·原野、陈劲松等的作品都在该栏目刊发过。

开设了“作家的眼”栏目，向海内外华人征稿。为了架起与台湾作家的文学桥梁，栏目编辑曾经向台湾著名作家朱天衣约稿写专栏并刊发其文章，有“诗魔”之称的洛夫先生为《平潭时报》题词“邮票是两岸亲吻的浪花”，台湾诗人古月、林焕彰的诗歌也在“海坛风”以专栏刊载。

开辟了诗歌专栏“诗性岁月”，五年来发表了国内外著名诗人的诗歌。2014年全省新闻副刊年赛在平潭举办，刊发了全省副刊编辑平潭采风诗歌专题。诗歌专栏开设五年来，受到了国内外诗歌爱好者的喜欢和好评，福建诗人梁征、蒋夷牧、蔡芳本、林春荣、哈雷、谢宜兴、三米深、年微漾、叶玉琳、笔尖、秋水、黄静芬等都刊发过诗歌，一些外省的诗歌爱好者也经常投稿本栏目。

当然除了刊发专业作家的文章，“海坛风”也挖掘了一大批平潭当地文学爱好者。

都说一份报纸的副刊是地方的文化窗口，因此，“海坛风”不仅是文学爱好者的平台，也是培养文学新人的阵地。

《平潭时报》的副刊除了大量的散文和其他文学作品外，平潭的文化遗产、民间文化、民俗文化也是很好的题材。“百屿风情”栏目的诞生之日，就定位于书写海坛历史、民俗文化，这个栏目每周一版，从创刊到现在，一共刊发了300多期。“百屿风情”寻找平潭地理变化的印记，挖掘城市人文地理变迁脉络，并尽量用文字去还原历史，以满足读者对城市的了解。《平潭时报》将这50多万字的民俗文化栏目，结集出版了两本书——《海坛掌故》《平潭行旅》。“百屿风情”栏目曾获得2012年度福建省报纸副刊好专栏奖。

一是尽量发挥文物、文献、遗址和实物的佐证作用。多拍一些图片，并利用摄影的效果，对局部细节进行特写，以达到以图片保存历史的记录。

二是充分利用一些民俗习惯与古迹再现历史场景。平潭有6500年前的壳丘头文化遗址，不仅留下了众多瑰丽灿烂的名胜古迹，还留下了无数渔家人的民俗与传说。由于历史的久远，许多城垣古迹、市井景物已在岁月的剥蚀中消失殆尽了。我们现在唯有在挖掘书写独特的民俗与生动形象的民间谚语中，还原昔日的历史风貌。

三是通过采访群众，让老百姓去讲故事，用老百姓的话去还原历史。比如，关于平潭老街的报道，还有平潭老物件、老手艺的栏目开设，让市民见到可能消失的老手艺还有老物件，那种作为老平潭人的亲切回忆一下子拉近了。因此，在“百屿风情”2014年的改版中，为了接地气，开设了《石头记》《地名考》《口述村史》《大脚行平潭》《外地媳妇·平潭郎》等新的栏目。特别是《外地媳妇·平潭郎》，以嫁到平潭的女性讲述真实故事为题，以当事人的眼光说出平潭的种种逸事，文章刊发后，引起很大反响。一些年轻读者每天等着作者更新。这些出自普通市民之口的故事，形式灵活多变，又弥补了个人主观采写的不足，达到了两全其美的效果。

通过栏目“石头记”以点带面，推动平潭石头厝村落的保护宣传。

“平潭岛，光长石头不长草，风沙满地跑，房子像碉堡……”古老的民谣诉说着平潭岛前世的寂寥。平潭岛上多产花岗岩石，于是当地人就地取材，利用岛上丰富的花岗岩建造房子。碉堡般的石头厝，以古朴亘古的身姿成就了布景般的原生态景致，它不仅是风情浓郁的独特民居，也是海岛祖先“斗天战地”生存智慧的结晶，承载着海岛儿女打拼世界的浓浓乡愁，也成为平潭旅游的新名片。

《平潭时报》以石头厝为专题，采写了《海坛石头厝遇见马祖石头屋》《石头城堡里的故事》《马祖民宿馆里的生意经》《石头无言却能歌——探秘平潭石头厝》《民俗专家：平潭石头厝可嫁接台湾民宿元素》等十个专题报道。

《平潭时报》连续报道石头厝的系列文章，引起中国国家地理杂志社注意，当年派特约记者萧春雷和冯木波到平潭采访，并在2012年6月刊发专题报道《谜一样的彩色石堡》，《平潭时报》也刊发了《石头纹理勾勒岚岛民俗》的专版文章。

通过连续的专题报道，引起了政府对古村落的保护重视，同年，平潭在总体规划时邀请上海同济大学对全区的古村落做了调查，将需要保护的古村落列入规划之内。

2014年11月，第三批中国传统村落出炉，平潭5个村庄首次入选传统村落——苏澳镇斗魁村、流水镇东美村、流水镇山门村、敖东镇青观顶村、白青乡白沙村。2015年11月，福建首批传统村落名录出炉，敖东镇钱便澳村、流水镇北港村、白青乡青峰村、国彩村、白胜村入选。

二、突出岚台最近优势，架构两岸文化桥梁

除了文化宣传报道，副报还开辟了“平潭蓝”旅游专刊，追踪两岸的历史文化报道，像“史海钩沉”“真宝贝”栏目等。

平潭是祖国大陆距离台湾最近距离点，岚台两岸历史渊源自明代海上贸易开始，延续到清代海坛水师两岸班兵换防。《平潭县志》曾记载，自清朝康熙年间起，就“盛产”过30多名平潭籍戍台名将。平潭民谣亦有“一里六提督，十二总兵”之说。从康熙年间起至1895年，200多年时间内，海峡两岸至少经历70次换防，总数达8万多人次，在换防的官兵中，不少是平潭人。为了挖掘两岸换防历史，“百屿风情”连续刊发了《4000余海坛水师英魂深埋平潭“义冢”》《江继芸：谱写海坛水师风云录》《詹氏一族神道碑因何也有江继芸》《清代海坛总兵神道碑隐匿闹市一角》《“驻守台澎三十年”——海防元勋詹功显》《“五福庙”和“海山馆”共述岚台渊源》《全面修缮，五福庙冲刺“国保”文物》《平潭五福庙“一庙两城隍”：见证平潭和台湾的交往史》等专题文章。

平潭与台湾的妈祖渊源可以推及清代，早在康熙年间岚台两岸换防，平潭的妈祖与台湾的妈祖就通过海坛水师来往，互相交换妈祖金身。

平潭东庠岛上有一座奇特的“歆头”妈祖庙。传说，明代嘉靖年间，妈祖变成红衣少女在东庠与倭寇海盗打斗，妈祖引诱倭寇跳入东庠峡谷，倭寇拔出剑来要刺妈祖，妈祖脖子一歪，施了法术把倭寇打死了。妈祖显灵的故事就传开来了，东庠妈祖也就得了“歆头”妈祖的名号。

2011年春季，《平潭时报》记者就曾上东庠对于“歆头”妈祖做了翔实的采访报道，引起台湾的香客关注。2014年的农历三月廿三，妈祖诞辰1054周年，东庠岛上来自岛内外的各地信众600多人前往祭拜妈祖，更有来自东岸的台湾同胞一同首访祭拜平潭歆头妈祖，开启岚台两岸妈祖信俗对接的又一通道。东庠的歆头妈祖文化通过《平潭时报》副刊的几次报道，现已成为平潭家喻户晓的一个民间信俗文化。而通过报道，在平潭的台湾同胞也了解到这个奇特的文化。“在台湾有红脸、白脸、金脸的妈祖，歆头妈祖是第一次听到，真的很神奇。我老家金门岛上信仰的是金脸妈祖，这个歆头妈祖确实是全中国首例吧，从来没有听说过，要把这个故事带回台湾，让台湾的朋友一起来拜祭抗倭女神歆头妈祖。”台中市金门同乡会名誉理事长黄吉瑜说。

平潭五福庙“一庙两城隍”见证台湾交往史。平潭五福庙以其独特的“一庙两城隍”而蜚声海峡两岸，这座历经200多年风雨的庙宇，从侧面见证了海坛“班兵换防”的历史事迹，追溯了一段有史记载的岚台缘。到位于平潭城关南街的五福庙，走进殿内可见一尊1米左右的台湾城隍神像，其后是一尊高约2米的五福“都城隍”。“一庙两城隍”十分罕见，可谓见证了平潭和台湾两地的交往历程，是两地文化一脉相承的重要佐证。无独有偶，平潭请来了台湾城隍，而在澎湖马公岛上的“海山馆”，也出现了海山城隍，这是平潭籍士兵换防到澎湖时由家乡移奉过去的。据了解，当时是为了解决换防、退役的戍兵以及等待船舶返回平潭的同乡们的食宿问题，建起了海山馆，庙中祭祀海神妈祖和海山城隍。后来，澎湖海山馆成为在澎湖的平潭人聚会、住宿、祭祀等的主要场所。

在台南也有一座“海山馆”。据《平潭县志》主编吴金泰介绍，台南海山馆位于台南安平区效忠街，又名海坛馆，是清代驻防台湾的平潭水师班兵所兴建的兵馆。该馆祭祀的五福爷，令人不禁联想到平潭的五福庙，据考证两者的香火也是一脉相承。五福庙与海山馆见证了海坛镇水师与台湾、澎湖戍兵换防守土的那段历史，而台湾的宫庙内祭祀的神祇（如软身妈祖、海山城隍），以及不可或缺的祭祀活动，皆是缘于平潭籍兵士将平潭民间的习俗、信仰带到了台湾的驻防地，这也从历史的角度证明了岚台两地源远流长的密切关系。

关于岚台两岸文化对接，现在平潭已经有了台湾青年经营的民宿。在北港村建造“石头会唱歌”民宿的林智远来自台湾嘉义，“石头会唱歌”艺术聚落的开发运营者是一群由台湾画家、陶艺家、摄影家等艺术家等聚集起来的一个团队。他们就是看到《平潭时报》关于石头厝的报道后，先行到平潭改造民宿的第一批台胞朋友。民宿里有村里小学老旧的桌椅、滩涂上废弃的渔网、海水退潮时遗留的漂流木……一项项创意被装进这些石头厝之中。“我们希望多多利用平潭当地的资源，让人们感受到原汁原味的平潭，寻找古老村落新的可能性。”林智远说。

在台湾青年的带动下，北港村目前已被定位为两岸文创村，成为平潭台湾创业园的孵化器和实践基地，更多的两岸青年文创团队正加入进来，为这个古老的村落带来新的活力。“平潭蓝”栏目曾专题报道过台湾青年民宿从改造到营业，直至走上2017年全球华侨华人春晚的舞台，向世界展示了平潭石头厝的魅力。

“只要你愿意，石头也能谱出全新的生命乐曲。”林智远说，“我们希望用艺术和民宿的概念，让平潭的石头有新生命，让更多的梦想开花。”

文学副刊“海坛风”还开辟“两岸作家”专栏。之前台湾的作家朱天衣和古月等作家已在《平潭时报》刊发文章。接下来，除了开辟作家的专栏，《平潭时报》副刊还要主动对接举办平潭与台湾作家的文化交流会，用请进来、走出去的方式，与台湾的作家们互动，让岚台两岸作家书写共同家园。

三、创新思路，拓宽视野，借力新媒体

对于一份不过7岁的地方报纸来说，《平潭时报》要办成品牌报还差得很远，文化副刊上一定要注入新思路，真正把副刊办活，办好看，办成老百姓喜欢的栏目。

新兴的文化副刊，均创办了常设版面和栏目，以渐进铺陈的方式，长期、全方位地介绍地方文化。而《平潭时报》副刊就是抓住了这个长效传播的平台。现在除了官方网站“中国平潭网”，还开设了“平潭时报”官方微博、微信平台。报社的微信平台开通以来，已有30000名粉丝关注，通过微信传播，让外地游客能从更宽的范围认知了解平潭历史文化。

副刊要跟上时代的发展，就要坚持理念创新，手段创新，拓宽视野，靠近文化发展的前沿。副刊应在保持传统特色的基础上，进一步扩大内容范围，增加服务性、实用性、趣味性，将视角延伸至更宽广的领域；加强策划，改进文风，打造精品，做强品牌；同时创新版面形式，融入美学与时尚元素，凸显时代气息，让静态文字充满动感和趣味。如果说内容是留住读者的必然要求，版面创新则是争取读者的重要手段。

创新还要学会向新媒体借力。目前，新媒介在不断加盟新闻传播阵营，从门户网站到搜索引擎，纷纷借力于传统媒体的新闻生产力。副刊创新也要学会借助网络提升竞争力：可与网络联手，多推副刊优秀作品在网上二次、多次传播，有效扩大读者和作者群；网络对文化热点、文艺思潮的关注，可引入副刊创新过程，通过与读者互动，了解读者需求；关注网上的优秀作品与作者，认真筛选，加工核实，将网络资源转化为副刊资源，为报纸培养一批年轻的受众，等等。目前我们对网络传播特征、话语体系和语言风格还不是十分熟悉，网络传播规律也有待进一步了解，但必须尽快学会向网络借力。

认清优势，明确职责，正视不足，有助于副刊在多元文化中进一步找准位置，做出应对。在报纸新闻同质化的今天，副刊是异质的重要体现。当新闻优势被弱化，新闻由新鲜品变成了易碎品，副刊却因其文字的思想深度和文化高度，可能成为耐用品和收藏品。副刊的坚定沉实、丰富鲜活、精美雅致，会给人们提供更多滋养身心、从容思考的机会，提供一方安放心灵的净土。副刊在文化繁荣发展

的新世纪将大有可为。

随着平潭国际旅游岛的获批，平潭迎来了千年一遇的利好时机。《平潭时报》是记录平潭综合实验区发展、成长的重要媒体，是平潭当地百姓每天必看读物，也是在岚工作生活的台胞们必不可少的信息来源。“新闻招客，副刊留客。”办好副刊，是时代赋予广大新闻工作者的责任。副刊主要承担文化传播的功能，主要体现着媒体的文化特点和个性，反映着社会的文化思潮和审美趣味，更好地体现应有的文化担当，承担起应尽的社会责任和文化使命。

李序拓 / 文

座右铭：不畏将来，不念过往。

个人简介：李序拓，平潭时报社编辑部副主任。

媒介记忆视角下乡土文化传播与保护

——以《平潭时报》的石头厝报道为例

随着我国城镇化进程的不断深入，乡土文化的传承和保护问题日渐突出。在追求城镇化和现代化的过程中，承载着数千年农耕文明的传统村落正在逐步消亡，老宅、祠堂、牌坊等古建遗存遭到破坏，而随着大批农村人口涌入城市，乡土文化的传承主体也在逐步缩减，民俗风情、传统技艺等乡土文化传承出现了严重的断层危机。乡土文化作为民族文化的一个重要组成部分，在“建设文化强国”的时代背景下，如何对其进行有效的传承和保护无疑是一项重要的议题。

文章拟在对《平潭时报》石头厝报道作内容分析和对相关文献资料进行综述的基础上，采用“媒介记忆”理论作为分析工具，分析地方媒介如何塑造乡土文化的记忆，对其进行理论总结；同时，探索地方媒介报道乡土文化过程中存在的问题，并针对问题提出策略总结。据此，希望本文所研究之成果能够为地方媒介报道乡土文化提供具体的操作思路，为推进地方乡土文化传承和保护略尽绵薄之力。

一、媒介记忆理论的阐述与乡土文化界定

（一）媒介记忆理论的阐述

目前，有关媒介记忆的专门论述还很少，无论是国外还是国内，有关媒介记忆的研究大都是与个人记忆、集体记忆、历史记忆、民族记忆等相结合来论述的。

学者邵鹏认为，“所谓媒介记忆，是指媒介保留某些信息的能力和属性，人类通过媒介可以将过去的事件和信息一如既往地在现实中再现和还原，并以此影响人类的个人记忆、集体记忆与社会记忆。”①

在本文中，媒介记忆特指大众媒介通过对日常信息的采集、编辑、记载或报道，形成一种以大众媒介为主导的社会信息记忆。新闻报道的过程，也就是媒介记忆塑造的过程。邵鹏认为，新闻是一种着眼于当下的报道，既扮演社会忠实记录者的角色，又扮演人类当下记忆建构者的角色。同时，它本身也是置于人类记忆进程中的文本，是对人类记忆的一种叠加性叙事，担负着强化与传承历史记忆的使命。②而新闻报道中记忆所传承的价值，离不开后期研究者对过往报道的整理与挖掘。本文选取《平潭时报》的石头厝报道作为研究对象，也是希望通过对其过往报道的量化分析，来发现报道过程中存在的相关问题，针对问题提出具体策略，以使其更好地完善对石头厝的报道，完善地方媒介记忆的塑造，从而推动乡土文化的传播和保护。

按照邵鹏对“媒介记忆”概念的理解，本文中石头厝即是《平潭时报》这一媒介所要保留的信息，并通过报道影响记忆的生成、塑造乃至强化。

结合本文的课题研究，可以总结出《平潭时报》通过对石头厝的报道所形成的媒介记忆，其研究范围可包括《平潭时报》对石头厝报道的报道主题、新闻体裁、稿件内容、版面安排等方面，本文的具体分析也将就围绕这几个方面展开论述。

（二）乡土文化的界定

乡土文化是在一个特定的地域内发端、流行并长期积淀，带有浓厚的地方性色彩的文化，包括物质性文化和非物质性文化两个层面，是物质文明、精神文明以及生态文明的总和。③学者赵旭认为，乡土文化涉及农村的风水地理、村落民居特色、生产生活工具和方式、社会结构、文化习俗、民间艺术、民间故事和口头文学（谚语、俗语、歇后语等）等，上下五千年，纵横数千里，具有传承性、多

样性和从善、向美、务实、有序、天人合一等优秀品格。[④]

通读著名社会学家费孝通的《乡土中国》，我们同样可以得出这样一个结论：乡土文化是一种根植于大地，在大地上建立乡村、城镇、礼仪、制度、庙宇，并且以此而建立起自由、幸福的天人合一的文化。

本文所引例证石头厝则是平潭独有的村落民居，属于物质性文化层面。石头厝从取材（平潭石头多，就地取材）到建造形式（“人”字形屋檐、小窗户，应对海岛强风和旧时抵抗倭寇），切合务实、向美、天人合一等乡土文化的优秀品格。事实上，即使生活于城市，我们还是身处于大地与自然之中，我们与天地之间的关系并未发生根本性的变化。可以说，乡土文化所代表的农耕文化仍是解决人与自然、宗教冲突、种族冲突等今天人类世界一些根本性冲突的良药。

当下，国家正在全面复兴中华传统文化，乡土文化的传承和保护显得尤为重要。

目前，在现代媒介的强力感召和影响下，乡土文化出现了“媒介式”样态——乡土文化摆脱传统人际传播方式，转而借助现代媒介进行加工、制作并传播。[⑤]美国著名新闻工作者李普曼的“拟态环境”论就强调现代社会媒介信息环境对人类社会生活的深刻影响。学者姜鹏表示，“如果我们把媒介化的乡土文化也看作是李普曼所谓的‘拟态环境’的一部分的话，那么，乡土社会中文化认知、文化意识、文化态度和文化行为的形成与发生就必然会与这个信息环境发生密切关联。”[⑥]

同时，大众传播效果理论中的“培养”理论告诉我们，大众传播具有潜移默化的效果。同样，媒介通过新闻报道所塑造的“媒介记忆”，也会在潜移默化中影响人的思想观念和行为行动。

就此，如何发挥大众媒介对乡土文化的传播和保护作用，也成为本文的研究重点。

二、《平潭时报》的石头厝报道现状及问题分析

作为新闻信息的生产者和传播者，媒体在记录和储存社会记忆的同时，也编织着人类记忆中的过去和当下。[⑦]《平潭时报》对石头厝的报道，既是在传播信息，也是在编织一种媒介记忆。对石头厝的报道主要集中在《平潭时报》旅游周刊《平潭蓝》版面，故而本文关于《平潭时报》的石厝报道的量化分析的文本选取，也是从《平潭蓝》版面进行选取。

《平潭时报》旅游周刊《平潭蓝》于2015年5月1日正式创刊，到2017年5月1日为创刊两周年。《平潭蓝》固定每周五出刊，每期4个版面。本文特选取了《平潭蓝》从2015年5月1日至2016年12月31日的75期300个版面来进行量化分析。其中，含石头厝报道的版面为52个，占所选取版面总数比例的17.30%（详见表1）。现将分析结果呈现如下。

表1 对《平潭蓝》报道文本的选取情况表

时间	期数	总的版面数量	石头厝报道版面数量	石头厝报道版面数量占总版数量比例
2015.5.1-12.31	27	108	18	16.70%
2016.1.1-12.31	48	192	34	17.70%
总数	75	300	52	17.30%

从表1可以看出，2016年《平潭蓝》中石头厝报道的版面比例较2015年提高了1个百分点，这表明《平潭蓝》对石头厝报道的重视程度也有所提高。

（一）选题趋向商业化，缺乏保护主题报道

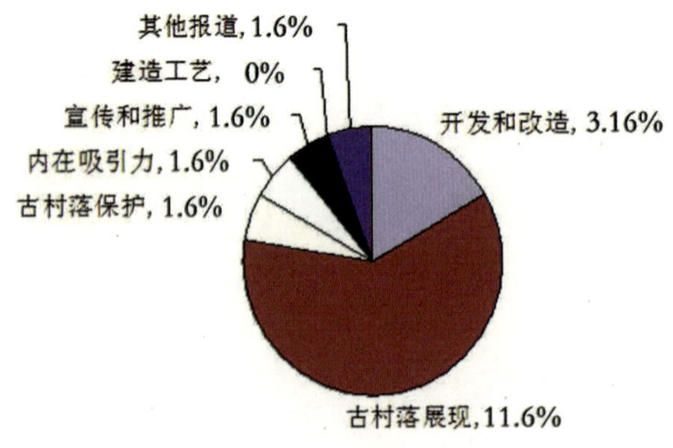

图1 2015年《平潭蓝》石头厝报道主题图

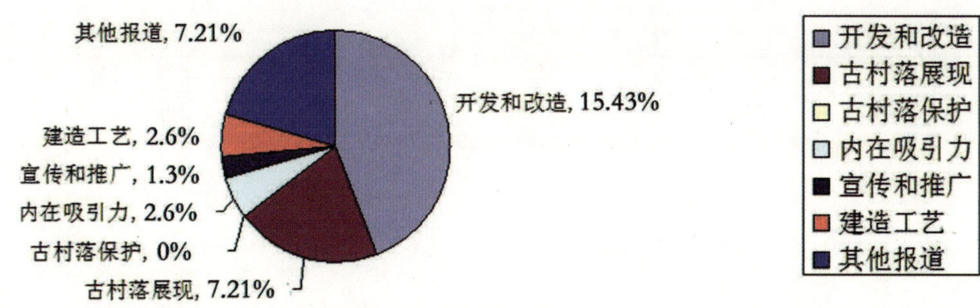

图2 2016年《平潭蓝》石头厝报道主题图

从图1可以看出，2015年《平潭蓝》的石头厝报道主题主要是古村落展现，占60%的比例；开发和改造这一主题的报道比例位居第二，但仅占16%；其他诸如宣传和推广、古村落保护、内在吸引力和建造工艺的主题报道，所占比例都不多，且相差无几。

从图2可以看出，2016年《平潭蓝》的石头厝报道主题主要是开发和改造，占43%的比例；古村落和其他报道并列第二，各占比21%；建造工艺、宣传和推广及内在吸引力的主题报道占比几乎没有变化，差距也依旧不大。

由此，我们可以得知，从2015年到2016年，《平潭蓝》将石头厝报道主题的重心由“古村落展现”转向“开发和改造”。这一点，从图3也可以更直观地看出。而这报道重心转变的原因，与平潭国际旅游岛建设不断推进而带来的游客量和石头厝民宿的增加，有着不可分割的联系。值得关注的是，不论是2015年还是2016年，对“古村落保护”这一主题的报道所占比例都微乎其微，2016年更是没有专版关于古村落保护的报道。石头厝是平潭乡土文化的一个重要组成部分，我们理当积极响应平潭国际旅游岛建设，适当地对石头厝进行开发和改造，特别是对废弃石头厝进行改造。不论何时，对乡土文化的保护都应当是第一位的。没有保护，就没有开发和改造的物质基础。《平潭时报》在对古村落保护的报道方面理当加以重视。

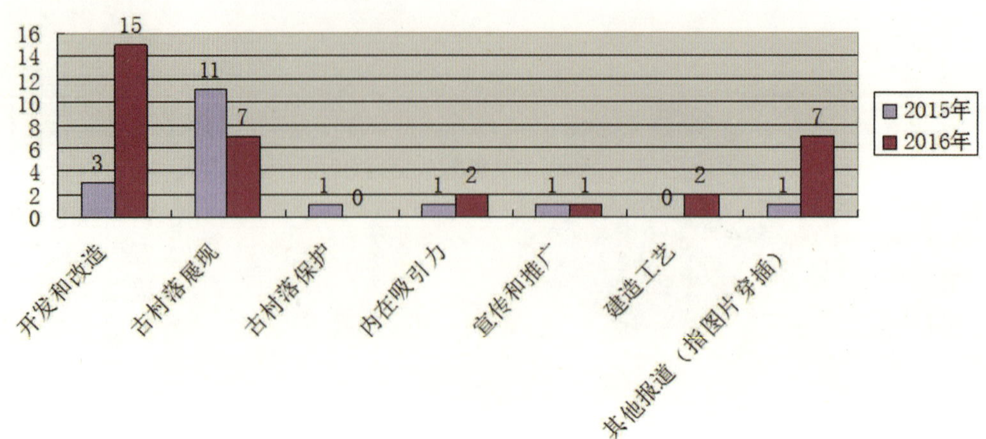

图3 2015年、2016年《平潭蓝》石头厝报道主题对比图

(二) 版面编排上未突出对关键位置的选择

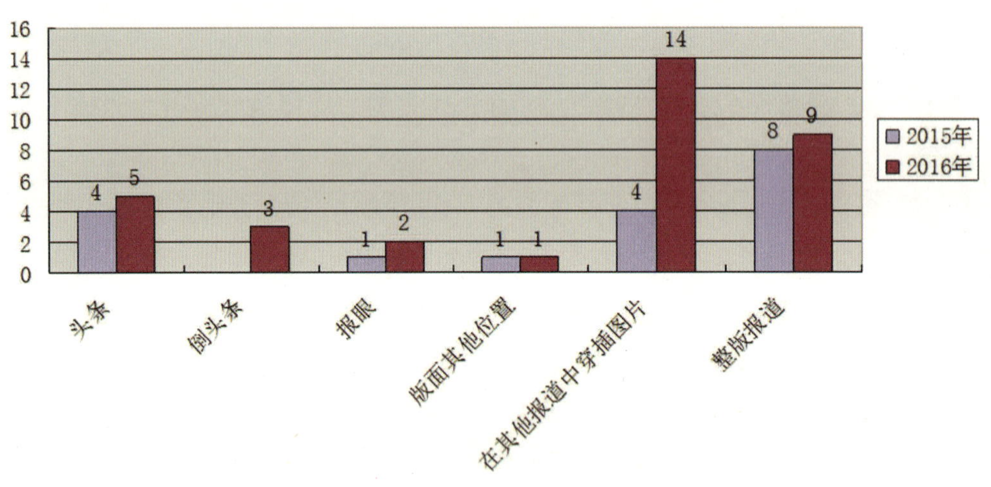

图4 《平潭蓝》石头厝报道版面编排图

从图4可以看出，2015年和2016年《平潭蓝》石头厝报道版面编排都以“整版报道”的形式居多，这说明《平潭蓝》对石头厝的报道还是有一定的重视的。但是，在非整版报道的情况下，对头条、倒头条和报眼等版面中重要位置的编排并

不突出，这在一定程度上是会削弱石头厝报道内容的被关注度的。

（三）新闻体裁形式多样，但通讯报道偏少

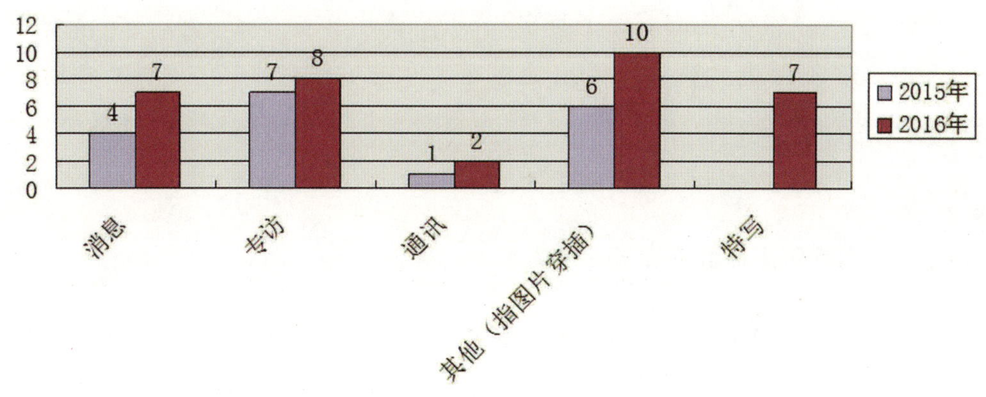

图5 《平潭蓝》石头厝新闻体裁图

从图5可以看出，《平潭蓝》石头厝报道的体裁形式多样，其中不乏专访、特写等专项报道。但是，通讯文体作为一种能够详细和生动地报道客观事实或典型人物的新闻体裁，却是被运用得太少。这对于全面展示石头厝这一乡土文化的内涵及深层寓意等内容，是有一定削弱影响的。

（四）报道内容上缺乏对历史的回顾

从图1至图3《平潭蓝》石头厝报道主题可以看出，《平潭蓝》对石头厝的报道不光是主题上缺乏对“古村落保护”的重视，在内容上也缺乏对石厝历史的回顾。很多人不了解石头厝这一建筑形式形成的地域、历史因素，就别提对其价值的认识了。

三、《平潭时报》提升石头厝报道的策略

（一）加强保护石头厝古村落专题报道

乡土文化无论是物质的、非物质的，都是不可替代的无价之宝。对乡土文化

的保护和延承必须覆盖物质的、非物质的各个领域，保护始终是第一位的，即使要利用它发展旅游等产业也要突出“保护第一”的原则。[8] 所以，《平潭时报》应该始终将石头厝保护性主题报道置于第一位置。

关于保护石头厝的报道，应该要有专门的报道策划，采用立体化报道形式，深入挖掘石头厝的文化价值和现实意义，唤起村民、社会各界、政府部门的重视。在具体保护措施上，可以通过采访有关乡土文化专家、学者，让这些人为石头厝古村落的保护献言献策。同时，也可以借鉴其他地方古村落传统民居的保护方式，以资料收集的形式呈现在报道版面上。

（二）运用版面语言突出石头厝重要性

美国传播学家M.E.麦库姆斯和D.L.肖的“议程设置功能”理论认为：传媒给予的强调越多，公众对该问题的重视程度也就越高。新闻报道的过程即是“议程设置”过程，报纸上的版面编排更是如此，即版面语言传达内容的重要性。

除了加强系列报道、专题报道外，《平潭时报》可以尽可能地将石头厝相关报道置于版面显眼和重要的位置，通过版面语言加强对石头厝报道的强调。而这样长此以往，根据伯格纳的“培养分析”理论，势必会让《平潭时报》的受众在潜移默化中接受石头厝报道的熏陶，从而引起全民对石头厝传播和保护的关注度。

（三）增加通讯报道体裁比例，建立立体化传播机制

石头厝相关内容，大部分属于静态新闻，建议多采用通讯报道体裁。通讯文体作为一种能够详细和生动地报道客观事实或典型人物的新闻体裁，应该广泛地运用于石头厝报道之中，这样才能全方位地展示石头厝这一乡土文化的方方面面。

《平潭时报》在对石头厝报道时，除了要展示石头厝本身的面貌，还要搭建其进行文化展演的平台，让其能够更好地走出去进行交流、创新。同时，更要收集石头厝文化赖以生存和发展的背景化资料——譬如，石头厝缘何而来、如何保护、怎么合理开发等，形成立体化报道。

（四）强化石头厝历史性回顾报道

对石头厝历史最为知情的，莫过于村中老人、民俗专家。《平潭时报》在对各村落的石头厝进行采访报道时，不妨多采访村里的老人，向他们了解石头厝的前世今生、历史典故等。同时，要对当地档案馆、文化局、博物馆等相关负责人进行采访，以期收集到更加全面的有关石头厝历史性回顾的资料。

事实上，石头厝作为平潭人民的传统民居，历史可追溯到明朝时期，平潭岛上的绝大部分石头厝都有百年以上的历史。而石头厝从选材到建造，也都是因地制宜，讲究天人合一。以前，平潭流行一句俗语："平潭岛，平潭岛，只长石头不长草。"说的就是平潭的石头多，特别是青石花岗岩多，当地人民就地取材，用青石花岗岩建起了石头厝。用石头搭建起的石头厝，不仅冬暖夏凉，更能适应平潭岛上的大风天气。同时，石头厝的窗户大都窄小，一来为了减少风力冲击，二来，也是明朝时期平潭人民抵御倭寇入侵而留下的智慧产物。窄而小的窗户，内可观大外，外不易观小内，因此而起到抵御和防守外侵的作用。

做完前期的采访资料收集之后，最重要的是做好宣传报道，全面呈现石头厝的历史和文化价值，突出保护石头厝的重要性，唤起大众对石头厝这一乡土文化传播和保护的关注度。

四、结束语

在城镇化快速推进的今天，乡土文化的传承和保护愈发地迫在眉睫。同时，乡土文化的传播和发扬光大也同样值得我们去重视。本课题选取《平潭时报》对石头厝的报道为例进行分析研究，采用内容分析法和文献参考法进行写作相关素材的采集，期望在前人研究的基础上，加以自身研究的成果，能够为地方媒体对乡土文化传播和保护提供具体的操作建议，推进乡土文化被更好地传承、传播和保护。

注释

①邵鹏.媒介作为人类记忆的研究 [D] .浙江大学，2014:15－16.

②邵鹏.新闻报道：诉说过去反映当下昭示未来的媒介记忆 [J] .当代传播，2016，(03)：96－99.

③曹云，周冠辰.城镇化进程中乡土文化的保护困境与有效传承策略 [J] .现代城市研究，2013，(06)：31－34.

④赵旭.我国优秀乡土文化的"慢城"传播研究 [D] .山东师范大学，2012：6－10.

⑤姜鹏.新农村建设中的媒介式乡土文化及其创新传播 [J] .甘肃社会科学，2016，(02)：55－58.

⑥百度百科.乡土文化 [EB/OL] .(2016.12.7) .[2017.4.10] .

⑦邵鹏.新闻报道：诉说过去反映当下昭示未来的媒介记忆 [J] .当代传播，2016，(03)：96.
⑧百度百科.乡土文化 [EB/OL] . (2016.12.7) . [2017.4.10] .

（本文系李序拓、林乐艳合写）

高宏斌 / 文

座右铭：不重复自己，不模仿别人。

个人简介：高宏斌，平潭广播电视台总编辑。

新闻舆论监督的几种形式刍议

习近平总书记在2016年2月召开的党的新闻舆论工作座谈会时指出："团结稳定鼓劲、正面宣传为主，是党的新闻舆论工作必须遵循的基本方针。做好正面宣传，要增强吸引力和感染力。真实性是新闻的生命。要根据事实来描述事实，既准确报道个别事实，又从宏观上把握和反映事件或事物的全貌。舆论监督和正面宣传是统一的。新闻媒体要直面工作中存在的问题，直面社会丑恶现象，激浊扬清、针砭时弊，同时发表批评性报道要事实准确、分析客观。随着形势发展，党的新闻舆论工作必须创新理念、内容、体裁、形式、方法、手段、业态、体制、机制，增强针对性和实效性。要适应分众化、差异化传播趋势，加快构建舆论引导新格局。要推动融合发展，主动借助新媒体传播优势。要抓住时机、把握节奏、讲究策略，从时度效着力，体现时度效要求。"

习近平总书记的这些阐述，是我们做好新闻舆论监督工作的纲领。报纸、广播、电视和新媒体等新闻媒介开展舆论监督，要认认真真遵循这个纲领，把我们的舆论监督工作做好。

笔者进入广播电视行业已有30多年的历史，总结这些年来风风雨雨的新闻历程，归纳起来看，运用最多的舆论监督主要有以下几种形式。

批评报道。批评报道指的是点名批评的报道。这类批评报道，其点名的方式大体为两种：一种是直截了当，直接点出被批评者的真名实姓或被批评单位的真实名称。另一种是不直接点出被批评者的真名实姓或被批评单位的真实名称，而采用假名字或代号，如“王某”“A君”“B局”等。点名批评的舆论监督形式其特点非常突出，旗帜鲜明、尖锐泼辣、透明度高，具有较强的公开性、揭露性和威慑力，可以说火力最强的一种舆论监督形式。

2000年4月，厦门火车站附近有家叫“金海岸”的职业中介，以为刚到厦门特区的外来青年介绍职业为名，利用外来人员人地生疏急于找到工作的心理，而行骗取介绍费的勾当。我通过大量的调查和取证，最终在厦门电视台“道德与风尚”节目里以《金海岸很阴暗》为题进行系列报道，最后引起有关部门高度关注，这一骗人职业中介很快被取缔。

批评性报道。批评性报道与批评报道是有区别的。批评报道是点名的，而批评性报道是不点名的，也就是说，这种批评性报道批评的对象是“虚靶子”或“暗靶子”，它们经常暗指某种人、某单位，但又不说破。在批评某种社会现象、某种倾向、某种不良做法和作风以及某种流弊时，经常使用“概括法”“归纳法”，把批评的对象概括成几种类型，归纳成几种情况、几种表现。报纸广播电视开展舆论监督使用这种形式的频率是很高的，“时评”“杂感”“杂文”“记者述评”“观察与思考”等文体经常用这种方法对某种现象进行批评、抨击和指责。批评性报道没有点名批评那样尖锐，那么“实”，那么透明，但批评的张力和概率又是点名批评所不及的。这是这种舆论监督形式的优势。2018年7月17日《平潭时报》在“教育周刊”上刊登了一篇题为《不要让爱成为孩子控诉你的理由》的言论，文章谈到，有些家长过分疼爱自己的小孩，溺爱纵容，使孩子不能健康成长，最终影响了孩子人格的健全发面和面对困难的能力。文章虽短，但说理透彻，批评到位，很有见地。相对来说，这种形式更适合于报纸以及手机网络阅读性较强的媒介使用，在广播和电视里也常能看到。

对比报道。这种报道就是把同等条件下、相同或相似环境中的两种人、两种事物、两个单位在对待同一（类似）问题上的做法所产生的不同的结果、结局、方向进行对照，使优劣、正误、美丑、善恶、高下、雅俗的对立性更加鲜明，从而取得更佳的褒扬和贬斥的反向效果。这种形式的舆论监督虽然在数量上比不上前两种，但报纸广播电视等新闻媒介也时有运用。2018年7月24日上午7点50分，中央人民广播电台在对成都某法院对“老赖”拒不执行法院还债判决的事件进行报道的同时，也报道了杭州法院能很好地用法执法，这就是非常生动的例子。

讨论报道。运用讨论的方法进行批评比较巧妙，寓批评于讨论之中，新闻发布者以公正的面目出现。目前各新闻单位在运用这种形式开展舆论监督时一般都有两种做法：一种是把问题客观地提出来，把各方面对这个问题的意见客观地摆出来，但不在报纸上展开讨论，而是让群众在下面自己去讨论和思考。另一种是让媒体把问题摆出来，然后配评论或配言论。2018年6月31日晚，《平潭电视新闻》播出一条民生新闻《暴雨竟成新房“炼金石”，平潭融信大卫城多幢楼房漏水》的节目，节目通过对现场情景的拍摄和对大量业主、开发商以及物业公司的采访，把问题摆出来让观众评判。公道自在人心，问题很快得到解决。

深度报道。深度报道又叫思辨性新闻，也叫“全息摄影”式报道。这种报道的特点是多侧面、深层次、主体化。它把宏观与微观密切结合起来，把报道题材摆到纵向的历史发展过程和横向的社会发展现实特定的时空交汇点上进行透视和开掘，记者笔触上下五千年，纵横数万里，顺藤摸瓜，作纵的追踪，全方位扫描，作横的剖析，从而使其新闻价值的含量、思想内容的容量、影响受众的能量、宣传效果的质量，都远远超过其他几种新闻报道形式。

《人民日报》2018年7月21日第10版《以实力和透明破“邻避效应”》一文就属这类报道。广东佛山南海垃圾处理产业园区以前脏不可近、臭不可闻，现在做到了周边群众“零投诉”“零上访”，他们怎么做的？有哪些技术难点和突破？有哪些教训和成功的经验？这样的报道就很生动很有说服力。

深度报道是对传统新闻报道模式的颠覆。长期以来，一种非黑即白、非好即坏的“平面照相式”新闻模式统治着新闻文坛，深度报道既非传统意义上“正面报道”，亦非传统意义上的“反面报道”，既非是单纯的“表扬”，亦非单纯的“揭露”，而是把“正象”与“反象”、“两极”和“中间地带”、“光明面”与“黑暗面”作立体交叉展示，着力把社会生活的一点、一线、一面背后的多因果链接的立体网络透视给读者看。从批评的对象来说，这样的报道，既针对“个体”，又针对“总体”；从批评的方法来说，既从“微观”上着笔，又从“宏观”上针砭；从批评的角度来说，既有对历史的“烛照”，又有对未来的“观照”。总之是“瞄准某个地下洞穴的多角度钻探”，是“思想呈辐射状的集束炸弹”，其舆论监督的威力之大，辐射面之广，可以给受众留下非常深刻的印象。

当然，以上五种舆论监督形式的归纳和总结，也是粗浅的，经验性的，不是绝对的。因而，如果就此要区分哪种优哪种劣，也是不妥当的。社会生活是复杂的，舆论监督的对象千差万别，报纸、广播、电视等传统大众传播媒介以及新媒体只能根据舆论监督对象的不同情况，恰当地选用各种形式。如果被监督方责任清楚，问题严重，且责任方态度恶劣，社会反响强烈，我们当然要选择第一种报道方式，直截了当，痛快淋漓。如果想要让受众有思考，有选择，有感悟，当然要用对比性的报道方式。如果要让受众增加参与性，就要选择讨论式的报道。但是，我们认为，在全面深化改革、改革已进入关键时期的今天，提倡在实施舆论监督过程中多运用深度报道这种形式是大有必要的。现在，许多新闻工作者都强烈感觉到，改革社会生活变得异常复杂、异常丰富、异常广阔、异常深邃了，改革中出现了形形色色的新情况、新问题、新矛盾、新现象、新人物，应该来说，这些年来改革更把舆论监督的难度推向了一个更深的层次。作为时代镜子的新闻，面对改革时期社会生活的多面性、复杂性、立体性，要有效地发挥舆论监督的功能，仅仅对客观事物习惯地作非黑即白、非好即坏的简单化的结论性报道就远远不能奏效了，只能放弃以往固定不变的视角，而对事物作全方位的扫描，只能把事物当作一个发展中的过程作动态的透视，而不能当作一个凝固的物体作表象的反射。这样一个繁重而光荣的使命，唯有“深度报道”才能胜任。

习近平总书记教导我们，党的新闻舆论工作是党的一项重要工作，是治国理政、定国安邦的大事。因此，做好党的新闻舆论工作，事关旗帜和道路，事关贯彻落实党的理论和路线方针政策，事关顺利推进党和国家各项事业，事关全党全国各族人民凝聚力和向心力，事关党和国家前途命运。作为一名党的新闻工作者，仅有一定的新闻专业技巧是远远不够的，我们要深刻领会习近平同志关于新闻舆论工作的重要论述，要把正确政治方向摆在第一位，牢牢坚持党性原则、牢牢坚持马克思主义新闻观、牢牢坚持正确舆论导向、牢牢坚持正面宣传为主的方针，充分发挥政治家办新闻的优良传统，牢固树立正面宣传与舆论监督相互统一的观念，切实承担起新时代条件下党的新闻舆论工作的职责和使命。

卢晓超 / 文

座右铭：踏实做事，以诚待人。

个人简介：卢晓超，平潭广播电视台编委会成员、新闻编辑部主任。

试论地市台新闻立台赢得竞争的策略与路径

摘要： 地市台的建立与发展是对我国整体新闻媒体体系的完善，但从其整体的发展状况来看，其正面临内忧外患的发展局势。一方面自身的建设存在问题，另一方面广播电视市场的竞争力日益加大。本文以此为背景对地市台新闻立台下赢得竞争的策略与路径进行研究。

关键词： 地市台　新闻立台　竞争力

地市台存在队伍素质偏低、节目设计不合理等问题，阻碍了其在媒体领域的发展，从而不利于我国新闻系统的完善。为此，必须促进地市台的完善与发展，提高其在竞争环境中的发展生存能力。

一、地市台新闻立台赢得竞争的策略

（一）逻辑发展策略

首先，促进地市台话语通道的发展建设。当今时代融合发展成为媒体发展的一大趋势，自十八大召开以来对新闻立台有了新的要求。在这样的时代背景下，地市台要想在新闻立台上取得较好发展优势，必须强化自身的话语权建设。这是保证其发展的基础措施。

其次，明确自身角色定位，提升专项性的主体能力。地市台新闻立台的角色有以下几种，并具备相应的职责：第一，国家政策落实工作的先锋。地市台利用自身对政策与对当地情况的掌握，可促进国家各项政策有效落实。第二，社会舆论的定音器。广电媒体对各种社会舆论具有最终决定作用。第三，为人们提供各项准确信息的服务平台。地市台是与人民最接近、最有效的民生信息共享平台。第四，当地发展建设的展示板。地市台会直接分析并展现当地建设发展的成就、不足及未来规划方向。

最后，完善地市台的制度，为其安全运行提供保障。地市台必须维持自身新闻立台的稳定运行，才有可能在竞争日益激烈的传媒市场中获得参与竞争的席位，为其日后发展建立稳固的基础平台。

（二）发挥本土化新闻的优势策略

地市台在新闻立台中的最大优势在于可根据当地居民的需求，采用最利于当地人接受的方式进行传播。在进行新闻立台时，可打下坚实的群众基础，这是影响地市台生存发展的基础条件。这就要求地市台必须充分发挥自身关于当地新闻报道的时效性优势及在同级媒体中的权威性等，提高自身的竞争优势。[①]

（三）全面提高地市台新闻立台的系统性

新闻的时效性主要受事件突发性与紧急性的影响所致。这就导致地市台必须实时掌握当地各项情况，发掘有效的新闻话题，促进地市台新闻内容时效的提升。为此地市台可筹备不同的新闻节目对重要新闻话题展开不同形式的讨论，提高其宣传力与影响力。同时可将同一新闻节目分为不同时段进行播出，提高地市台新闻的时效性与全面性。

（四）创新地市台的内部运行管理机制

创新地市台内部运行管理机制，充分发掘优势资源，依据地市台受众创办节目，依据节目主旨建立运行机制，从而提高地市台新闻立台的有效性。为此地市台在进行新闻立台时必须完善节目制片、新闻采集与策划、受众反馈这三项主要运行管理机制。

（五）提高地市台人才队伍建设机制

想要在传媒市场中获取相应的竞争优势，就必须重视人才队伍建设，从根本上保证地市台新闻立台工作有效进行。为此，必须建立并培养高素质的人才队伍，队伍人员必须具备或树立起以下几点理念：学习理念、竞争理念与全局观理念。这样才利于促进新闻报道的客观性、真实性符合受众的需求，正确引导社会舆论。

二、地市台新闻立台赢得竞争的路径

（一）充分发挥地市台在新闻时效性方面的优势

新闻自身具有极大的时效性，只有保证其时效性才能充分发挥新闻实际作用，满足大众对信息时效性的需求。地市台可利用自身接近新闻事件发生地的优势为人们提供最及时、有效的信息，从而满足大众对事件时刻关注的需求。因此，地市台创建节目时必须保证其获取信息的渠道的广泛性，以发挥自身在时效性方面的优势。

（二）新闻立台要将社会效益放在首位

地市台在进行新闻立台时，必须充分履行服务于民的社会责任，保证节目将社会效益放于首位。这就要求在进行新闻播报时，要选择与当地经济建设相关的内容，并从受众角度出发进行报道。如对当地的农业种植相关的问题进行报道，促进当地农户对相关问题的了解等。

（三）提高自身的社会价值与影响力

地市台要为自身建立一定的影响力标准，保证其在运行时达到相应的影响力。通过对反馈的相关信息进行分析，总结其实际影响力，及时调整其标准以促进其影响力的不断扩大。提高地市台的影响力最重要的一点就是充分发挥自身的社会价值，为人民提供高效、优质的文化传播服务。为此地市台在新闻立台的基础上可举办各种有吸引力的活动，增加与当地群众的有效互动。

（四）以新闻媒体为主促进地市台的功能的完善

新闻立台只是地市台最基本、最核心的工作内容，想要提高新闻立台的效果就必须以其他的内容形态对其进行丰富，以提高其对受众的吸引力。这就要求地市台在坚持新闻立台的基础上，要以受众关注的其他形式的内容如文化娱乐、专业技术等，对其进行丰富与完善。[②]

结　论

与其他级别的广播电台相比，地市台在新闻方面具有明显的及时性与有效性。因此在进行新闻立台时必须充分发挥这一优势，打造本土性的新闻报道，并提高报道的时效性与准确性。同时促进地方台与受众群体的沟通，提高其为民服务的便捷性。这利于提高其在竞争日益激烈的市场环境中的生存与发展能力。

注释

①王建平，李伟，李海松.地市电视台“新闻立台”策略探讨 [J] .中国广播电视学刊，2017，（317）78－80.

②邢卓.地市级媒体实现“新闻立台”的路径探索 [J] .大众文艺，2013，（18）：194.

卢晓超 / 文

座右铭：踏实做事，以诚待人。

个人简介：卢晓超，平潭广播电视台编委会成员、新闻编辑部主任。

论新闻策划的重要性和思维方式

摘要： 在当前国内外新闻竞争异常激烈的情况下，媒体如何变被动为主动，如何在新闻实践中占据优势地位？新闻策划是一个取之不尽、用之不竭的法宝，是新闻媒体和新闻传播在激烈竞争中制胜的首要条件。而新闻策划的灵魂便是创造性思维，如何提升创造性思维也成为新闻工作者在新闻策划中的首要考虑和必然要求。本文综述了如何做好新闻策划和新闻创造性思维的几种方式。

关键词： 新闻策划　作用　新闻思维　方法

新闻策划是新闻报道的主体遵循新闻规律，围绕一定的目标，对已占有的信息进行去粗取精、去伪存真、由此及彼、由表及里的分析和研究，发掘已知，预测未来，着眼现实，制定和实施相应的政策和策略，以求最佳效果的创造性的策划活动。思维，是人类思考问题的过程，是人的大脑对客观现实的概括、间接反映。人通过思维活动，可以认识那些没有直接作用于人的事物，也可以预见事物的发展趋势、变化过程。

新闻策划一般包括策划者、策划目标、策划对象、策划手段、策划成果。新闻策划不是凭空的臆造，不是脱离实际的空想，它是人们的主观意识活动，这种主观活动是在占有大量信息的基础上，进行去粗取精、去伪存真、由此及彼、由表及里的分析活动，是在坚持事实第一性的原则下，新闻工作者意识能动性在新闻报道活动中的充分反映。人类的思维活动规律是从一般的精神现象达到思维活动，再由一般的思维活动上升到创造性思维。创造性思维以解决科学或艺术研究中所提出的质疑问题为前提，用独特新颖的思维方法创造出有社会价值的新观点、新理论、新知识、新方法。创造性思维必须具有新颖性和独特性。随着科技的不断进步，人们在视听上有了更多的选择，严峻的市场竞争使新闻界愈来愈重视新闻策划。

当我们判断新闻报道的策划是否成功时，不仅要看其产生的社会效果如何，更重要的是要立足于客观存在的基本事实，在真实性的基础上运用夹叙夹议、抒情、评议等多种表现手法，融新闻、评论、专题、纪录片等各种电视表现手段于一体作观众所喜闻乐见的电视报道。对于一些新闻题材的策划，特别是那些具有理论意义和历史意义的重大报道，更要策划到位、采访到位、编辑到位、点题到位，经得起推敲。因此，当我们在掌握大量材料的基础上对新闻报道进行有效的策划，那么呈现给广大受众的必将是一部上等之作。

下面就以中央电视台《新闻联播》推出的一档关于深圳特区发展的重大成就报道为例，研究其在新闻策划方面的成功之处。《新闻联播》作为中央电视台的王牌栏目，从2000年8月26日开始播出系列报道《伟大的实践》（共8集），相继推出《深圳特区今天20岁》《高科技托起新深圳》《把城市建在花园里》《特区劲吹文明风》《深圳率先建立社会主义市场经济体制框架》《党旗红、特区兴》《深圳：致富思源、富而思进》《大开放带来大跨越》，在一段时间内形成了浓厚的舆论氛围。

一、从新闻策划的主题来看，具有深刻的思想性

深圳特区20年，是邓小平改革开放战略方针取得重大成就的典范，其政治性、历史性的意义都是独特的，时任中共中央总书记江泽民说："深圳以及其他经济特区的发展变化，是党的十一届三中全会以来的路线方针政策带来的伟大成就的一个生动反映，是我国20多年来实现的历史性变革的一个很好的缩影，也是对中国共产党和社会主义制度优越性的一个有力例证。"因此，央视该档节目的负责人深刻把握报道主题，认为关于深圳特区20年报道的舆论导向至关重要，主要是

起典型和示范的作用，策划该报道就是为了使广大读者对特区的发展和20年来所取得的辉煌成就有进一步的了解。系列报道《伟大的实践》奏响“社会主义好、共产党好、改革开放好”的主旋律，以电视新闻的形式在客观上回答了“什么是有中国特色的社会主义”“社会主义市场经济体制如何有效运转”“社会主义物质文明与精神文明建设如何获得丰收”等重大理论问题，达到了“以正确的舆论引导人”的政治要求，这也是这组系列报道策划成功的关键所在。

二、从新闻策划的选题来看，具有宏观的概括性

《伟大的实践》这组报道在选题上避免面面俱到，而从大处着眼，突出重点，努力在报道内容的宏观控制上做到“以一证多”，从而在内容的选择上做到“以一求多”。深圳20年，内涵深刻、包罗万象。8集新闻节目各有侧重。开篇《深圳特区今天20岁》重在展示今日深圳英姿，从宏观上报道特区的伟大成就；《高科技托起新深圳》以事实说明“科学技术是第一生产力”，报道深圳经济的高起点，在当前经济结构调整中具有典型示范意义；《把城市建在花园里》报道深圳这一新兴城市在城市建设中的新观念和新成就，展示了深圳的环境美；《特区劲吹文明风》报道了特区人的精神文明风范，展示了深圳市民的心灵美；《深圳率先建立社会主义市场经济体制框架》抓住“社会主义市场经济体制”这一重大问题，对深圳进行解剖，生动地总结了特区的实践经验；《党旗红、特区兴》重点报道了特区在党的建设这方面取得的成就，表达了深圳特区是党领导下的特区这一重要观点；《深圳：致富思源、富而思进》紧密配合中央精神，体现了最新的时代主题；《大开放带来大跨越》做足“开放”的文章，重点报道深圳勇于开放和敢闯的特区精神。这些报道总体上突出了深圳特区的“特色”，举一反三、发人深省。这组系列报道策划的成功之处就在于，让人们能在有限的篇幅里更加详尽地了解深圳特区这20年来在经济、科技、城市风貌等方面的巨大变化。

三、从新闻策划的参与人员来看，具有群体性

《伟大的实践》这组系列报道可堪称是一部集体智慧与劳动的结晶。前期策划、采访与后期编辑制作，参与报道的人员付出了大量心血。为高质量地完成宣传任务，报道者参阅了大量的资料，形成了详尽的新闻策划方案，并在实地报道过程中进行调整和修改。记者编辑发扬连续作战的工作作风，夜以继日、不辱使

命，使得这组系列报道整体上质量整齐，形成声势。另外，在刊登大量文字信息的同时，还适当地配有一些精选的图片等传播符号作用于读者的感官，使读者对报道对象产生感性认识以及视觉形象。

总之，在重大成就报道这类电视新闻中，《伟大的实践》的独到之处就是有创新、有特色。该组节目在声画语言的运用上十分丰富，发挥了电视传媒的优势，既有宏观场景的航空拍摄、记者多点现场报道，又有鲜活的细节与故事表述、人物采访，可视性和感染力都很强。尤其是开篇《深圳特区今天20岁》，气势恢宏、画面精美、信息量大、时效性强，使人耳目一新。总体上，这组系列报道不仅“用事实说话”，而且用富于视觉效果的形象来说话，从而使政治性极强的主题性成就报道有了很强的吸引力。这不能不说是其成功的新闻报道策划的巨大作用。

新闻策划的水平也愈来愈高。不断提升创造性思维成为新闻工作者在新闻策划中的首要及必然要求。如何提升创造性思维？那就要求我们新闻工作者在新闻策划中思维豁达、思路开阔，有奇思妙想、能标新立异。创造性思维是新闻策划的灵魂。创造性思维主要有以下几种思维方式。

1.逆向思维法

所谓逆向思维就是遇到事物倒过来想一想。从相反的方向或角度来思考问题，

从而发现别人所没注意到的新鲜事物，或者找到别人所不曾采用过的表达方式。在新闻策划中求异，善于采用反常规的思维方法，或从事件的结果向前推导，或故意从反向的角度看待某一事物，或在某种特定情境下逆大势而行动，就可以达到自己特定的思维目的。逆向思维法有利于拓宽思路，发展想象能力，产生与众不同的新意，打破认识上的一般化倾向。在新闻策划中运用逆向思维法，新闻报道往往会有特殊的价值和生命力。采用逆向思维进行新闻策划，要尽量站在受众的角度思考问题，设计策划方案。比如，一项政策出台后，我们并不急于认为它合理，是正确的、可行的，而是从相反的方向提出问题，从受众的角度提出问题。它是正确的吗？它是可行的吗？这时，我们的思维就像马克思说的格言一样："怀疑一切。"在对新闻事实进行大量调查研究的基础上，如果从反方向或采用大量的新闻背景来说明不这样不行，那么就从反方向论证了政策的正确性和可行性。

2.出奇创新法

孙子兵法云，出奇方能制胜。《三国演义》中诸葛亮设一个空城计使疑心极重的司马懿不攻自退，靠的就是出奇招，让人料想不到。创新是人类赖以生存和发展的主要手段。创新，适用于人类一切的自觉活动，没有创新便没有发展。不能出奇便缺乏生机，缺乏魅力。创造性思维除了要求我们具有对客观世界深刻的洞察能力和分析能力外，还必须具有向传统的思想认识和常规性思维方式挑战的胆识和标新立异的锐气。别出心裁、打破常规、不受习惯性思维及习惯势力约束。正是无穷无尽、绵延不尽的出奇、创新，才使得人类生活丰富多彩。2000年8月，中央电视台现场直播"老山汉墓考古挖掘"就是出奇创新法的杰作。对古墓进行考古挖掘，电视进行报道是常事，但采用现场直播、演播室访谈等报告形式相结合的方式进行报道，老山汉墓是第一次。这样的报道方式，一边通过访问专家为观众提供一定数量的考古知识和新闻背景，一边带领观众关注画面上"正在发生的新闻"，可谓相得益彰。这条新闻的策划成功，其高明之处就在于形式上的突破。

3.系统全胜法

在新闻策划中，报道对象的形成都有一个发生发展的过程，并且都与周围其他事物存在着互动关系。系统论的原理要求策划人能够高瞻远瞩，深谋远虑。运用系统论的联系观、层次观、结构观、进化观来分析事物的演变，能够从整体上把握控制和驾驭全局。如果局限于一点一面，只从一个方面、一个方向、一个角度、一个层次去思考问题，就不能准确地认识和反映新闻事实的本来面目，揭示其本质特征和发展、变化规律的意义及内在联系。局部获胜、阶段获胜是全局、全过程最终取胜的前提和基础，但它不是策划人的最终目标，策划人的最终目标是要能够高屋建瓴，先胜而再战，追求整体全胜。系统全胜思维策划法要求策划者对报道对象所涉及的各种关系和各个环节进行全方位的思考，做到“纵向到底，横向到边”，为准确及时立体报道奠定基础。1999年江苏台曾对一位与舌癌顽强斗争、坚强乐观面对生活的老人做过一次报道。10年后，当记者再次面对老人，得知老人病情已得到控制，便以老人的日常生活为切入点，深入挖掘，以《半舌老人的大爱人生》为题，报道了老人无偿为全市多位残疾人理发、十年无间断的新闻事实，报道的主题深化了，拓展了。报道的社会意义已不仅仅限于对老人如何战胜病魔的关注，而是老人在自顾无暇时还对他人施爱的感人事迹。

如何在内容和形式两方面都做到与时共进、不断创新，从而吸引更大的观众群，这就涉及如何成功地对新闻报道进行策划。上述的经验，从理论上来看有一定的普遍意义。这就是策划贯穿始终，指向明确，在特定的议程内引导舆论，将新闻手段与宣传目的有机结合，实现“媒介”的沟通功能，也促进了媒体自身的发展。我认为，新闻策划应该是新闻实践中一个必然的环节，应是新闻媒体进行新闻改革的必经之路。新闻策划理论内涵丰富，任务千变万化，而其核心就在于创造性思维。没有创造性思维，就谈不上新闻策划。如何在新闻策划中把握和运用这三种思维方式，做到驾轻就熟，游刃有余，把独具匠心、富有新意、卓然不群的新闻报道呈现给广大电视观众，还要我们在工作实践中不断地探索和学习。

宋伟 / 文

座右铭：内化于心，外化于行。

个人简介：宋伟，平潭广播电视台新闻编辑部副主任。

电视新闻直播连线的延展与创新探索

摘要：国内电视新闻直播连线起源于香港回归报道，此种电视表达形式由于存在着优越性特点，因而引起了众多业内人士的关注。此外，电视新闻直播连线在多年的发展过程中赢得了广大群众的认可，且满足了受众视觉需求。本文从电视新闻直播连线的延展分析入手，详细阐述如何实现当代电视新闻直播连线的有效创新，旨在推动当前电视行业的快速发展与创新，由此稳固其在市场竞争中的地位。

关键词：电视新闻　直播连线　创新

前　言

近年来，电视新闻直播连线成为国内电视媒体讨论的话题，但是由于当前电视新闻直播连线发展中仍然存在着某些不可忽视的问题，因而在现代化背景下，要求我国电视媒体在发展的过程中应从报道形式及侧重点入手来不断完善电视新闻直播连线的快速发展。以下就是对电视新闻直播连线的延展与创新的详细阐述，望能为当前电视行业的可持续发展提供有利的文字参考，并带动其不断完善自身直播报道形式。

一、电视新闻直播连线的延展

（一）新闻节目直播连线常态化

新闻节目直播连线是电视传播形式中的一种，与其他电视传播形式相比具有一定的特殊性，即其补充了现场直播中的现场感及真实感，促使受众在观看新闻节目时容易被带入到新闻现场的氛围中，继而可更为全面地掌握到新闻事件的真实发生过程。例如，5.12汶川大地震发生后，中央台、四川台等主流媒体就选择了以直播形式来报道新闻事件的内容及整个事件的处理过程。此种报道方式不仅为电台赢得了高收视率，同时也促使观众随时了解到救灾的具体实施状况。因而在电视行业快速发展的背景下，应逐渐将其应用于常态化新闻报道中。[①]

（二）拓展移动直播

电视新闻直播连线在未来的发展过程中不断拓展自身移动直播是非常有必要的。例如，在2014年湖南台“两岸健儿携手横渡台湾海峡”的新闻直播连线报道中，电视台出动了上百号新闻工作人员赶赴台湾为直播连线节目进行准备，且在海上直播活动报道期间，准备了先进的直播装备，移动报道整个新闻内容，反映出了游泳健儿进行挑战的热烈场面。并随时联系主演播厅，报道现场状况，让观众更好地感受到现场气氛。另外，从此次报道效果中可以看出，其在一定程度上推动了两岸媒体的进一步合作。

二、电视新闻直播连线创新对策

（一）新闻直播题材的选择

新闻直播题材的选择直接影响着电视新闻直播连线报道效果，因而在实际报道过程中首先要求各个地方电视台新闻媒体从业人员应探讨、总结出一系列适合直播连线的新闻类型，然后再根据新闻题材的不同选择不同的报道形式，最终提高电视新闻直播连线报道质量。其次，在确定好新闻直播题材后应对新闻报道事件进行选择，但是在对事件进行选择的过程中应确保该事件处在动态发展状态，以便凸显出新闻直播连线意义所在。此外，一定要确保直播新闻事件具有吸引力，即应是受众所关心的话题，只有如此，才能促使受众对新闻直播报道连线产生一定的认同感。再次，为了确保新闻直播题材选择的合理性，要求地方电视台应根据自身发展现状构建相应的突发事件直播反应机制，以此来推动电视新闻直播连线的创新与发展。

（二）突发事件直播的新闻监管

电视新闻直播连线的创新要求电视台应根据自身未来发展方向构建相应的突发事件直播新闻监管。对于此，应从以下几个方面入手：第一，应参照旧的新闻监管机制，结合当前新闻宣传实际来完善新闻监管体制，明确规定出突发事件新闻直播处理策略，且将突发事件处理中的各项职责落实到个人，最终减小直播产生的负面效应；第二，电视台新闻主管人员应采取相应措施对突发事件直播新闻监管的重要性进行宣传，促使新闻从业人员在良好的监管环境中能规范自身实际问题处理能力，形成高质量的电视新闻直播连线形式；第三，新闻监管部门应定期对新闻直播连线报道质量进行检测，以此来达到监管目的。②

（三）从业人员业务能力的提升

从业人员业务能力的提升是电视新闻直播连线的关键，对于此，要求电视台在发展的过程中应定期安排从业人员参加相应的培训，使其提高自身能力，进而在突发新闻事件发生的过程中可凭借自身能力随时发现事件中的新情况，做好新闻事件直播连线报道，避免失误报道现象的发生。例如，在直播政治导向内容时，新闻从业人员就应凭借自身所掌握的相关知识来完成直播连线中对政治内容的有效把握。此外，电视新闻直播连线对演播室主持人的新闻事件总结能力提出了更高的要求，因而为了实现电视新闻直播连线的有效创新，要求演播室主持人应通过对相关书籍的阅读等形式来提高自身语言表达能力，承担起自身在新闻直播连线中的职责。

（四）多点直播报道

在传统的电视新闻直播连线报道中，大部分电视台都选择转播车和卫星直播车的形式来满足受众的视觉需求，但是由于此种新闻直播报道手段需要耗费大量成本资金，因而在电视台未来发展中应逐渐推动对多点直播报道形式的应用，以此来解决传统报道中的资金问题，且由此实现突发事件的有效报道。此外，在多点直播报道中，应强化手机视频、网络技术等先进的技术手段的应用，满足多点直播发展条件，加深受众对新闻事件的理解。例如，全球知名电视新闻网在电视新闻直播连线中就通过利用先进的技术手段，实现了图像与声音共同传输为主的多点直播形式。国内电视新闻行业的发展也应参照国外成功的实践经验来不断完善自身新闻直播连线手段。

（五）拓展全知视角

视角的选择决定了新闻直播连线报道的成败，因而在电视新闻直播连线创新中应逐渐实现全知视角的拓展。全知视角即要求新闻报道者应以全知的姿态来直视新闻事件和新闻事实，并站在旁观者的角度对新闻事实做出相应的总结行为。此外，全知视角还允许新闻记者在连线演播室时根据这种视角及个人对事件的理解对新闻事件的事实进行重新排列组合，最终为受众呈现出新闻事件的事实。例如，在马航事件发生期间，央视新闻频道就针对此次事件展开了特别直播报道，并通过直播滚动及采访专家的形式对马航事件展开了跟踪。在直播报道期间，为了将马航事件发生的具体时间等信息呈现给观众，记者在连线主演播室的过程中根据个人理解对马航事件事实进行了重新排列组合，达到了最佳的直播效果。从以上的分析可以看出，在电视新闻直播连线创新中拓展全知视角是非常必要的，因而新闻从业者应给予其高度的重视。[③]

结　论

综上可知，近年来，电视新闻直播连线的延展与创新逐渐成了人们关注的焦点，且由于电视新闻直播连线可更好地满足受众需求，因而在此背景下，国内电视新闻行业在发展的过程中，从业人员应提高业务处理能力，拓展全知视角，优化电视新闻直播连线的报道方法，以此来提高受众对新闻直播报道的关注度，并由此避免突发事件新闻直播连线报道中出现错误报道行为，影响到整体报道质量。

注释

①高欣.关于电视新闻直播连线的思考［J］.西部广播电视，2015，12（03）：107-108.

②范宇航.关于电视新闻直播技术发展的思考［J］.现代电视技术，2014，22（09）：78-80.

③罗佳.电视新闻直播语言研究［D］.北京：中国社会科学院研究生院，2012.

李明静 / 文

座右铭：用阳光乐观的心态去面对生活和工作，它们一样也会回报给你阳光。

个人简介：李明静，平潭广播电视台、新闻编辑部编辑。

关于《民生直通车》和《生活大搜索》两档栏目改版的思考

2012年6月19日，平潭广播电视台正式开播。从此，平潭在电视荧屏上有了自己的一席之地。开设1个电视频道，即电视新闻综合频道，共有自办栏目4档，《1800搜索》（后改名为《生活大搜索》）就是其中的一档。《生活大搜索》是一档新闻汇编类节目。每期30分钟，每天一期。汇编来自电视、互联网上的国内外鲜活有趣的社会新闻，共有3名专职人员进行后期制作。风格轻松、幽默，用更加放松的方式来表达节目的内容。2015年，又加入一档民生类节目《民生直通车》，它是一档关注民生领域的综合类新闻信息发布、新闻报道平台。以促进和谐民生为栏目宗旨，对民生领域民众聚焦的热点、社会关注的焦点、党政关切的重点进行集中整合报道和信息舆情发布。《民生直通车》以本地的风土人情、社会经济、历史文化作为节目的出发点，充分发掘自身的地域特色，贴近受众生活，以其独有的亲民色彩受到了当地群众的喜爱。

电视新闻不仅仅是向受众传达有效信息，同时也担负着主导大众意识形态、担当着“党和人民喉舌”的重任。党的十八大以来，以习近平同志为总书记的党中央高度重视新时期意识形态工作。近年来，习近平同志多次重点谈及新媒体发展态势和新闻舆论工作创新，从党和国家工作大局高度、从意识形态工作全局高度，深刻阐述了新的时代背景下新闻宣传面临的一系列重大理论和实践问题。当中既有对新情况、新趋势做出的科学研判，也有就适应传播格局和舆论环境变化、推进创新发展做出的明确指示。今天，以互联网为代表的新兴传播平台已成为新闻竞争的主战场，更是党的舆论工作的新阵地。积极应对传媒变革、在新常态新要求下做好新闻舆论工作具有重大意义。为了适应大环境的发展，平潭广播电视台2018年7月全新改版，《生活大搜索》栏目也从原来的专题部划到了新闻编辑部。《民生直通车》和《生活大搜索》两档栏目因都属于汇编类的节目，存在着趋同化现象和定位不明晰等问题，同时也会出现同一素材两档栏目共用的情况。要想改变这种状况，最主要的就是要在内容和定位上进行区分。

一、节目定位上要有明确性

《民生直通车》以社会民生新闻资讯为主，以社会教育和民生新闻为基础，关注和报道民众生活中发生的事件和遇到的困难，维护百姓权益。而《生活大搜索》是以搜罗国内外奇闻趣事、娱乐爆笑、衣食住行、服务资讯为主的综合娱乐资讯节目。

二、内容上要有明显的指向性

《民生直通车》要本土化，结合当地实际，充分了解当地群众的需求，以民众

的日常生活作为主要内容，以民众的诉求为基本出发点，以民众的生存状态为关注焦点，因此，自采新闻必不可少，包括曝光类、帮忙类、服务类等内容，可根据实际，逐渐加大自采节目的拍摄力度。《生活大搜索》的内容主要有一些服务类的资讯，如生活小妙招、生活实验室等；娱乐的、搞笑的、影视剧等；凸显对台区位优势，搜罗台湾地区的新鲜趣闻；以及流行的、经典的、怀旧的、时尚的歌曲等。

三、编播方式要体现差异化

（一）主持词撰写表达上的区别

《民生直通车》在大体结构上包括内容提要、新闻自采、搜索编辑以及重要的串联词，主要是把内容相互独立的两条无关新闻巧妙地关联起来，让新闻在播报时呈现一种上下有序、相互关联的作用，不至于让观众感觉内容上有较大的跨越或跳跃。而《生活大搜索》的特色在于“服务”和“娱乐”，其次串联词“接地气”是节目的一大特点。

（二）主持人要有风格上的不同

《民生直通车》民生新闻的对象大多是中老年人，主持人语速不能过快，要保持适中的语速，有利于观众理解。以“说新闻、讲故事、挖深度”的形式拉近观众和电视新闻的距离。《生活大搜索》主持人要有亲和力，语言不失诙谐，轻松里透着幽默，甚至是一些手势、动作也要恰到好处地表达主持人的想法。

（三）节目的心理节奏和编排上的区别

观众在收看节目时，从《民生直通车》栏目获得的是更多的信息量和资讯量，而从《生活大搜索》中获得的是服务资讯和轻松愉悦的亲切感。

当今“全媒体”时代，不同媒体之间打破“屏障”，相互借鉴，相互渗透，优势互补，开辟独具特色的传播领域，带给受众更丰富的信息选择和更新颖的传播体验。电视媒体的汇编节目，正是新时代传统媒体与新兴媒体融合的产物，它具有强大的信息搜索及整合能力，给电视传媒的发展带来了新的动力与活力，也具有与时俱进的发展潜力。《民生直通车》和《生活大搜索》的改版是电视栏目在与受众沟通与交流的过程中对栏目表达方式的一种修正，对于打造电视栏目品牌，提升栏目乃至频道的影响力有着重要的意义。

陈章林 / 文

座右铭：有责任感的人才会时刻有紧张感。

个人简介：陈章林，平潭广播电视台广播节目部副主任、主持人。

主持人明星化现象研究

摘要：当广播电视成为人们茶余饭后最主要的休闲工具之一时，广播电视节目便不断地以迎合大众需求和获得品牌效益为目标，对节目的内容、风格甚至是主持人进行包装，这也使得中国电视节目主持人的明星化现象日益突出。本文对这一现象进行分析，并指出这一现象中存在的问题。

本文的研究重点是在当前新媒体异军突起的形势下如何打造出明星主持人，来迎合受众口味。当前，传统媒体遭遇新媒体挤压，如何在众多媒体中脱颖而出，打造出自己的品牌，需要从多方面入手。包装、宣传、质量、主持人等，都与节目的精彩程度息息相关。当前的媒体界，能立足于一线的频道，都拥有自己当家的明星主持人，在这样的情况下，形成了一个良好的循环，从而带动本频道更多的栏目受到关注，所以，明星主持人的影响力不容忽视。

在国内，知名主持人越来越多，如白岩松、孟非、董卿等，都是家喻户晓的明星主持人。当然，在打造明星主持人时，也存在着诸多问题，明星主持人除了外形条件好以外，更需要深厚的文化底蕴、内涵及修养。所以，本文也会着重研究明星主持人应如何打造。

关键词：主持人明星化 现象研究 广播电视

序 言

随着广播电视事业的发展，越来越多的节目主持人脱颖而出，活跃在受众面前，在这样的背景下，主持人明星化已经成为一个必然趋势。从传统的播音员转变到现在的播音员主持人划分界限，主持人的个性得到了充分的展示，个性化、知识化、随性化成为当前节目主持人的发展趋势，在这样的趋势下，明星主持人的打造也成为当前媒体的重要功课。

2010年1月15日，由江苏卫视制作的大型生活服务类节目《非诚勿扰》登场献映，在此之前在各种卫视频道也出现过相亲类节目，但最后都是草草收场。《非诚勿扰》从开播到现在已有三年多的时间，按广播电视的规律来看已经过了鼎盛期，走向收尾，可如今此档节目依然火爆，其中很大一部分原因要归功于栏目主持人孟非。

灵活的语言模式、极快的思维转变、幽默风趣的语言和犀利的观点，是孟非成功的关键。当前的节目主持人，以越来越突出的特点占据了广播电视节目的主导地位，可以说，一些节目是由主持人来撑起的，也有一些节目是为某个明星主持人量身打造的。这样就都可以看出，明星主持人已经成为媒体中不可或缺的重要角色。

主持人明星化现象最早产生于20世纪50年代的美国，残酷的电视频道竞争，迫使美国走主持人明星制的道路，大张旗鼓地炮制明星主持人。主持人用个性鲜明的语言和独到的见解来阐述当前的事件。这些都成为典型的美国制造电视新闻明星的传播招式。这些不仅改变着电视传媒自身的发展形态，也正改变着整个世界媒体的版图，同时也影响着历史和社会的进程。

主持人明星化现象，正是把主持人培养成一个家喻户晓的明星，进而通过这样的方式，来赢得受众心理和广阔的市场前景。这种现象的产生有利有弊，所以需要有正确的途径和方法来塑造明星主持人，使之成为传媒行业健康化发展的正能量。

一、主持人明星化现象的普遍存在

当前的媒体环境竞争激烈，花样繁多的节目形式占据了整个电视界，一批批优秀的主持人层出不穷。怎样在这样的环境下占得一席之地，取得成功，成为家喻户晓的明星主持人，成了当前各家媒体的制胜法宝和关键。

“所谓电视节目主持人明星化现象， 是指电视栏目以节目主持人为中心进行明星化运作， 对其语言风格、 形象气质、 主持方式等方面进行明星化包装。主持人明星化作为一种新的电视现象， 表现了电视节目主持风格的多元化特点。主持人明星化作为一种新的电视现象，标示了电视节目主持风格的多元化特点和主持人来源的非职业化趋势。同时，也是电视台在商业社会环境下对明星效应的利用”。①

主持人明星化现象在国内是普遍存在的，大多数明星主持人都活跃在各大卫视的娱乐节目里，如湖南卫视常青娱乐栏目《快乐大本营》的主持人何炅、《天天向上》栏目主持人汪涵，再如江苏卫视大型生活服务类节目《非诚勿扰》的主持人孟非，他们都可以被称为当前媒体界的明星主持人。当然，在新闻节目中，也不乏明星主持，但他们又不是普通意义上的明星，更可以称为名人名嘴。例如央视一套《新闻联播》主播李瑞英、康辉、郭志坚、李梓萌等，再如央视著名的新闻节目主持人白岩松、水均益等。

明星主持人也好，名人名嘴也好，他们已经成为当前媒体界的领军人物，可以说，正是因为有了这些主持人，才得以更好地完成栏目所想达到的预期目标，有些甚至是主持人带动了栏目的发展。

明星主持人的普遍存在，引发了更加激烈的媒体竞争，由此引出各个电视台专门为某个明星主持人或某些主持人量身打造节目，使之更具有竞争力。例如《今晚80后脱口秀》是上海东方卫视于2012年5月13日开办的一档娱乐脱口秀节目，也是东方卫视强力打造的品牌节目。该栏目的主持人王自健，语言风趣幽默，善于抓住与观众有共鸣的观点，从而达到收视火爆的目标。类似这样的脱口秀栏目，并不是一般主持人都有能力胜任的。所以，明星主持人的价值，此时此刻就体现得淋漓尽致。

由此可见，在明星主持人云集的大环境下，如何更好地运用明星主持人的个性、实力以及其所擅长的方式，也成了非常关键的问题。

二、明星主持人成功的因素

明星主持人的成功并非一朝一夕，正所谓冰冻三尺非一日之寒，优秀的主持人应该注意内外兼顾，始终确保自己具备高标准的思想道德和专业素质。首先，要时刻认识到自己的社会责任，做媒体联系群众的桥梁，呈现出媒体应有的公信力和权威性。其次，要有意识地培养自己博闻强记的能力，长期不懈地学习，提高语言驾驭水平。肚中有墨水，才不会让观众失望，不会在竞争的大浪中被淘汰。笔者在这里简要介绍一些明星主持人的成功之路。

孟非的主持人之路并不是很顺利，他在高考落榜后，先是南下淘金，在四处碰壁一个多月后才终于谋到了一份搬运工差事。在他看来，这样的生活并不是自己想要的，可是回到南京后，他依然没能找到好的工作，先是做起了印刷厂的工人，又给人去送水，也做了保安，这些工作离他心中的目标依然很遥远。一次偶然的机会使他的命运慢慢开始转折。他进入了电视台，成为一名临时接待员，端茶、倒水、接电话。通过曲折漫长的努力，他一步步走向了记者岗位，慢慢地又做起了编导，如今又成为家喻户晓的明星主持人。

孟非的个人经历，在这里不做过多介绍，但可以肯定的是，经历了人生中的种种磨难，孟非的睿智、成熟、经验和丰厚的文化底蕴成为他成功的法宝。

孟非的成功不是偶然的，当机会摆在他面前时，他能够以一种沉稳的气魄面对机遇，迎接机遇，这和他多年的艰苦生活是分不开的。

想成为一名优秀的主持人，首先要成为一个真正的人，然后再成为一个新闻人，最后才能成为一个优秀的节目主持人。显然，孟非在主持人的道路上，已经符合了这句话的真谛。坎坷的人生经历，注定了孟非要早熟地承担起更重的担子，生计、家庭重担，这些都促使孟非在人生的道路上比别人多迈出几步，提前多走几步。而他在江苏卫视早期的栏目《孟非读报》担任主持人时，更是以自己犀利的观点、流畅的语言、睿智的思维取得了成功。在《非诚勿扰》和《非常了得》两个栏目里的优秀表现，足以展现出这个明星主持人的风范。

其实不止孟非，现今从业的明星主持人，大多数都有过不为人知的经历，正是这些经历造就了他们如今的风采。如人气主持人汪涵，从湖南广播电视学校播音班毕业后，并没有直接做本职工作，而是在湖南卫视《男孩女孩》剧组从打杂工做起，1996年进入刚开播的湖南经济电视台，在幕后默默无闻地做了两年剧务、策划工作，负责帮节目组搬运道具的苦力工。直到1998年，被推上《真情对对碰》主持人位置，这才开始走向台前。

所以说，要成为一个明星主持人，需要具备诸多的条件，天时地利人和，缺一不可，但更重要的是当机遇落在你肩膀上的时候，你能否胜任。当然，不能以偏概全地说想成为明星主持人就要历尽艰辛，尝遍苦头。但用一句话来概括这样的经历再合适不过，“吃得苦中苦，方为人上人”。

三、如何打造明星主持人及遇到的问题

1.以凤凰卫视为例阐述如何打造明星主持人

在当今的传媒行业明星主持人的队伍已经不断壮大，打造明星主持人已经成为各个媒体赢得市场的关键所在。但明星主持人的打造过程是漫长的，这里就涉及明星主持人应该具备的基本素质，还有如何对主持人进行包装等问题。这里，笔者以凤凰卫视打造明星主持人的过程为例进行深入分析。

随着社会的进步发展，人们的生活水平和品位的不断提高，受众对于广播电视节目的质量要求也随之提升，从而导致媒体的发展方向也发生了改变，从初期的地位、价格竞争走向了品牌、影响力竞争，而主持人作为电视栏目品牌影响力不可或缺的重要内容，一直受到传媒业的重视。主持人自身形象及个性魅力能提高受众对电视栏目的信任程度，进而塑造具有特色的品牌栏目。

凤凰卫视在建台之初，就其规模和人员以及技术来说，仅仅相当于一个市级台的水平。但经过一定时间的发展，它的规模和影响力已经可以和国内主流媒体相抗衡，甚至在某些方面已经超越了主流媒体。凤凰卫视在发展和塑造品牌的过程中，一直秉承“三名主义”观点，即名主持、名评论员、名记者。这一战略无疑是凤凰卫视成功制胜的法宝。

凤凰卫视可以说是名嘴云集，吴晓莉、鲁豫等一些明星主持人的实力和影响力足以抗衡各大主流媒体。在凤凰卫视，主持人的概念和内地媒体的有很大的区别，他们真正实现了采编播一体，操作整个新闻事件的全过程，用自己最直观的感受来表述事实真相，用自己的观点来进行评述。这样，主持人对新闻事件的第一感官是非常深刻的，凤凰卫视主持人的含金量就体现在这里，播出的节目新闻价值高，评论观点犀利。

“凤凰卫视能培养出一大批明星主持人，不仅由于经营者具有如何运作明星制的理念，而且是由于这些主持人具有较高的综合素质。凤凰卫视按照个人综合素质来挑选主持人，注重他们的亲和力，观众缘、知识功底、文化素质、逻辑能力和外语水平等等。这样挑选出来的人具有较高的可塑性和较大的发展潜力”。②

一个栏目的成功，主持人留给受众的印象是极其重要的。当观众打开电视，并不太注重看到的是哪个频道，更注重的是播出的节目是什么，是否是自己耳熟能详、印象深刻的主持人。在这一点上，凤凰卫视无疑是中国电视界的一个典范，

正如凤凰卫视行政总裁刘长乐所说，电视媒体的成功就在于观众的良好印象，而主持人就是一个活的印象，可以留在观众的心中，同时塑造了电视栏目的品牌形象。

凤凰卫视最初就是按照以少胜多、以质取胜的原则发展，利用有限的人员以及资金完成自己的发展目标，由一个小台发展成为现今在世界媒体界有一定影响力的卫视，形成良性循环。这与当初凤凰卫视打造明星主持人的战略部署是分不开的。

打造一个明星主持人，需要有多方位的支持，立足于现有的人力资源，挖掘电视台内部优秀节目主持人的发展潜力，创造或利用每一次机会对其进行全方位包装，使之明星化。

一是用宣传片对主持人进行包装。主持人形象推广短片，制作精美、感染力强，通常在特定时期推出或与重大事件相结合，成为电视台常用的手段之一。

二是主持人与栏目的深度融合。湖南卫视、上海文广集团等以栏目为依托，将台内主持人资源进行整合，众多主持人或是聚集于一个节目下，或是在彼此的节目中客串，同时加大主持人在节目中的戏份，与嘉宾、明星、观众互动，充分展示自己的才艺，既丰富拓展了节目内容，又让主持人资源得到了最大的利用。

三是为主持人量身打造栏目。以主持人的名字命名栏目，目前已经成为国内外电视媒体广泛采用和深度挖掘的方式，能实现主持人和栏目相得益彰、共同成长，收获广泛的影响力和知名度。

总而言之，明星主持人的打造，需要全方位、多角度、深层次地去规划，不能盲目、急功近利地去追求明星化，否则将会适得其反。

2.在打造明星主持人中所遇到的问题

明星主持人的打造，不是简单的事情，不能盲目地去模仿去跟随，而是要根据主持人自身的条件和发展定位去量身定做。当前，各级电视台虽然已经十分重视对主持人的选拔，但是仍不同程度地存在着重外表轻内涵、重年龄轻阅历等问题。

一是思想认识不足。主持人的责任就是向大众清晰、明白地讲述事实，传播知识。主持人的一言一行不只代表自己的行为，更代表了一个台，还有党和政府的形象。所以，作为一名主持人，立场必须要和党和政府保持高度一致，不能脱离群众高高在上，要用最坚定的意志维护党和政府的利益，用最平实的话语与群众交谈，真正起到上情下达、下情上传的纽带作用。

二是语言艺术上需要提升。语言艺术是主持人最基本的能力要求，主持人的声音及语势语态直接反映了自身的艺术修养和语言能力。在节目中，把握好语言艺术是很重要的，比如董卿在节目主持中的“金色三分钟”就是很好的例子。在“欢乐中国行”元旦特别节目中，接近零点时，现场突然出现了两分钟半的空档，导演马上安排董卿救场发挥。当董卿开始大方自如地自由发挥时，耳麦里突然出来导播的误判：“不是两分钟半，只有一分钟半了。”董卿连忙调整语序，准备结束语，而此时，耳麦里再度传来更正：“不是一分钟半，还是两分钟半！”董卿临危不乱，走到舞台两头给观众深深鞠了两躬，用“欢乐的笑”“感动的泪”“奔波的苦”等诸多排比句即兴制造了一个又一个“感谢”。肢体停顿让她在紧急中控制住了节奏，加上流畅的语言表达，铸就了这个“金色三分钟”，也成为主持学上一个完美的案例。

三是情感控制上不足。主持人的语言具有很强的感染力，如何控制自己的情感表达也成为主持人必备的专业素养。主持人的不良情感会被受众放大，直接影响着受众的情绪，在社会上引起反响，甚至会导致社会的不稳定。

主持人情感表达控制的不足，主要体现在两个极端：一是过于淡漠，语言平淡，没有任何感情色彩。二是过于矫情，有些主持人在遇到一些大事件，比如地震、矿灾等，在播报过程中，不善于控制情感，影响事件的报道。这两个极端都是主持人情感控制能力不足的表现。

“四是文化内涵上的不足。文化涵养是评判一个播音主持人人格魅力的重要标准，也是播音主持人的专业技能的体现。播音节目如果缺乏了文化涵养，那么其播报的节目就会失去灵魂。随着物质生活水平的不断提高，人们对于收听新闻已不再是单纯接受新闻事件，而更多的是关注播音主持人的魅力，以及其能带来的精神愉悦性。这种情形下，对播音主持人的文化涵养提出了更高的要求”。③

3.辩证看待主持人明星化

“成功的明星主持人，就像一件精美的艺术品，它有着熠熠生辉的外表，也有着优质高贵的内涵。包装主持人，不仅是外在服饰、形体、语言、动作的装潢、美化，更是内在知识、修养、气质的提高。如果只注重外表的华丽，忽视内在的高品位素质，那么就会出现‘金玉其外，败絮其中’的后果”。④

在激烈的竞争环境下，人们也看到了不利于媒体发展的另一面，深度的访谈、专家的讨论让位于纯粹的娱乐、无聊的脱口秀。如今人们在电视上看到的俊男靓女越来越多，有深度的主持人越来越少，他们绝大多数人花在吹风机上的时间比花在播音稿上的时间要多得多。2007年，电视剧《士兵突击》在全国热播，东方卫视《星梦奇缘30年》节目组制作了专场节目，现场嘉宾何东在博客上对明星主持人吉雪萍进行了“炮轰”，指责其在化妆间对几位嘉宾态度极其冷淡，一直都是视而不见听而不闻，只顾修饰自己的脸蛋。由于准备不足，采访时“东一榔头西一棒子”，满嘴跑火车，引起了受众的极其不满。

“主持人的明星化已经成为一个不争的事实，但明星化不等同于过度明星化，人们清晰地看到这种过度明星化所造成的弊端。所以，在明星大肆制造的年代里，主持人一定要对自身定位和目标追求有一个清晰的认知。把握‘度’很重要”。⑤

四、明星主持人的社会责任

1.主持人应该更加深入基层

随着明星主持人队伍的不断壮大，他们对社会的影响力也越来越大，明星主持人的一举一动、一言一行，都会在社会上引起不小的波动。所以，明星主持人也要承担更多的社会责任。

无论从什么渠道、什么样的经历练就而成的优秀明星主持人，都是具有广泛影响力的，这不光给媒体带来了丰厚的效益，同时也提升了媒体自身的影响力和受众的认可程度，也会对受众的精神层面起到示范带动作用。

“走出演播室，深入走基层，感知社会，关切民生，增强担当更多社会责任的能力，带着真情实感去播报每一条新闻。毋庸置疑，这次在全国新闻战线开展的‘走基层、转作风、改文风’活动，是党中央的一项重大战略部署，对于进一步密切党群关系，加强新闻队伍建设具有重要意义。中央和省市主要新闻媒体纷纷派出骨干力量，深入农村基层驻点采访，与农民群众同吃同住同劳动，感受农村生活，报道群众苦乐，编发了一大批群众喜闻乐见的鲜活新闻，在党和人民群众之间搭建了一座信息的平台，架起了一座沟通的桥梁，也成为一个很好的‘接地气’的机会”。⑥

2.主持人社会责任的缺失

但在另一方面，人们同样看到了主持人社会责任缺失。表现在节目中，一味追求所谓的收视率，为吸引眼球不惜用出位的风格、雷人的言语，把传播工作当作自己的个人秀，置媒体责任于脑后，格调低下。在节目外，或为小得小利，忙于应酬走穴；或只满足于“混个脸熟”，一点点知名度就沾沾自喜，思想懈怠，放弃业务学习；还有的漠视社会冷暖度，对市井百态、民生关切麻木不仁，在社会需要倾听他的态度和声音时甘做哑巴，等等。

3.明星主持人更应当注重社会形象

明星主持人不同于一般主持人的地方就在于他们的一举一动更加受人关注和重视，他们的个性、优缺点、一言一行都会在传播中被无限放大。所以，每个主持人都想在镜头前展示自己最完美的一面，争取做到脱口不凡。应秉承正确的舆论导向、正确的三观，做到在镜头前展示完美的自己，推动积极的社会影响。

主持人是媒体中的先行者，代表的是一个媒体乃至党和政府的形象。每位主持人都应当发挥自身在大众传播中占主导地位的优势，以身作则，承担起更多的社会责任，成为社会精神文明层面的楷模。

4.明星主持人与意见领袖的联系

谈到明星主持人，就不得不提到“意见领袖”这一关键词。

“意见领袖”，又称为“舆论领袖”，是指在人际传播网络中经常为他人提供信息、观点或建议并对他人施加个人影响的“活跃分子”。“意见领袖”一词最早出现于20世纪40年代，是由美国著名传播学先驱者拉扎斯菲尔德在他的著作《人民的选择》中最先提出的。

主持人在传播中扮演“意见领袖”这一角色，在各大媒体中并不少见。但想成为真正的“意见领袖”其实并不容易。首先，受众并不会轻易地改变自己的观点，这就需要主持人传达给受众的信息有足够的证据、清晰的条理和正确的判断。其次，随着社会的发展，人们的认知程度在飞速地上升，他们并不会轻易相信某些自己并不熟悉的主持人的话语，这就需要主持人从自身做起，丰富自己的文化内涵，加深对群众的了解程度，以设身处地、感同身受的方法去阐述自己的观点。只有这样，才会被受众认同。

例如央视早期创办的栏目《经济半小时》，它正是以全新的节目形式和权威独到的观点得到了大众的认可。改版后，尤其是在主持人的风格上，改变了以往的播报概念，要求主持人不仅要深入地介入到节目当中，还要随时与前方记者联系取得最新消息，并与当事人和专家进行连线式的互动，以此来打造品牌栏目，提升栏目的感染力和影响力。改版后的《经济半小时》在“观众认知度”和“全国观众满意度”排行榜上多年排名靠前，被“联播网”评为“中国经济界的意见领袖”。

五、由主持人明星化谈及自身发展

成为家喻户晓的名人，是每个主持人梦寐以求的理想，也有很多主持人在为其努力奋斗。当这条道路摆在自己面前时，如何去实现自己的理想，如何在这条道路上勇往直前，是笔者当前需要努力去做的。

笔者所在的媒体位于福建省平潭综合实验区，它是大陆对台的最前沿，是举全省之力建设的综合实验区，同时也是祖国大陆距离台湾本岛最近的地方。特殊的区位优势注定了平潭综合实验区的发展空间将不可估量。在这样的条件下，平潭综合实验区新成立了平潭广播电视台，笔者也很幸运地成为平潭广播电视台建台第一批主持人中的一员，并参与到平潭广播电视台的总体建设中，从前期筹划、报批、招投标、设备采购，直至动工建设。这些机会不是每个人都会得到的，对笔者更是一个非常宝贵的经历。

在平潭广播电视台，笔者学到的东西不单单限于播音员主持人这一行业，更涉及整个媒体的运作流程、操控模式。在这里，笔者真正成为一个集采编播于一体的多功能性主持人，这为笔者未来的成长发展奠定了坚实的基础。

在大学时期，笔者主攻播音发声及有声语言艺术这两个方向，所以到了工作单位后，很顺利地成为平潭广播电视台主力配音员，承担了台里绝大部分的台宣、专题片、广告的配音工作，并得到了领导们的一致好评。但是笔者并不满足于现状，止步不前。所谓逆水行舟，不进则退。笔者能很深刻地认识到自己在主持配音中存在的错误和需要改进之处，正如上文所提到的情感控制、语言艺术和文化内涵等，这些都需要在工作中长时间积累来进一步达到自己的目标。所以，笔者一定会严格要求自己，提升自己的业务水平，争取早日实现自己的理想！

六、结论与建议

综上所述，主持人作为展现在前台的传播者，他们的一举一动都会引起观众的注意，特别是对于明星主持人，更要重视自己传播的信息及形象，严格把关，控制舆论导向。白岩松曾在自己的博客里说，主持人有三个层次：入眼、入脑、入心。我国大部分的主持人都能做到“入眼”这一层次，即形象气质已经被认可。

部分的主持人可以做到“入脑”这一层次，即他所提供的信息、阐释的理论及对是非的判断和感悟能力，会使观众信服。然而，主持人只有真正走到群众中去，走到群众心灵深处去，才能真正做到“入心”，才能增强传播信息的亲和力、感染力和说服力。

主持人明星化现象给媒体带来了巨大的市场效应，这甚至成为一种固定形式在被广大媒体当作经验推广，但明星主持人在明星和主持人这两个角色间徘徊不定，模糊不清，实质上也反映了主持人在商业利益和社会责任之间要慎重抉择。媒体需要的是有正确意识的传播者，而不是身兼主持人身份的明星。

想成为优秀的主持人，需要内在与外在的统一，并非是只有光鲜亮丽的外表才会吸引人，更深层次的内涵才是得到人心的最佳途径。所以，在明星主持人打造的过程中，不能喧宾夺主，本末倒置。要有正确的意识，有得当的方法，有可靠的途径去形成健康的打造渠道。

总而言之，明星主持人的形成是大势所趋，是媒体发展到一定阶段的必然产物，我们要用辩证的眼光去看待主持人明星化现象，不能一味地依赖明星主持人，也不能置其不顾，摒弃明星主持人。主持人明星化是一把双刃剑，对于明星主持人正确地驾驭和使用是媒体成功的关键，否则将会适得其反。

注释

①谢建华.电视节目主持人明星化现象研究.新闻界 [J] .2006，（3）.

②冯小楠.凤凰卫视主持人明星制浅析.今传媒 [J] .2011年第7期.

③常竑翔.浅谈节目主持人明星化的利与弊.新校园理论版 [J] .2011年第5期.

④罗希.主持人过度“明星化”的弊端.人文论坛 [J] .2011年第8期.

⑤杨芳.评论节目主持人明星化.今传媒 [J] .2012年第1期.

⑥黄大年.对电视节目主持人包装的思考.声屏世界 [J] .2011年第1期.

于宙 / 文

座右铭：深心托豪素，怀抱观古今。

个人简介：于宙，平潭广播电视台《平潭新闻》主播，《民生直通车》《走读平潭》《凡人小事》主持人。

多维传播语境下的播音主持功能与拓展研究

摘要：随着国家经济的快速发展和科学技术水平的提高，人们对社会生活质量有着更高的要求。播音主持能够快速传播信息，满足人们对信息的需求。但是，播音语境逐渐朝着多元化的方向发展，因而对播音主持功能有着更多的要求，播音主持功能亟需拓展，才能适应多维传播语境的发展。所以，有关人员有必要对播音主持功能拓展问题进行深入研究，促进播音主持更好更快发展。本文主要论述了多维传播语境下的播音主持功能拓展。

关键词：多维传播语境 播音主持 功能拓展

前　言

随着社会的发展和进步，播音主持工作在人们的社会生活中发挥着越来越重要的作用。播音主持作为电视节目中的重要工作流程，在多维传播语境下有着更高的要求。为促进播音主持工作水平不断提升，更好地为人们传播信息，有关人员必须加强对播音主持功能拓展的研究和分析，以探讨有效路径，使播音主持工作更加适应多维传播语境条件。

一、多维传播语境下的播音主持

播音主持充分发挥着积极的信息传播功能。但是，社会的发展和进步，使传播语境朝着多维的方向发展，对播音主持工作提出了挑战。播音主持历经多个发展阶段，不断丰富其信息传播功能，为人们传递不同类型的信息文化，促进播音主持形式的多元化发展。在新时期，我国播音主持工作受到一定的冲击，尤其网络技术的发展，使人们对播音主持功能有着多样化需求，在一定程度上促进了播音主持功能的拓展。因此，在多维传播语境下，播音主持要实现可持续发展，必须充分获取新闻信息，创新播音主持形式，形成独具特色的播音主持风格，以广泛吸引受众。①

二、多维传播语境下的播音主持功能

信息传播和文化传播是目前播音主持的主要功能，但对其进行细化，可以将播音主持功能分为信息传播、驾驭节目、提供意见、引导文化等功能。尤其在多维传播语境下，播音主持功能更加凸显。

首先，播音主持具有信息传播功能。语言传播是播音主持中最为基本的传播方式之一，也是播音主持工作的重要环节。在多维传播语境下，播音主持必须巩固其信息传播功能，更好地向受众传递新闻信息。其次，播音主持具有驾驭节目的功能。这是播音主持人员所具备的重要功能，能够在节目开展过程中，对节目有良好的驾驭能力，既形成节目主持独有的风格，又突出主持人的性格特点。例如：《鲁豫有约》节目中，播音主持人需要对嘉宾有全方位的了解，保证在节目录制过程中，与嘉宾探讨感兴趣的话题，并促进节目的深入开展，确保播音主持工作的流畅性。再次，播音主持具有提供意见的功能。随着社会的发展和进步，新媒体不断涌现，为人们信息获取提供了多样化渠道，对传统媒体提出了挑战。信息量过大，可能存在着真实与否的问题。播音主持能够向受众传播真实可靠的信息，提高了信息的权威性，获得受众强烈的认同感。最后，播音主持具有引导文化的功能，电视台作为权威性的传播平台，能够引导主流文化的发展方向，对文化发展有着规范性作用。②

三、多维传播语境下的播音主持功能拓展

社会的发展和进步，使播音主持面临着多维传播语境，而播音主持要更好地发展，必须积极拓展播音主持功能，以适应多维传播语境的需求。

（一）深化的功能拓展

在多维传播语境下，播音主持必须对传播信息内容进行深化，以充分发挥播音主持的深化拓展功能。首先，在信息采集过程中，不仅要选择具有时代性特征的信息，而且要注重信息能够真实反映社会现实问题。其次，相关人员对该信息内容进行深入挖掘，以充分发挥信息的实用价值，为更好地向受众传播真实有效信息奠定有利条件。最后，播音主持对信息的潜在价值进行挖掘和利用，从客观角度对信息内容进行正确评价，进而向受众传递更为深入的信息内容，以发挥积极的导向作用，扩大信息反响。由此可见，多维传播语境下的播音主持有必要进行深化功能的拓展。③

（二）公众分享的功能拓展

在多维传播语境下，公众分享是播音主持有待拓展的重要功能。随着社会的发展和科技的进步，人类进入信息大爆炸时代，而播音主持作为公众人物，具有公众性特点，能够对相关信息进行有效传播，既加快信息传播的速度，又扩大信息传播范围。公众分享能够使更多受众对信息内容进行了解，使相关人员了解多数受众对信息内容的想法和见解，为节目负责人提供参考依据，以采取积极应对策略，扩大受众接受度和传递正能量。为此，播音主持在工作中，要对不良信息加以过滤，为受众提供积极的信息，为和谐社会发展充分发挥着积极的导向作用。

（三）置换的功能拓展

在多维传播语境下，播音主持应充分发挥置换智慧的功能拓展，既融合社会公众对播音主持的意见，又能够对信息内容进行汇总，实现信息内容的权威性发布。在互联网技术的作用下，社会公众获取信息的渠道多样化，集民众智慧的信息意见，一旦为媒体所积极利用，将对媒体发展发挥积极的作用和影响。播音主持在多维传播语境下，应对自己身份进行合理定位，采取客观态度对信

息内容进行转述，不应带有个人感情色彩。另外，应积极与社会公众进行沟通，集受众智慧于一体，更好地开展播音主持工作，把握社会舆论的脉搏，对其加以正确引导。[④]

结论

多维传播语境对播音主持工作的功能有着更多的要求，如果播音主持功能未能得到有效拓展，则难以适应多维传播语境的发展需求。播音主持主要包括信息传播功能和文化传播功能，能够满足人们的信息需求。播音主持作为电视广播节目中的重要环节，发挥其功能和实现功能拓展，对自身的可持续发展具有积极的推动作用。因此，相关人员有必要对多维传播语境下的播音主持功能拓展进行深入研究，以探讨途径，提升播音主持的工作水平。

注释

①李雪.多维传播语境下高校播音主持专业教学研究［J］.新闻知识，2015，(01)：79-80.

②邓德俊.多维传播语境中播音主持功能思考［J］.西部广播电视，2015，(11)：140.

③崔晓东.多维传播语境中播音主持的功能及其拓展［J］.科技传播，2015，(18)：1-2.

④刘淏.多维传播语境下播音主持工作的新发展［J］.新闻世界，2014，(08)：81-82.

严希远 / 文

座右铭：自带阳光，享受平凡。天下难事必作于易，天下大事必作于细。

个人简介：严希远，平潭广播电视台编委。

新闻从业者的价值观

摘要： 社会高速发展，信息快速更迭，各种信息充斥于日常生活之中，新闻从业者应不忘初心、牢记使命，努力做好新时代的新闻工作，发挥舆论的积极作用，不辜负党和广大人民群众的厚望，引导我国新闻事业向正确的道路发展。这即是当今信息时代新闻记者肩负的使命。因此，新闻从业者在新闻工作中所表现的正确的价值观尤显重要。培养正确价值观，加强新闻修养，树立良好的职业道德，是新闻人完成自身使命的保证和前提。

关键词： 新闻从业者　职业操守　价值观

近年来，随着新媒体发展的异军突起，大众获知信息从单纯来源于电视、报纸、杂志和广播等渠道，已大步奔向微信、微博、QQ、论坛等渠道。然而，有新媒体人给出了一句耐人寻味的话，“这个时代并不是报纸死了，而是某个报纸死了，某个载体死了，但换了平台或方式传播，依然有生命力。”言下之意，媒介载体相对于信息只是外在的，真正有生命力的东西往往取决于信息本身。面对新媒体发展冲击及媒体走向市场化运作等一系列严峻挑战，作为一名固土守责的新闻从业者，如何适应时代要求，保护新闻原生态并挖掘新亮点，切实履行好政治、社会、文化、传播责任，是一个需要时刻面对、常做常新的课题。

一、新闻从业者要肩护社会责任

“铁肩担道义，妙手著文章。”作为一名新闻工作者，首先要有职业操守，即强烈的社会责任感和正义感。在新媒体时代，人人都能传播信息发布新闻，不实报道和网络谣言时有发生。它不仅给民众生产生活带来严重干扰，还会不断摧毁社会信任体系，并严重损害政府形象。作为一名新闻工作者，要担负起正面如实报道新闻的责任，向公众还原事件真相。

新闻工作者是新闻调查者。如采写新闻《110拨不通究竟谁的错》时，从民众投诉110出警迟缓，引发相邻两县警力互联互动误解开始，追踪锁定事件由手机信号飘移所致，最终电信移动两部门业务缠斗浮出水面。又如采写《福寿螺为害前进村稻田》和《危险的“致富”》，一个引进外来物种福寿螺繁衍成灾，一个引进白色垃圾加工污染遍地，曝光当地民众生活和收入受影响背后灾情逐步蔓延过程。

新闻工作者是事件探索者。时下，大量土地碎片化闲置，有人在呼吁资源整合，有人在呼吁资源收益，如采写新闻《土地流转：“流”向创富之手“转”出新型农民》时，立足于探索土地资源，总结宣传可推广样式。《村民档案撰出变化来》则把村民纳入动态管理规范，积极主动成为民生获益的推动者，又是民生管理的促进者。

新闻工作者是问题终结者，系列跟踪报道《一人养猪一巷臭》《监督还清源》《松溪垃圾专项整治见成效》《松溪关停20家废旧塑料企业》等，对不能一次性解决的问题不断跟踪报道，不因局部利益或个人利益而让集体利益、公众利益受损害，促进人大、村居及政府各职能部门联合执行，妥当解决当地环境污染问题，不留后遗症。

二、新闻从业者要紧扣时代脉搏

新闻从业者要自觉主动融入时代，把握时代的脉搏。要用自己的思考和智慧，推动时代巨轮不断向前，这也是一个新闻工作者成熟的重要标志。

融入时代才能有大格局。写新闻不能一直停留在一般的事件介绍上，要在更大的背景里来叙事分析。这样更有深度，更显力度。本人荣获国家电视新闻作品二等奖的《别让“啃老族”啃掉未来》作品讲述因能力、生活环境、成长教育等各方面因素问题，分散在各个家庭中的年轻啃老一族到了本应担当的年龄却成了家庭的负累，蜗居家中高不成低不就，吃着老人养老金或劳动所得度日。随着社会老龄化到来，这个责任在家庭、社会存在隐忧、将来不可回避并引发严重后果的社会普遍现象，将引起社会重视，帮助啃老族走上社会更是大家共同的责任。

“给别人一碗水，自己要有一桶水”。这“一桶水”就是生活，就是社会，就是时代。唯有主动融入其中，积极参与其中，才可能有新发现新感悟呈现给读者。

三、新闻从业者要对群众有感情

“为什么我的眼里常含泪水？因为我对这土地爱得深沉。”一个新闻工作者唯有融入生活、融入群众，在思想上牢记自己是群众中的一员，和群众同悲同喜，跟时代同频共振，才能对新闻事件感同身受，才能敏锐发现社会进步的点点滴滴，并满怀激情为之鼓与呼。例如：当人口计生政策作为国策一路走来，作品从《一个女人的插花梦》讲述转变计生婚育观念开始，到《幸福工程就是要让你幸福》助力计生困难户发家致富，其中，从曲解到不解，从释怀到欢欣，让有生命抉择的经历者慢慢读懂，谈何容易。

新闻与人的关系极为密切。所有的新闻都跟人有关系，写新闻的是人，新闻所讲之事要么是人做的，要么是为人服务的，新闻更是给人看的。如此，新闻工作者又怎能不关注“人”这个因素，怎能忽视受众的所思所盼而自说自话，怎能神情冷漠冷眼旁观而不感同身受呢？例如：《依依惜别情》讲述村民对下派村支书依依不舍，送莲子送蛋随车前行流泪长相送；《救助生命》中被弃庙里的心脏病女孩，谈起自己是两个人在战斗，原来是孤独时左手握着右手；《一个想当霍金的脑瘫少年》中那个男孩的母亲说，绝望时抬头望天，希望的光芒一直都在。

只有对群众投入感情，新闻报道才会有温度。而不是刻板生硬、冷冷冰冰，让人感觉味同嚼蜡；不会为了追求眼球效应，无视弱势群体尊严，侵犯他人隐私，让人痛心不已。

新闻工作者要时时问自己：群众关注什么？我们能提供什么？在此思想的指导下，深入群众、深入生活，关注普通百姓的普通生活，讲述身边的故事，方能写出贴近实际、对群众胃口的好新闻。

新闻来源于群众，来源于我们身边的每一个人。每个人都有自己的故事，每个故事都有不同的人。所以，报道要关注“人”的存在，做到由物到人、由事到人，增加报道的人情味和亲和力，用故事演绎新闻，让新闻价值借助故事传播。

在新媒体时代，新闻工作者要与时俱进，并且不忘初心，坚守自己的社会责任感、使命感和职业操守，主动融入时代、融入生活、融入群众，才能不被这个时代淘汰。

第二辑

岚台传播

蒙少祥 / 文

座右铭：事在人为。

个人简介：蒙少祥，平潭时报社总编辑。

诠释“平潭情结”，讲好平潭故事，建设两岸家园

——《平潭时报》如何做好新时代对台新闻报道

内容提要：

传媒之间的竞争，说到底是受众注意力资源的竞争。而要赢得受众的心，就必须研究受众的心理。“感人心者，莫先乎情”，一个好的故事完全胜过多条新闻报道。因此，有关新闻传媒如何讲好故事来吸引受众的研究颇受欢迎。

媒体人普遍会讲故事。讲述中国好故事，传播中国好声音，弘扬正能量，这是新时期舆论宣传工作的一项重任。本文的主要内容是，在信息过剩的网络时代，媒体在内容创新的同时，如何通过讲述故事的方式来吸引主流人群的注意力，将主流人群的注意力持久驻留，从而实现对主流人群进行有效传播，实现新闻传播价值的最大化。

平潭是中国第五大岛，与台湾隔台湾海峡相望，是祖国大陆距离台湾本岛最近的地方。全国唯一的“对台综合实验区+自贸试验区+国际旅游岛”多核驱动的福建平潭综合实验区，如今正大踏步走向全国、迈向世界，在建设“一岛两窗三区”的宏伟征程中上演一个个精彩动人的平潭故事，世界为之惊叹喝彩。

由于特定的历史背景和特殊的地理区位，平潭曾是福建海防“前线中的前线”，基础设施特别薄弱，对外交通曾长期靠摆渡，几乎没有任何产业基础。如今，平潭的发展已经不可同日而语矣，在众多的媒体与互联网上，有关“平潭故事”的新闻报道突飞猛进。而“平潭故事”与习近平总书记深厚的“平潭情结”是分不开的。

习近平总书记有着深深的“平潭情结”。在福建工作时，他曾20次登上平潭岛考察调研，对这里的一草一木、一砖一瓦都怀着特殊的感情。特别是平潭综合实验区建设以来，习近平总书记十分关注，多次做出重要指示，大力支持平潭开放开发。十八届四中全会刚结束后的2014年11月1日，习近平总书记第一站就选择来到平潭考察，并对平潭开放开发提出殷切期望和要求，体现了很深的“平潭情结”。总书记对于平潭殷切的希望、巨大的关怀、深情的嘱托，在平潭开放开发历史上写下浓重一笔。

习近平总书记深厚的“平潭情结”，推动众多媒体去讲好“平潭故事”。创刊于2011年9月的《平潭时报》是平潭历史上第一份也是至今为止唯一的一份主流报纸，几年来通过创新宣传模式，力求外宣覆盖范围最大化、实效最大化、影响最大化。“平潭故事”，就是要求内容具体丰富、以小见大，从细微处见真情，用“最基层”的声音、“原生态”的采访、“白描式”的手法展现绚烂多彩的平潭画卷。

好故事让宣传报道事半功倍

习近平总书记曾经在一份信息专报（刊载《一对农民父子的油菜科研梦故事在网上引起热议》）上批示：“讲好故事，事半功倍。”新闻报道讲好故事，正是实现习近平总书记所强调的“要转作风改文风，俯下身、沉下心，察实情、说实话、动真情，努力推出有思想、有温度、有品质的作品”这一要求的必经之路。

“讲好中国故事”，习近平是倡导者，也是践行者。党的十八大以来，总书记在多次的出访公开演讲中，讲述了很多温暖人心的故事，拉近了中外民众的心理距离，向世界形象传递出中国观点和中国态度。2016年5月，习近平总书记就《人民日报》海外版创刊30周年做出重要批示，指出，希望海外版用海外读者乐于接受的方式、易于理解的语言，讲述好中国故事，努力成为增信释疑、凝心聚力的桥梁纽带。这也是总书记对创新对外宣传方式再次提出的明确要求和殷切期望。

“你看，追根究底，我们都只是讲述故事的人。”美国《纽约时报》资深记者尼克·比尔顿（Nick Bilton）在其新书《翻转世界》（*Live In the Future&Here's How It Works*）里这样定义自己的身份。尼克·比尔顿是一名科技媒体记者和编辑，他坚持认为，媒体人应该用“讲故事”的方式，把科技喧哗的外在表象及其背后蕴含的深意揭示给普通大众。在《纽约时报》长达十年的工作经历，让尼克·比尔顿见证了传统媒体是如何在科技创新的冲击下忍痛转型以适应新时代的。正像“互联网革命最伟大思考者”克莱·舍基（Clay Shirky）所评价的那样：“比尔顿不仅生活在未来，也同样理解过去。”比尔顿认为，数字技术能应许给媒体（甚至是人类）一个更可想象的未来。这个未来与之前我们所看到的样子完全不同。数字化生存，是比尔顿给每个人未来生活的预想。未来将是一个人人都参与讲故事的世界，虽然讲述故事的方式有所变化，但严肃媒体讲故事仍然有存在的价值和重要的意义。

讲述“千年一遇”故事，平潭创造新的历史

2014年11月1日，习近平总书记的到访，让位于福建东部的平潭综合实验区成为媒体的舆论中心。习近平总书记指出，平潭面临的机遇，不是百年一遇而是千年一遇。栽得梧桐树、引得凤凰来，要把基础设施、人居环境和软环境搞好，吸引更多企业和人员来平潭干事创业。

许多人了解平潭，都是从“比经济特区还要特”以及“一天一个亿，三年一千亿”这些话语开始的。

作为平潭的主流媒体，《平潭时报》当仁不让地投入到讲述“千年一遇”故事这一历史潮流当中。《普利策新闻奖最佳作品集》引言中写道：“新闻之所以重要，主要有一个原因，那就是人。”人是新闻的主体，也是传播效果的检验者。因此，《平潭时报》主要是从“人”这一角度来讲述“千年一遇”故事。

“讲好平潭故事，向世界展现平潭风采”是《平潭时报》常年开设的一个栏目，通过人文平潭、建设平潭、开放平潭、创业平潭、宜居平潭、行旅平潭等主题，报道了平潭开放开发建设波澜壮阔的景象中许许多多可圈可点的发展脉动、可歌可泣的感人故事，从而表达出平潭精神、平潭力量、平潭速度。

“我为什么选择平潭”是《平潭时报》一个专栏，主要是报道众多慕名平潭“千年一遇”机缘而前来投奔平潭的社会各界人士，有的是过五关斩六将、通过重重选拔来到平潭工作的高级人才，有的是放弃当前稳定的工作机会前来平潭寻求更高的发展机遇，更多的人则是前来平潭干事创业的两岸青年人。通过“我为什

么选择平潭”这一议题的抛出，让众多前来平潭寻求发展的各方人士畅所欲言，展示平潭开放开发的大好形势。正如电视剧《那个年代》所讲述的故事一样：改革开放初期，一群年轻人怀着远大理想来到深圳开创事业，收获爱情。

比如，从挂职到任职、从厦门岛到平潭岛……用了五年的时间，就让“只吹风沙不长草”的海岛绽放出生机勃勃的绿色的叶志勇先生表示：“是千年一遇的机遇，让我选择留在平潭干事创业，助力平潭开放、开发，为建设生态文明的国际旅游岛而奋斗。”叶志勇原先是在厦门市政园林局下属的一个事业单位上班，2012年到平潭挂职。几年来，他从平潭岛森林绿化做起，由大工程到百姓身边的市政管理，他和团队一直守护着这来之不易的平潭绿，也深深地爱上了这个美丽的海岛。通过叶志勇和团队的努力，平潭告别了“只吹风沙不长草”的历史。他们积累平潭绿化工作中的经验，形成了一套科学种树、科学养护的方法，并编著成《平潭绿化导则》一书。

叶志勇在挂职结束后，毅然决定继续留任平潭。从厦门岛到平潭岛，叶志勇由一个土生土长的厦门人，变成一个地地道道的平潭人。如今，花香四溢、绿树环绕的平潭岛，让叶志勇骄傲满满，更让来到平潭的台湾人对这片土地有了美好的期望与憧憬，他们看到了平潭的包容政策，更看到日新月异的变化，争相来这里投资、创业。

讲述共同家园故事，拉近两岸民众心理距离

平潭是祖国大陆距台湾岛最近的区域，具有对台工作的独特优势，两岸民众及商贸文化交往历来十分密切。国家设立平潭综合实验区，对处于对台最前沿的平潭岛在促进两岸经贸合作和文化交流等方面先行先试，探索两岸和平发展、互利共赢的合作机制，实现又好又快发展，促进祖国和平统一大业具有重要战略意义。

习近平总书记表示，平潭综合实验区是全国独创，要继续努力探索，真正把平潭建设成为两岸同胞的共同家园。

除了服务平潭综合实验区广大读者之外，台胞台商也是《平潭时报》重点关注的对象，如何把平潭的相关资讯有效地传递给众多的台胞台商、让他们积极投身于平潭的开放开发事业呢？显然，仅仅依靠一张报纸是无法满足这些要求的。

对此，平潭时报社全体同人以“互联网+”姿态投入媒体整合发展潮流，坚持“平潭时报不只是一张纸”发展理念，积极开拓新的传播渠道，占领意识形态工作制高点，更好地为平潭发声，更有力地助推平潭建设。

《平潭时报》在对台新闻宣传上大做文章，利用新媒体主动对接台湾媒体同行，借力使力放大“平潭声音”，向台胞讲好“平潭故事”。众所周知，海峡对岸的台胞绝大部分使用FACEBOOK（脸书）、TWITTER（推特）和LINE等社交软件，包括朱立伦与蔡英文都是通过这些社交软件来发布自己参选的政见。为此，平潭时报社先后与《台湾导报》《联合报》《前锋日报》等台湾报业同行签约，达成新闻交换的协议，大家以各自报纸版面以及新媒体作为平台，以文化为传播主轴，开展持续性新闻交换。比如，《台湾导报》位于台湾高雄，是台湾最具影响力的优质媒体之一，经营团队多数为资深媒体人，全台湾发行。新闻内容以南部为主，全台各县市配有专版，是一份可以综观全台地方新闻广度和深度的报纸。《台湾导报》每周都规划有一定版数的“平潭新闻”，通过与平潭时报社开展新闻合作，打造台胞台商们认识平潭、了解平潭的最佳新闻平台。台湾报业同行还通过其官方的FACEBOOK（脸书）、TWTTER（推特）和LINE等社交软件的新媒体平台，再次进行报道平潭相关资讯等，从而实现了《平潭时报》记者一次采集、台湾编辑多次生成、渠道多元传播的良好效果，改变了先前“一次生产，一次利用，单一发布”信息生产的传统模式，“一次采集、多次发布、多层次生成、多媒体传播”的全媒体生产模式转型就这么水到渠成。

像《平潭时报》的《台湾父亲詹璨铭：希望女儿嫁个平潭郎》《台湾法学博士择栖平潭：“平潭，我会陪着你”》以及平潭海坛湾国家级海洋公园摘得“2016最美国家级海洋保护区”桂冠系列报道，通过台湾媒体同行多渠道的传播，在台胞们当中产生了巨大的社会影响力。

报道《台湾女孩平潭就业——打车“打”到一个平潭郎》是《平潭时报》一个很有轰动性的新闻报道。陈昭欣是台湾台中清水人，施强是平潭中埔人。这一对90后恋人是打车“打”出来的情缘，最后牵手成功走进了婚姻殿堂。2017年初，陈昭欣考进平潭某政府部门工作，成为平潭首个台籍公共助理员。当年4月底某个晚上，陈昭欣工作结束想回住处，用打车软件叫了辆车。没想到，这一“打”竟为自己“打”来了一个平潭郎。陈昭欣叫的正是施强的车。而巧的是，那是施强第一次接单。施强曾在澳大利亚生活6年，回国后在广东、海南等地做项目，刚回平潭一年多，正在创业。那天晚上，施强忙完店面装修，准备回家，临时起意用打车软件接单，便接到了陈昭欣的单。在这段车程中，陈昭欣无意中透露自己是一位台湾人，这让施强很感兴趣，他便向陈昭欣要了电话。施强说：“我在澳大利亚留学时身边有不少台湾的好朋友，所以对她突然有了亲近感。”“平潭有我爱的人，有我的梦想。”说起未来，陈昭欣满是憧憬。她表示，作为新时代的“台湾新娘”，她非常愿意看到更多台湾青年加入到两岸共同家园的建设中来，并在平潭落地生根。

讲述“真宝贝”故事，展示国际旅游岛的绚丽画卷

习近平总书记寄语平潭——优良的生态环境是平潭的“真宝贝”，不能毁了“真宝贝”，引来一些损害环境的“假宝贝”。总书记口中的“真宝贝”是指平潭具有天然、优质丰富的旅游资源。

开放开发的大好机遇，对于平潭旅游业发展是一个难得的良机。目前，实验区正高起点、高标准做好各个旅游专项规划建设，致力于将平潭打造成国际知名的旅游休闲度假岛。2016年8月24日，国务院发布批复，同意《平潭国际旅游岛建设方案》，意味着平潭岛成为继海南之后国内获批的第二个国际旅游岛。

自2011年起，平潭以“四绿”工程为载体，实行大绿化工程。经过几年来的不懈努力，平潭攻克难题，探索出了“生物措施+工程措施”并举等方法。如今，幸福洋吹沙地、长江澳口等原来树木难以生存的地方，都已是绿色的“汪洋”。大面积的风口防护林建设，使得平潭的风小了、风沙少了、空气也清新了。

为了响应总书记“真宝贝”的故事讲述，2015年5月1日，《平潭时报》旅游周刊《平潭蓝》正式创办，这是《平潭时报》为助推平潭国际旅游岛建设而专门开辟的专刊。翻阅两年多以来的旅游周刊《平潭蓝》，可以发现周刊内容丰富、版面美观、图文并茂、栏目别致。《平潭蓝》周刊通过深入的采访、生动的文字、精美的图片、新颖的编排，挖掘展示了平潭美丽的自然风光、深厚的民俗文化、翔实的旅游资讯和深刻变化的业界动态，如实记录了平潭国际旅游岛建设发展的步伐。《平潭蓝》成为宣传平潭国际旅游岛建设的一个重要媒体窗口，是展示平潭旅游新面貌的重要平台。

同时，《平潭时报》开设了“真宝贝”专栏，梳理和挖掘平潭的海岛文化，探寻真正属于平潭的“真宝贝”。“真宝贝”专栏从2016年5月6日开设至今，已经刊发了近百篇报道，涵盖平潭历史、民俗、非物质文化遗产等众多内容，成为记录平潭旅游发展的宝贵资料，宣传平潭旅游文化的重要窗口。

余小梅 / 文

座右铭：清水洗尘，静中观心。

个人简介：余小梅，平潭时报社总编办主任。

共同·家园·前沿·媒体

——关于《平潭时报》头版定位的思考

又是一年的9月了，这份为平潭综合实验区而办的报纸，紧紧跟随着实验区的发展步伐，即将走过7个年头了。时至今日，实验区已经从着力发展基础设施等硬件建设开始走向产业培育等软件建设。平潭在发展、在变化、在探索，我们作为见证者、记录者、参与者和守望者，也该思考一下我们的下一步该如何走。“如何走”的问题，对于一个版面责编来说，要回答的就是“你的版面是如何定位的”。

从2011年至今，我们的头版总体走的是“高端”路线，报道领导活动、建设进展、政策动向……这些是避不开的“规定动作”。但细分我们的报纸定位——“共同家园，前言媒体”，我们的头版其实还有很多可以做。

“共同”：内容定位。对台新特区，两岸同胞在这里“共同”做的事。

“家园”：特色基调。对新平潭人生活的深切关注、生动讲述，有家园味。

“前沿”：优势所在。是平潭发展动向的窗口，是我们特色所在。

“媒体”：版面性质。不是政府部门工作简报，还是要有新闻性的东西。

这八个字是我们头版应该坚持的价值评判标准和风格追求。围绕着这几个字，头版要增加什么样的稿件，要减少什么样的稿子，增加的这些稿件目前采访部门是否能够供应，如果不行要如何才能拥有这些稿件，那些看似与定位不符合的稿件又该如何处理，是版面定位中必须回答的问题。

一、版面使命（即要选什么样的新闻）

头版，是我们报纸的门面，要能直观体现我们的报纸风格和品位，它的重要性不言而喻。

这个“门面”，从刊载内容上，要能体现我们的办报方向和宗旨，记录报道发展中的平潭、变化中的平潭、不断成熟中的新特区、不断成型中的两岸共同家园、不断创新发展的自贸区、不断建设发展的国际旅游岛；从呈现效果上，要能吸引我们读者的眼球，让他们在我们的“脸面”上能看到有用的信息、有趣的故事、生动的表情。

总而言之，在这个应该有着浓浓“台味”“特区味”“两岸味”的大陆海岛，我们的报纸，也应该是一份有着浓浓“台味”“特区味”“两岸味”的大陆报纸，我们的头版，也应该是一个有着浓浓“台位”“特区味”“两岸味”的头版。

所以，关注平潭发展变化，生动讲述平潭故事！以视觉带头版，以头版带各版。与此无关的，我们能省则省，能简则简，能挪则挪。版式上有大家风范，内容上又有邻家风味。

二、总体特点（突出对台，关照民生）

1.版式语言：大气、端庄、平衡、鲜活。

2.内容特色：有意强化涉台关联，生动讲述平潭故事。

记录平潭的社会进步，记录平潭的历史进程，记录平潭的时代发展，记录新平潭人的生活状态，报道新家园中的新生活，报道新平潭人参与平潭建设的情况等。

3.形式元素：硬新闻+解释性报道+评论+图片+导读。

4.变化方向：在形式上，朝着封面化前进；在内容上，更平潭、更台湾、更两岸。

需要说明的是，弱化时政会议类的报道，并不表示我们报纸偏离了主旋律。相反，是以另一种更接地气更时尚的方式，为区党工委管委会做鸣锣开道的鼓与呼工作。头版的这种导读方式，不是弱化对重要稿件的处理，也不是浪费版面，恰恰是充分发挥头版的龙头作用，以版面联动的方式，将黄金资讯整合成新闻盛宴。重要新闻的要点经过编辑的精心处理在头版露面，读者一下就可以抓住核心信息；其他版编辑更可以施展各种手段，对长稿全文进行深加工，将主流新闻做出“高度”。

三、内容安排

1.选择性报道“规定动作”（会议调研）。

（1）领导活动、会议、调研、会见。

不是不报道会议，而是选择有价值的进行报道。该重则重，不惜调动评论、新闻链接、相关报道、要点摘要等，做足做深做透；能简则简，作为任务稿的一般性稿子，可根据新闻性腾挪、分流到内版再发。

（2）区里布置的宣传任务、相关指示等。

2.多维度报道“加分动作”（政策举措）。

平潭是对台新特区，上到国家、省委省政府，下到区党工委、管委会，再到区直机关部门，必然有着很多独有的政策举措陆续发布。

这些关涉各方人士或各个行业的政策举措，它的条文规定、贯彻落实、解读、执行情况等，必然是头版的重料。我们也应该成为这些重磅消息的主流发布渠道。对政策举措的报道，不可始于政策条文，也不可终止于政策条文，而应关注政策落地执行情况，报深、报透、报到位。当然，在编辑手法上，可采用多版联动。

3.大力气报道“必选动作”（涉台事件）。

对台新特区头版的必选动作，自然就是“台味动作”。

搜集、挖掘、发现平潭涉台的蛛丝马迹，关注、聚焦活跃或者是隐匿在平潭的涉及台湾的因素，注重以点带面的报道方式。

4.灵活性报道“添补动作”（社情民生）。

作为读者看的报纸，应该加大社会民生新闻涉足一版的比例，把触角伸入与读者生活息息相关的领域，在贴近群众中引导群众，特别是关涉一大部分人的民生民情。

5.间断性报道“漂亮动作”（美丽平潭）。

（1）体现社会主义核心价值观的好人好事。

（2）和平潭相关的良辰美景。

（3）关注新平潭人。

注意发掘市民的精神闪光点，有时候这些闪光点虽然很小，但是点点滴滴积

攒起来，去显示、去放大，就是一种导向，特别是有助于新家园建设。

6.下功夫锻炼“重磅动作”（观点评论）。

重大事件、重大会议、重要部署、重大典型，必须配发评论，视情况不同可配发编辑部文章、社论、本报评论员文章、短评、编者按、记者手记等。将来，甚至可以开辟两岸观察类的评论专栏。

7.创造性设计“养眼动作”（提要导读）。

头版导读，不是用来凑版面和填充边角的，应该是尽取所有版面精华，扩充头版信息量，活跃美化版面，成为头版与其他版面联系的纽带。

可以采用标题导读、图片导读、消息导读、提要式导读、组合导读（标题+图片、标题+提要、标题+图片+提要）等多种形式。

8.图片。

受限于目前版面有限，暂时还不能实现封面版。此时，头版的主打图就显得尤为重要。能撑得起头版的图，有新闻摄影图片是最佳选择。新闻摄影图片既可作为主打新闻配图，也可以作为单独的图片新闻。若头版新闻事件中没有大图可用，编辑应试图通过制图、导读等形式，通过美编设计出可顶替的图片。

9.广告。

广告分商业广告和公益广告。商业广告根据相关的规定执行，但编辑在版面构思时不可忽视公益广告的主题，版面整合时需一并考虑进去。

四、版面执行

版面定位只是一套蓝本和规范，最终还是取决于编辑部门与采访部门能否创造性地实施。在具体实施过程要注意一些问题。

1.关于“一二版联动”的问题。

一版空间有限，二版腾挪空间作为一版的补充。

2.关于“抽稿”问题。

由于头版的“统率性”地位，编辑在日常工作中，就必须提前介入，应充分占有信息、资讯，全盘考虑当天整张报纸的各个版面，做到胸有全局，合理分流稿件。同时，要根据稿件的特征及相关信息的重要程度，考虑是否将头版与其他版联动，做大做足主流新闻。

3.关于“版面亮点”问题。

从小点来看大局，做深、做透，避免文章中的信息多而杂，增加读者理解信息的难度。甩出一堆的东西给读者，让读者难于索取信息，不如抓住最有有价值的一点做透，从小的方面反映实验区建设大局。

王洪亮 / 文

座右铭：人生的道路虽然漫长，但要紧处常常只有几步，特别是当人年轻的时候，没有一个人的生活道路是笔直的，没有岔道的，你走错一步，可以影响人生的一个时期，也可以影响人生。 ——柳青

个人简介：王洪亮，平潭广播电视台副总监、副台长。

浅析对台广播政策宣传类节目话语表达策略

摘要： 如何将大陆出台的一系列惠及台湾同胞、促进祖国统一的政策，更有效地对台湾同胞进行宣传，一直是对台广播有效性提升需要破解的课题之一。本文试图从对台广播节目受众变化、传播环境影响等方面入手，研究分析改进对台广播政策类节目话语表达的务实策略，以便更好地发挥对台广播作用，为促进祖国统一大业做出更大贡献。

关键词： 对台广播　政策宣传　话语表达

政策宣传类节目是对台广播节目体系中不可或缺的重要组成部分。无论是中央广播电台的《台北直播室》，还是华艺广播的《华广快车》，或者是一些地方对台广播节目中，都很容易收听到关于政策宣传方面的内容。而这些节目，也成为台湾受众了解大陆政策的一个窗口。尽管对台广播实现入岛宣传形式和渠道越来越丰富，但是对台广播内容在台湾岛内的传播过程中，不仅要面对台湾当局有关方面对政策恶意扭曲的影响，还要面对受众行为变化以及媒体传播环境变化的影响。如何克服这些冲击和挑战，更好地发挥对台广播作用，就需要对台广播节目增强受众观念，改进话语表达，不仅要解决好“听得见”的问题，还要解决好“听得懂”“听得进去”的问题，才能不断提高对台广播宣传的有效性和针对性。

一、对台广播政策宣传类节目话语表达基本样式

“入岛、入耳、入心”一直是对台广播努力的方向。将政策话题以能够让受众接受的话语表达方式传播，是对台广播节目从“入耳”到“入心”的关键。在长期的对台广播宣传实践中，政策宣传类节目话语表达日趋成熟，发布解读、体验说明、批驳引导等策略丰富，在促进两岸经贸易往来、维护台胞权益、促进祖国统一等方面发挥了巨大作用。针对政策内容不同，宣传时机不同，宣传目的不同，形成了操作简单、易于操作的基本样式。

开宗明义，立场鲜明。在对台广播政策宣传类节目中，经常会遇到有关原则、立场的内容，对于这些内容的话语表达，要明确地表明态度，赞同或者反对，不能有一点含糊，要给受众最直接的感受。如获得2015年全国人大新闻奖的海峡之声电台系列报道《反“台独”、保和平、促统一——纪念〈反分裂国家法〉颁布十周年》。该节目话语表达特点是义正词严，态度鲜明，将《反分裂国家法》对于发展两岸关系、促进祖国统一发挥的重要作用和深远影响阐述得淋漓尽致，收到了良好的宣传效果。

深入具体，服务到位。祖国大陆一直在致力于繁荣两岸经贸往来，陆续出台了一系列涉台经济政策。这些政策的话语表达要深入、透彻，以便能够为台湾同胞带来更多福祉。如，2014年中央台对台中心采制的《两岸海运快件厦门率先开通，台湾快件实现48小时内“仓到仓”》节目。该节目的话语表达清晰明快、翔实到位，既有具体的政策文本介绍，也有鲜活的事实案例说明，扩大了受众对两岸海运快件业务有关政策的认知。

真诚贴近，直抵人心。对于保障台湾同胞权益的民生政策宣传，因为涉及台胞的切身利益，最有效的话语表达方式，就是运用“同理心”衬托真诚语境，展现出大陆关心台胞的善意与诚意。如针对方便台胞往返大陆的有关政策宣传，“浦江之声”采制了一篇题为《大陆将对台胞往来免签注，台胞纷纷点赞》的报道，该报道从政策出台后给台胞带来便利切入，以台胞的切身感受为主体，话语表达浅显易懂，情真意切，强化了报道的感染力和亲和力。

二、当前对台广播政策宣传类节目话语表达遇到的挑战

近年来，尽管民进党当局和别有用心人士对于大陆政策宣传的扭曲、抹黑等手法没有变化，但是对台广播节目受众主体和媒体环境等方面正在持续发生变化。如果不能更好地掌握这些变化规律，与时俱进地调整话语表达策略，就不会更好地发挥对台广播作用。

1.台湾地区受众对大陆的陌生感有所改变，好感度增强，给对台广播政策宣传类节目话语表达提出了新要求。从对台广播受众特点分析，台湾广播受众主体已由原来的对祖国大陆有强烈“家园情怀”的老一辈，变为追求“小确幸”、在民进党当局长期“去中国化”背景下成长起来的“新生代”。以往这个受众主体对大陆的好感度并不乐观。在多种因素的共同作用下，近年却发生了重大变化。2017年底，台湾《联合报》的一项调查显示，台湾民众对于大陆民众的观感首次逆转为好评居多，49%受访民众对大陆民众印象佳，对祖国政府的好感也是历年最高，40%受访者愿意赴大陆就业。①在这样的情况下，对台广播节目就要抓紧受众心态变化的契机，及时调整节目内容，优化话语表达方式，有针对性地做好宣传工作。

2.台湾媒体关注大陆的不少，但能客观、正面报道的还不是很多，给对台广播政策宣传类节目话语表达提出新任务。在台湾媒体语境当中，不仅存在信息不对称的问题，一些与台湾同胞息息相关的民生政策，更是逃不过民进党当局有心人士的恶意抹黑、扭曲。如为了阻挠台湾同胞办理“卡式台胞证”，岛内竟有人污蔑说：“卡式台胞证里有监听器！”虽然是信口雌黄，却跟“大陆人吃不起茶叶蛋”一样，很容易引起受众误解。正因为如此，在新形势下，对台广播如何及时、准确、有效地将大陆出台的涉及两岸政治、军事、经济等各方面的政策向台湾地区受众进行宣传，就需要有更科学的话语表达策略，提高话题的精准度和时效性。

3.台湾地区广播媒体也在经历融媒体转型，新媒体蓬勃发展，传统广播影响力提升不明显，给对台广播政策宣传类节目话语表达提出新课题。据《尼尔森台湾媒体大调查》显示，2007年至2016年，台湾地区媒体接触率调查显示，在12岁到65岁的阅听人群中，“昨天曾上过网”的占比从40%持续增长到接近90%。而“昨天收听过广播”的占比维持在20%左右。②在这样的背景下，台湾地区广播媒体也在经历融媒体转型。如台湾地区目前收听率最高的新闻电台中广新闻网，通过台湾各大入口网站、手机都能收听或收看，他们的理念是“广播不再只是广

播”。当前，一些对台广播的入岛宣传渠道，主要还是传统无线覆盖，以及借用台湾地区广播节目平台播出等方式进行。而在受众注意力转移的背景下，对台广播政策宣传类节目话语表达不仅要更有亲和力来保持受众的忠诚度，也需要不断地创新融媒体背景下的话语表达方式来扩大影响力。

4.互联网为对台入岛宣传开辟了新空间，但互动反馈机制还需要健全，给对台广播政策宣传类节目话语表达提出新挑战。近年来，随着两岸新闻交流的不断深入，一些对台广播电台与台湾有关机构合作推出了可以在岛内浏览使用的网络或者APP项目。这些宣传方式的改进，使对台广播节目入岛宣传有了更直接的方式。但是，互动是广播媒体的一大特征。在互联网新兴媒体的舆论空间里，这一特征得以进一步放大。一个被热切关注的政策，不仅能够引来粉丝围观，也能够引来受众咨询，甚至引来别有用心人士的恶意操作。如何及时有效地回应受众，破解受众疑虑？对台广播节目话语表达方式的创新，还有不少课题需要研究。

三、对台广播政策宣传类节目话语表达的改进策略

在对台广播节目内容当中，政策宣传类内容的话语表达要求较多，并不像文艺类、音乐类等节目那样灵活，一般容易给人留下生硬、刻板的形象。尤其是一些地方对台广播政策宣传类节目的话语表达，由于自身条件限制，还有不少仅停留在条文介绍上，解读等方面还有较大的提升空间。如此，更要针对受众变化和媒介环境变化，结合宣传内容和任务要求，不断改进话语表达策略。

1.要以增进针对性为基础，提升话语表达张力。同样的话，针对同样的人群说，采用不同的表达策略，会收到不同的效果。针对性越强，传播的精准度就越强。因此，对台广播政策宣传类节目话语表达要注意客观条件营造，可以从场景、风格、机制等方面入手，促进话语表达针对性提升。

在语言选择上，普通话与方言要相互助力。台湾地区使用的语言较多，除了普通话，还有闽南话、客家话、福州话，以及台湾地区少数民族语言。结合台湾受众语言习惯，一些需要更广泛、更深入传播的政策内容，需要既用普通话表达，也要考虑用闽南话等方言来表达。事实上，按照“三贴近”原则，政策宣传类节目如果在普通话传播的基础上，再针对不同地域的各类方言进行多维传播，效果会更好。

在表达语态上，理性与感性要相互融合。宣传的目的是达到宣传的效果。除了必须以特别明确的语态表达立场外，太生硬、太尖锐的话语表达，就算是讲道

理，传播效果也不会十分理想。当然，纯粹的说教，更不会达到有效传播的目的。因此，对台广播政策宣传类节目话语表达要积极融入情感因素，做到以理服人，以情动人。如中央广播电台对台湾节目中心的评论《从互称“先生”看两岸政治互信》，话语表达情理交融，既有原则，也有温度，易于受众接受。

在技巧运用上，传播与回应要相互支撑。对台广播政策宣传类节目话语表达要有交流的语态，要在传播政策的同时，及时回应受众的咨询、反馈和意见。如2012年底，习总书记提出“中国梦”之后，海峡之声电台随后在《台湾导报》和海峡之声网上刊登《中国梦是海峡两岸最大公约数》等文章。[③]海峡台这组文章话语表达立场鲜明，是对政策宣传的深化。

2.要以扩大传播力为要求，完善话语表达形式。在新时期，对台广播节目的入岛宣传，方法多样，渠道广泛，既有广播节目形态，也有“广播+”的媒体融合形态。当然，不同的应用场景，需要对台广播政策宣传类节目话语表达不断改进和创新。

要有“在地”思维，改进话语表达形式。通过节目互换、共同采访、联播联制等方式，实现广播节目入岛宣传是比较常见的样式。在这些对台广播宣传平台上，安排政策宣传类节目和内容不是问题，而如何选择话语表达策略尤其重要。[④]海协会原副会长、厦门大学新闻传播学院院长张铭清在谈到对台宣传工作时指出：“要彻底改变过去那种对台报道‘宣传味’太浓的做法，要以拉家常的宣传，让台湾同胞既易于接受， 却又不认为你是在宣传，这样才能达到最好的宣传效果。”改进对台广播政策宣传类节目话语表达形式，就要强化“在地”思维，多些“设身处地”，减少受众产生逆反情绪的因素，才能实现“润物无声”“水到渠成”。

要有“跨界”思维，丰富话语表达形式。借用台湾地区非广播媒体资源实现入岛宣传，是对台广播节目在新时期不断开辟实现入岛宣传的有效路径之一。如，福建东南广播电台正与台湾知名网站“数位台湾”加强进一步合作，联合开办“来自大陆的声音”板块。而“海峡之声”则与《台湾导报》合作，实现了“广播+报纸”的入岛宣传突破。[⑤]无论是“广播+互联网”，还是“广播+报纸”，都需要对台广播政策宣传类节目话语表达形式更加丰富，如当一些政策宣传内容需要运用报纸资源传播时，原本通过广播话语表达的形式，就需要改为以报纸文本表达的形式呈现；当在互联网上呈现时，则需要以适用互联网的话语表达方式呈现。

要有“融合”思维，开拓话语表达形式。当下，两岸同胞之间在互联网上有了越来越直接和丰富的互动平台。在互联网上传播的对台广播政策宣传类节目则必须要有“融合”思维，将节目的概念升级为“产品”的定义，以载体的格式要求创新话语表达形式。这种形式也许仍然是声音，也许是文字，也许是视频，也许是多种媒介元素的组合复合体。如，2015年12月，中央广播电台与漳浦广播电台联合制作《台商二代漳浦缘》系列广播节目时，还同步推出了《台商二代VS大陆二代》《台商一代VS台商二代》等微信内容产品，二者话语表达相互补充，共为一体，引起了很大共鸣。

3.要以提高有效性为前提，运用话语表达方式。做好对台广播政策宣传类节目话语表达的改进工作，必须认真分析受众变化和媒体环境变化规律，有针对性地研究不同政策的不同话语表达策略，才能让对台广播更好地完成肩负的神圣使命。

不能因为话语表达方式的变化，造成政策本意的曲解。话语表达情理之间的度，要把握好。尤其是大政方针的对台广播政策宣传类节目，强调受众的心理变化，以及受众的“接受度”“承受力”，灵活掌握话语表达方式，但是不能因此丧失立场，造成受众的曲解、误解。如2013年，获得第27届全国对台港澳广播创优评析优秀作品一等奖的节目《绿营扰乱两岸服务贸易协议通过为哪般》，既有说理的一面，即对服贸协议这项惠及两岸同胞的政策到底好在哪里进行深入浅出地介绍，也有批驳的一面，即对绿营阻挠服贸协议的种种借口进行一针见血的揭露。对于受众来说，也许“忠言逆耳”，但该说还是要说，而且要说明白、说到位。

不能因为话语表达渠道的丰富，造成政策内容的缺失。随着入岛宣传渠道的不断开辟，多元分众传播逐步影响对台广播政策宣传类节目话语表达。比如说，使用方言或者通过其他媒介平台推送对台政策宣传类节目内容等都是分众传播形式。不同载体当然需要不同的话语表达方式。但是，需要注意的是，分众只是传播形式的划分，而不是政策内容的分割。为了保持内容的完整性以及传播效果的一致性，对于一些重要的政策内容，在不同载体上则都需要原原本本地传播。如2014年海峡之声广播电台播出《坚持走正道，两岸关系不惧任重道远》节目，[⑥]由于是针对“九二共识”这一重大政策内容进行宣传，所以通过广播和网站呈现的话语表达内容基本一致。

不能因为话语表达手段的改进，造成政策影响的弱化。在融媒体时代，话语表达形态多样化呈现。吸引耳朵和眼球的呈现形式越来越多，但是，对台广播政策宣传类节目改进和创新话语表达方式过程中，不能顾此失彼，因“形”误“实”，强化了传播的形态，弱化了传播的内容。如“海峡之声”推出的《台生大陆求学就业记》系列融媒体报道，[⑦]在广播节目话语表达上尝试创新，除了广播节目，还有图片、视频、文字等不同形态呈现。而且该报道的巧妙之处在于通过台生风采的多媒体故事呈现，跟进解读有关大陆对台政策，甚至在专题网页排版上，“台生风采”专栏后面直接就是“政策解读”专栏，宣传针对性得到进一步强化。

注释

①台湾人士：中共十九大后台湾民众对大陆观感显著好转.新华网，http://www.xinhuanet.com/tw/2017-11/25/c_1122010792.htm。

②杨陆海：后“5·20”时期台湾舆情与大陆对台广播策略研究.《中国广播》，2017（9）:58-62。

③鲍平：台湾广播考察及思考.《新闻实践》，2013（8）：79-81。

④郭婕妤：以《祖地乡音》为例论对台广播闽南话节目以特取胜.《文化产业》，2015（1）.

⑤蓝松祥：浅析新媒体在对台广播中的应用.《东南传播》，2015（12）:25-27。

⑥魏华、洪蕾：坚持走正道，两岸关系不惧任重道远.海峡之声网，http://www.vos.com.cn/news/2014-02/12/cms796174article.shtml。

⑦青春梦，两岸情——台生大陆求学就业记.海峡之声网，http://www.vos.com.cn/special/node_1421.shtml。

第三辑

新闻广角

宋伟 / 文

座右铭：内化于心，外化于行。

个人简介：宋伟，平潭广播电视台新闻编辑部副主任。

平潭广播电视台关于服务“三农”和乡村振兴战略的探索与实践

摘要：在诸多地方电视台的新闻报道中，涉农新闻是必不可少的组成部分。在农业比重占比比较大的地方，由于从事农业生产的人口众多，农业新闻线索多，涉农新闻策划报道比较成熟，促进了当地农业的发展。但是近几年，国家服务“三农”和乡村振兴战略的宣传要求不断加大，对于农业产业比重不大的地方电视台，如何在新闻素材较缺乏的情况下，做好涉农报道，服务地方经济，成为一大待探寻的课题。本文以平潭广播电视台为例，从实际新闻报道中发现新亮点和新做法，并归纳总结，以便为其他地方电视台提供交流借鉴经验。

关键词：涉台报道 特色农业 县级电视台

引 言

平潭，简称“岚”，是福建第一大岛，也是祖国大陆距离台湾岛最近的地方，主岛海坛岛也是著名的渔业基地。其实以平潭的地理环境来说，风大、沙多、水咸，基本上发展农业的条件一个都不具备，岛上原来种植最多的就是地瓜、土豆等沙地作物，耕种面积小，产量也不高，市民平常吃的粮食蔬菜基本上都是从岛外运输进来。在日常的新闻报道当中，平潭农业上面可报道的新闻素材体量不大，所以怎样从这近400平方千米的海岛上寻找自身亮点，做好符合宣传要求的服务“三农”和乡村振兴战略上的报道，成为平潭广播电视台一直探索的地方。

平潭的定位是综合实验区和国际旅游岛，平潭岛上的农业以科技农业和观光农业两大类为主，这两大类有一个共同的特点就是集成化。不同于其他地方农业是以家庭、个体单位居多，平潭的农业基本上是农业企业和乡村合作社为主，所以平潭台报道也是往这方面展开。

一、结合地方特色，着重报道科技农业

特色报道就是要结合自身的地方特色，报“人无我有”的新闻。平潭台开设“乡村振兴专栏”，曾报道平潭有一个乡镇叫芦洋乡，是平潭岛上农业生产的主要乡镇。这个乡镇利用沙地特点，种植了大面积的脐橙和沙地西瓜，特别是卢洋脐橙，由于海岛日照足，湿度大等特点，非常甜，在当地人中小有名气，是一个非常有潜力的农作物，但是“酒香也怕巷子深”。为了推广销量，平潭台对卢洋脐橙的促销力度非常大，不仅报道了脐橙种植的新闻，也通过广播电视台的影响力，组织许多企事业单位、来岚游客，在脐橙的成熟季节参与采摘脐橙、农场亲子游等活动，让更多的外地游客品尝到卢洋脐橙。现在卢洋脐橙还没上市就收到了许多外地订单，种植户的销路解决了，开始向品牌化方向发展。

此外，平潭大棚种植业很有特点，在平潭有将近300亩的大棚种植基地，利用平潭沙地优势，种土豆“闽薯一号”。平潭台就着重报道政府补贴项目、有机肥和水利喷灌这两个科技种植新闻进行推广。通过对这些特色农业种植的宣传来做科技下农村、政府服务农业、农民增收的“三农”文章。

除了传统农作物外，花卉种植也是平潭一大亮点。在福建大家都知道漳州水仙花，但是平潭水仙花也是非常有特色的，早在2007年，原国家质检总局就批准对“平潭水仙花”实施地理标志产品保护。在平潭有许多水仙花基地，这些基地有个共同特点就是高海拔种植。平潭岛北部的君山，主峰插云峰海拔434.6米，对于海岛来说这个海拔是非常高的。有个奇景叫君山插云，和日本富士山斗笠云相似，平潭水仙花种苗培育基地就设在君山顶上。通过将这种特殊的自然条件和水仙花的生长特点相结合，使平潭的水仙花与众不同。平潭台进行了宣传报道，打响品牌。在各地的农博会、花博会上都会有平潭水仙花的影子，平潭水仙花开发

总公司也是经常拿平潭台报道的新闻和制作的专题出去推销，效果很好。像这类报道就是要摒弃自身的短板，报道农业量不是平潭当地的优势，而专门做特色化的报道，有“四两拨千斤”的效果。

二、发挥对台优势，着重报道岚台农业合作

平潭综合实验区定位之一就是闽台合作的窗口，平潭的一大特色是岚台合作，对台新闻这一块也是平潭台新闻报道的日常重点。台湾中南部的台南、苗栗、彰化等县大多以农业为主，而且台湾的观光农业是非常先进的，在平潭从事种植的台商也不少。平潭台在之前的一些报道中，重点挖掘台商经营的农场，把他们的先进经验报道出来。最近国台办颁布惠台31条措施，平潭台就结合这个热点，报道了《平潭首次引进台资农业企业　打造火龙果观光休闲地》新闻，报道台资农业企业可与平潭农业企业同等享受农机购置补贴、农业支援政策等，通过渠道传到东森、中天等一些台湾当地电视台，把政策宣传出去，支持实验区的招商工作。在后续的报道中，平潭台还对这个农场种植火龙果的方法和做休闲观光农场的经验进行大量报道，并与当地的观光农业相对比，经过密集的报道，形成了连带效应，一些本土乡镇的农民积极上门借鉴经验，逐步改变粗放型、单一型种植手段，开始往观光的生态农业方向发展，不仅保护了环境，对于本地农业的可持续发展也有帮助。

三、用足国家政策，做足国际旅游岛文章

平潭除了是国家综合实验区，也是全国第二个获批的国际旅游岛。旅游作为现阶段污染少、回报高的绿色产业，被许多地方政府用作拉动GDP、增加农民收入的一剂良方，平潭也不例外。国际旅游岛的设立，极大提升了平潭的旅游资源的开发利用，民宿业作为平潭的一个优势产业也为农民实现了家门口就业。平潭台报道了许多台湾青年来岚开设特色民宿，比较有名的是“石头会唱歌”民宿。平潭台还陪同央视节目组专门做了一期关于平潭旅游的节目，并在国庆期间《还看今朝——喜迎十九大特别节目》栏目播出了《福建平潭：这里的石头会唱歌》专题节目，影响非常大，收效很好。

强大的宣传使得平潭的这个民宿成为平潭的一张名片，不仅成了国家领导人、省领导来岚调研的必去之地，还被拍成了电影。对这些台湾民宿的大量报道，也

在实验区范围内掀起了一股开设民宿的热潮，许多地处旅游区周边的农民也大量效仿，将自己家的老房子、石头屋改造成特色民宿。除了民宿外，很多和农村旅游配套的产业也需要平潭当地电视台的大量宣传，如《平潭新闻》近期的“美丽乡村建设”栏目，就大量宣传报道乡村环境、绿化等方面建设情况，许多乡村也不断挖掘自身特色，打造乡村旅游，乘上国际旅游岛的东风，一时间，“北港文创村”“潭水风韵古村”“海钓村”等都陆续纳入实验区管委会重点规划的区域旅游蓝图，许多农民从事与旅游业有关的配套服务产业，成为实验区开发建设真正的受益者。

四、把握机遇乘势发力，借助政治效应宣传报道

平潭除了地域和对台两个特点，还有一个特点与国家领导人习近平总书记有关。习总书记在福建任职17年，平潭他来过21次，平潭有个乡村叫大坪村，就是他曾经挂点帮扶过的地方。在十九大召开期间平潭台开设的“砥砺奋进这五年”专栏，就报道了许多关于大坪村的题材。《精准扶贫“输血”变“造血”　农业发展促就业》、“创建森林城市”专栏《中楼乡大坪村：见缝插绿，让村民尽享“绿色福利”》、“十佳基层党建示范点”专栏报道《大坪村：以党建促村建，实现“贫困村”到“生态村”蜕变》等一系列报道，都围绕乡村振兴战略和精准扶贫两大惠农政策，宣传报道全国小康建设示范村、总书记帮扶过的“明星村”大坪村，其宣传带动效果不言而喻。

除了打造“明星村”，平潭台也在农业报道中打造农业的“明星”，在《平潭新闻》栏目常设板块“平潭故事”中就经常报道平潭的农民故事，其中最具代表的就是在2014年，福建30位企业家致信习近平总书记，以《敢于担当勇于作为》为题，建言加快企业改革发展。同年7月8日，习总书记给福建30位企业家回信，对福建省的广大企业家给予了鼓励和期许。其中，平潭本土农民企业家杨光平是30位企业家的领头人，平潭台就这件事策划人物报道《牢记嘱托　砥砺前行——全国劳动模范杨光平的创业人生》，通过他从一个普通农民到农民企业家，在发展生态农业上的心路历程，来回应习总书记提出的“敢为天下先、爱拼才会赢”的理念，宣传国家提倡的坚持生态优先绿色发展，绿水青山也是金山银山。报道效果也很好，央视后来也来对他进行了采访。

五、存在的不足以及下一步工作计划

平潭广播电视台作为一个开放开发前沿的实验区的电视媒体，在做涉农报道，服务“三农”和国家乡村振兴战略宣传时，尽量做到避开当地新闻素材缺乏、新闻体量不大的短板，多挖掘自身的特点，扬长避短，在农业新闻报道中也有一些出彩的地方。但在近几年报道中也存在一些不足，因为农业体量不大，所以平潭台新闻栏目安排上，没有常设的关于农业服务的专栏。但是“三农”问题一直是国家最为关心的问题，每年的中央“一号文件”也一直是关于农业方面的政策，关于“三农”的大民生新闻报道也是日常报道中重要的题材。

接下来，平潭台将进一步加大广播电视服务“三农”和乡村振兴战略的宣传报道，除了要大力报道国家推进农村建设的重大举措，报道全面深化农村改革的大层面政策，也要报道小康示范村、科技种植、科技养殖、带领农民致富的领头人等层面的微观新闻。从群众最关心的问题中筛选报道的主题，在《平潭新闻》和《民生直通车》栏目增加对当地农业特色亮点和台湾农业种植的先进经验的报道。丰富节目内容的同时还要提高新闻记者农业专业知识储备，培养专门采写农业新闻的记者队伍，让他们深入农业生产一线，走基层，继续挖掘平潭当地成功经验并将其传播出去，让这些好的经验带动新型科技型农业发展，带动当地农民增产增收。

林玉玲 / 文

座右铭：智者不锐，慧者不傲。

个人简介：林玉玲，平潭广播电视台新闻编辑部副主任。

从《新闻调查》看电视新闻报道的故事性

——结合平潭开发建设说好故事

摘要：以讲故事的形式采写新闻是目前比较常见的一种节目制作方法。这种报道方式增强了新闻的可读性，为新闻写作提供一种新的思路。关注事件，关注人物，关注人物背后的故事，越来越成为当今电视新闻的侧重点。在采写新闻的过程中如何以人为本，写好新闻故事，借以打动观众，这是一个电视台在激烈的竞争中立于不败之地的支撑。

本文结合笔者在实际工作中采写新闻的体会，介绍如何采写故事化新闻，如何深入新闻一线，选择贴近实际、贴近群众、贴近生活的视角进行新闻报道。论文围绕“电视新闻报道如何说好故事，如何用故事打动人”这一主题，从三个方面对选题进行研究论述：电视新闻报道为何要讲故事；电视新闻报道如何讲好故事；讲好电视新闻故事的方法。

关键词：电视新闻　说故事　民生视角　方法

前　　言

在当今多元化的社会需求下，单一的资讯类的时政新闻已不能满足受众的需求，人们越来越多地想要关注他们自己的事，发生在他们身边的事，与他们息息相关的事。如何用民生的视角看问题，挖掘老百姓的身边事，这是考验记者采写新闻的能力。如果民生新闻角度选得准，新闻做得有新意，充满人情味和生活味，节目就能吸引广大观众的眼球，观众自然爱看。

如何才能把新闻做得有人情味和生活味，吸引观众的眼球呢？美联社特写新闻部主任布鲁斯·德希尔瓦曾说："以说故事的方式向人们提供信息更容易被理解和记忆。因为这种方式让人放松，让人觉得有趣。以这种方式整合过的新闻素材将更加有效地吸引读者。"对老百姓而言，关注他们，关注老百姓的喜怒哀乐、衣食住行，这才是他们关心的，也是他们爱看的新闻。

目前，平潭正处于大开放大开发建设中，各项建设都在加快推进。作为一名电视记者，在开发建设的大好形势下应该如何深入基层，挖掘新闻事实中的故事，发现故事中的人，写出贴近民生的报道？对此，笔者结合学习的专业理论知识和本职工作实践进行了论述。

在新媒体迅速发展的今天，电视要想在同业竞争中占有一席之地，所做的新闻和内容必定是别家媒体所没有的，或者是有比别家媒体更占有优势的一面。声画兼备是电视独有的特色，如何充分运用这一独有特色来制作更好看、更有新意的新闻，以符合受众需求，提高收视率？笔者认为，在同行业激烈竞争中，电视可以运用近几年出现的"新闻故事化"这一种全新的创作模式，关注人，关注事件，关注人物故事，多角度、多视角地来报道新闻，使新闻更具人情味、生活味。

一、电视新闻报道为何要讲故事

（一）满足受众需求

在信息四通八达的今天，人们更期望在获取信息量的同时可以满足娱乐的需要。有需求才有创造，正是受众不满足于单一获取信息量的需求催促产生了新的创作模式，让我们以讲故事的方式来做新闻。

什么是新闻故事化？笔者认为，把故事所具有的引人入胜的情节和个性鲜明、在某方面具有代表性或突出特点的人物这两个鲜明的要素加诸新闻报道，使新闻兼具信息和娱乐功能。

故事化新闻的出现正是受众需求的产物。民本取向是当今民生新闻报道的要求，要以民为本，从老百姓所关注的方面出发，站在民生的角度看问题，做老百姓爱看的新闻。

比如赛事的报道。国际风筝冲浪巡回赛中国平潭站正式开赛，各家媒体都用了大量篇幅报道赛事。平潭广播电视台作为一线的电视台，在前期就做好了策划。按赛前、赛中、赛后的时间节点，采写报道了赛事回顾、开赛前选手报名的情况、赛中各个单项比赛的情况、选手的故事、志愿者的服务队伍、赛事集锦等方面，向观众呈现最精彩的赛事以及他们所不了解的比赛背后的故事，赢得了市民好评。

（二）点带面做全新闻

时政新闻是严谨的、单一的。采写中依靠传统的五个W：什么人、什么事、什么地方、什么时间和为什么。人们获取信息也是单一的，就从这五要素中知道发生了什么新闻，但对于为什么会发生，这新闻发生之后有何意义，一概不知。

笔者认为，以讲故事的形式做新闻，以点带面，拓展新闻，做深做透，使新闻完整，更具可看性。

在一篇报道食堂管理的新闻中，重点表扬了其中一所学校的食堂管理做得很好、有成效。这所学校为什么食堂管理得好，好在哪里，又有什么值得效仿的地方？这是市民关心的话题。在采访中得知，原来这所学校为了学生的安全考虑，收回食堂管理权，由学校自己经营，还设置了学校膳食管理委员会。没有了商业运作，师生的安全就得到了保障。那其他学校的食堂管理现状是怎样的，监管部门对全区学校食堂的管理又有什么新举措？对此，笔者采访了其他学校的食堂管理，对监管部门也进行了采访，最后监管部门表态他们将出资金，帮助其他学校收回食堂的管理权，保障师生的餐桌安全。以点带面的报道，让老百姓在这条新闻中读出学校食堂管理的现状。

（三）硬新闻软化

软化硬新闻，是对硬新闻进行人文思考的表现，使单一严肃的政治、经济、科技硬新闻向那些人情味较浓、写得轻松活泼、易于引起受众兴趣的软新闻延伸，让硬新闻“接人气、接地气”。

比如拍摄会议新闻，领导今天开了什么会、会上部署了什么任务，强调了什么，要求了什么，领导说什么等；调研新闻，领导今天逐一走访了哪个工地，在现场强调了什么，要求各部门要统一认识等这些千篇一律的内容。新闻始终从领导到领导，从会场到会场，大话空话、官话套话，没有实质性内容，跑新闻的都累，更何况看新闻的老百姓。

笔者认为，软化硬新闻是对硬新闻的补充和延伸，使硬新闻兼具软新闻的效应，更具可看性，引起受众的收视兴趣。

比如会议，老百姓关注的不是你开了这个会议，而是你开了什么内容的会议，与我有关吗？会上通过的、表决的都是什么内容，我在其中吗？

新闻故事化，借用文学的手法写新闻，拉近观众与新闻事件的距离，增加新闻的客观性和可视性，让人能看到甚至能触摸到新闻。那么在新闻中如何讲好故事呢？

二、电视新闻报道如何讲好故事

曾获普利策新闻奖的美国记者富兰克林说："用故事化手法写新闻，就是采用对话、描写、情景设置等，细致入微地展现事件中的情节和细节，凸现事件中隐含的能够让人产生兴奋感，富有戏剧性的故事。"笔者认为，做好故事化新闻，几个要素不可或缺。

（一）人物，让受众有认同感

许多新闻事件都和人有关，再枯燥的新闻因为有了人的加入而丰富生动起来。要让故事吸引观众，人在故事中是主体，是中心人物，并要在新闻中贯穿始终。

平潭开发建设，基础设施的建设那是快步推进。记者选取了建设者的其中一个班，跟着他们，从他们早上出工、中午没休息、晚上加班加点的工作，记录他们的一天。从采访中观众可以知道这些建设者来自哪里，他们的工地生活，他们如何夜以继日地建设，再接下来就是整个工程的建设进展情况。因为有了建设者的加入，使这条报道工程进展的新闻多了人情味，增加了可看点。观众从这些普通建设者的口中、眼中了解了工程建设，比枯燥的说明性新闻要好看多了。

（二）场景，把受众带入新闻现场

声画一体是电视相较于其他媒体的优势。相较于纸质媒体而言，声音和画面为受众提供的是看得见的新闻。场景能烘托气氛，帮助受众理解新闻中的事件、人物行为动机，为受众提供看得见的证据支撑。不需要进行过多的描述，受众直接可以从画面场景中了解事件的来龙去脉、人物的性格、人物的喜怒哀乐。

笔者认为，在制作电视新闻过程中，能用现场声、同期声说话的就用现场声、同期声说话，不要过多地加入自己的解说。尽量多使用现场场景说话，使画面具有真实感、现场感，让受众感同身受。

比如“海峡号”首航的新闻，现场场面怎样？人多吗？热闹吗？船长什么样？里面的设施又如何？这些都是受众关心的焦点。画面通关、安检、边检，人员拖着行李有序地进出，接着一声鸣笛的现场声，船头上那些去台湾的旅客挥手嬉笑，直接把“海峡号”摆在了观众的面前。

（三）细节，让受众感同身受

细节刻画对深化主题起着事半功倍的作用。美联社著名自由撰稿人卡蓬曾说：“好的作品依赖对细节内容的运用，而不是抽象的。”[②]

笔者认为，在新闻采写中要注重细节的采写，去现场发现，认知事件，探访真相，把细节突出、放大，描绘，让新闻有血有肉。

举个例子来说。在一期家人来找被拐卖儿童的新闻中，一位老奶奶牵着一位13岁的小男孩在抹眼泪，小男孩轻轻地拍着老人的背。老人在说：“你要乖、听话，要记得回来看我。”男孩点点头。这么一个细节镜头，把一对感情深厚的祖孙俩临别的情景表现得淋漓尽致，与随后展开的这个小男孩不是老人的亲孙子，是老人家从人贩子手里买过来的，但13年来，祖孙俩相依为命，早已是一家人的亲情再现交织在一起，在受众心中产生震撼。最后的细节，老人依依惜别，无奈可又不得不分开的画面，让人悲从中来，原谅了老人拆散了小男孩家庭的事实。新闻播出后，有些市民甚至表示，“都13年了，也习惯了，挺好的，就跟着他奶奶过吧”，观众产生了共鸣。

再比如，在第一期廉租房分配的现场，当念到名字要去选房的时候，人们拿着笔，神情专注，迟迟不下笔，时不时问旁边的人“这个好不好”的细节放在了新闻中，人们选房时那激动的神情、纠结的心情展现了出来。在交房时拿到钥匙的那一瞬间的细节描写，给观众呈现的都是迫不及待、喜出望外、脸上挂着笑容，让观众都为他们高兴。

（四）悬念与冲突，让受众注意集中

要吸引观众的注意力，要一步步制造出期待情绪，不是平铺直叙交代事件的时间、地点、起因、经过、结果，那是灌输新闻，目的是让观众自己找新闻。要把新闻讲得动人心弦，委婉曲折。这时候，悬念与冲突就发生了重要的作用，让观众自己在新闻中揣摩，找线索、找答案。

新闻中的人物总要碰到一些难题，怎么解决呢？采取什么方法呢？观众感兴趣的是这个。“成就报道”是观众最不愿意看的一种新闻。在一篇《平潭砂美村

的致富之路》报道中，我们着重报道平潭砂美村书记如何带领砂美村致富。开篇没交代镜头中的穿着渔民服在养鲍鱼的那个人是谁，只是交代他养了多少鲍鱼，一年大概可以获利多少，养了多少年之类的内容。紧接着是他被评为省劳模，观众就问了，养鲍鱼还能评为省劳模？在逐步报道的过程中，人们逐渐知道了这是平潭砂美村书记，因为当初带着全村人养鲍鱼，带领全村人致富，为民谋福利才被选为劳模。鲍鱼那么好养活吗？这位书记当然也碰到了问题，这是悬念。在碰到问题的过程中，村民的质疑、家里人的不理解、他的矛盾这三方构筑了话语空间，在屏幕上形成了冲突，最后随着专家的指导，方法出现了，问题解决了，村民致富了。

新闻的故事化为电视新闻采制提供了一种新思路和新方式，它或是短故事，一事一写，或是故事连载式，分章节、段落写，改变了以往严肃、枯燥直白的新闻表现形式，加入了讲故事、设悬念的手法，使新闻报道更加形象生动，风格呈现多样化。通过挖掘事件背后的故事，满足了受众的好奇心，为观众所喜闻乐见和接受。那么，讲好故事的方法都有哪些？

三、电视新闻讲好故事的方法

（一）走基层，在“走转改”活动中找故事

按照中宣部统一要求，新闻记者积极开展“走基层、转作风、改文风”活动。作为一线的记者，拥有的是最一线的素材，如何用好这一线素材，采写出一线的新闻、贴近民生的新闻呢？答案是：走基层。

平潭海峡大桥建设是所有平潭老百姓盼望已久的事。在平潭海峡大桥复桥建设工地，我们采访了东引桥段的项目工程师——卢师傅。他黝黑的脸庞，干燥的皮肤，俨然成了一名海岛渔民。在采访交谈中我们才知道，原来卢师傅才大学毕业没几年，可被平潭的海风一吹，一下子就老了十岁。在采访中卢师傅开玩笑说：“现在叫我去相亲我可不敢，人家姑娘见着我就跑，说‘这么老还出来相亲’。”一句玩笑的话，把这位外地小伙子开朗的性格暴露无遗，也让观众感受到大桥建设者真不容易，风吹日晒，平潭的风真大呀！这是在建设工地现场抓的素材，让观众直观感受工地现场。

在“走转改”活动中体会到，“走”要用心走，用心才能真正深入基层、了解基层，体察民心民意，真正服务基层。“走转改”活动是找好新闻故事素材最好的过程，要求记者具有民本思想、民本取向、平民情怀。在最基层的生活中，

捕捉我们的素材和内容，用群众的视角看问题。

（二）做好新闻策划，在策划中挖故事

《新闻调查》是一档深度调查类节目，时长45分钟，每周一期，每期一个故事。如何在45分钟内持续吸引受众注意力，是一个挑战。做好新闻策划是必需的。

笔者认为，一个节目的成功与否，很大程度上取决于前期策划。对于选题是否具有独家性、资料信息是否准确、方案是否可行这些因素的判断，贯穿着从发现新闻线索、调研并确定能否进行采访、新闻事实成立并进行采访准备、收集整理有关资料，一直到编制采访提纲的始终。

例如，在平潭“海峡号”开航前期，本台制作了三期《台湾人在平潭》的专题特写。台商朱麒鼎，在平潭开设了一家台湾伴手礼的专营店，因为交通工具的问题，导致他回台湾不方便，还增加运输成本和损耗。对于即将开航的“海峡号”，他激动地说：“终于可以回家了，而且只用2个半小时，我很高兴。”三期节目中，在岚经商的台湾人都表示了常回家的渴望，无疑给这艘海上直航台湾的快船“海峡号”打了一剂强心剂。

策划好新闻，让新闻报道宣传效果事半功倍，起到很好的舆论监督作用。从观众的心理认知角度来讲，与公众利益相关的、贴近公众生活的选题，会更容易产生传播效应。

在酒驾入刑一周年之际策划的对酒驾的连续报道中，一连串的对酒驾入刑人员案件、怎样程度才能算酒驾、警察查酒驾情况、酒驾后的丑态等的报道，让观众可以直观地看到酒驾的危害。不用过多的解说词，观众在新闻报道中自然而然就对是否酒驾区别开来。节目在市民当中引起了很大的反响。

（三）运用电视手段，在表现手法上说故事

故事化的新闻在表现手法上充分调动电视独特的表现形式，较之传统的新闻表现手法更丰富、更具体、更富有吸引力，也更能吸引观众的眼球，让观众喜闻乐见。电视是视听艺术，电视语言的元素包括图形、声音、音乐、音响、字幕、图表和特技等，这些元素的有机组合，使它较之文字语言、声音语言更能创造出一种身临其境的氛围，在展现现场的细节和情节上更具优势。

笔者认为，采写出生动的、贴近百姓生活的故事化新闻，要充分调动电视手段，用生动的叙事方式、多元的表现手法、鲜活的细节，引起广大观众的注意。

在12315维权行动中，记者跟随质检部门下乡开展农资打假行动。节目充分运

用了声音、字幕、图表等多种手段，既有质检部门现场检查的画面声音，对农民的现场采访，农田菜地的画面，还运用字幕报出了维权行动中检查出的不合格批次的化肥农药等，生动地展示12315维权在行动。

在植树绿化活动的新闻报道中，不仅有现场挖土、浇水、植树的声音，还用字幕教市民如何种树才能提高树种存活率，用图片搜罗各国种树的趣闻。软硬新闻结合，既有信息又有娱乐，使新闻鲜活生动，吸引观众看下去。

主持人的评论也是一个很好的表现手段。主持人以及记者独特的个人魅力为新闻增色不少。在采写的新春液化气检查的新闻中，由于都是灌装液化气，不合规范，瓶身存放很久，存在很大的安全隐患。再加上有的人安全意识薄弱，为防止检查，竟把所有的灌装液化气全部塞入床铺底下。记者在结束时这样说道："金钱诚可贵，生命价更高。"

（四）民本取向，在贴近民生中找故事

民本取向是现在电视民生新闻的第一要求，贴近百姓生活，服务基层百姓，反映民生民情，为百姓提供最真诚的服务，这是一名记者在采写新闻中立足的根本。

笔者认为，民本取向是必需的，所有记者都应该要具备民本取向，挖掘老百姓自己的事、身边事、关心的事。

在本台《小崔帮你忙》的节目中，有《小崔帮你问》的板块。在一期辨别真假人民币的新闻报道中，记者带着市民的疑问走访了银行，寻问银行的工作人员怎样识别真假人民币。记者采取体验式采访，现场帮助老百姓解决生活中的问题。

在"海峡号"运营期间，记者带着观众的视角进入船舱，感受"海峡号"内部的构造设施，与海乘人员见面，还亲自体验了一回开船的感受，观众可以随着镜头，跟着记者的脚步感知"海峡号"的一切。

四、怎样避免电视新闻报道"为故事而故事"

（一）新闻和故事混为一谈

出于吸引受众眼球、提高收视率的考量，只注重故事的成分，满足人们的好奇心理，久而久之，这样的新闻观众不爱看。

对于新闻报道来说，新闻的真实性是首要职责，也是新闻工作者职业道德的基本要求。如果一味追求故事性，则舍本逐末丢失了原本的性质。以故事为基本

结构方式和叙事方式，将使电视节目内容过于注重细节的雕琢，从而忽视了对整体深度的把握和挖掘。新闻节目呈现“过去的事情”，侧重“情景再现”和“真实再现”等招数，有摆拍和导演的痕迹，影响报道的真实性原则。故事化是新闻节目的一种表现手段，不能以牺牲新闻真实性为代价，为故事而故事。

（二）重故事情节轻新闻价值

新闻故事化强调以讲故事为前提，新闻记者和编辑在新闻选材上往往选取生动的有趣味元素的故事性题材，突出和挖掘新闻事件本身的奇异性，再进行细致的润色加工，以达到吸引读者的目的。

过分注重情节，会导致新闻信息缺失，影响受众的辨别视角，削弱对新闻事件本身的理解，减弱新闻舆论对社会的引导。

笔者认为，作为一名新闻记者，首先应当遵循新闻的原则，在此基础上才能创新报道方式。

结 束 语

故事化技巧应用于新闻写作，使新闻呈现勃勃生机。然而在实际写作中要树立新闻真实性第一的原则，不要为故事而故事，泛故事化，一味强调娱乐性、故事性、煽情性，就会没有新闻生命。

电视新闻应当遵循新闻的原则，在此基础上创新报道方式，贴近民生，坚持民本取向，用民生的视角看问题，使硬新闻软化，增加可读性，使新闻充满生活味和人情味。只注重追求故事性，这是不可取的。

参考资料

①罗钢：《叙事学导论》，云南人民出版社1999年版。
②郑兴东：《受众心理与传媒引导》，新华出版社1999年版。
③郭丰登：《对中国电视泛故事化的思考》，《中国广播电视学刊》2006年第2期。
④赵蔺：《电视新闻故事化浅析》，《当代传播》2005年第4期。
⑤罗以澄、吴玉兰:《新闻采访》，中南大学出版社2005年版。
⑥杰里·施瓦茨著，曹俊译：《如何成为顶级记者——美联社新闻报道手册》，中央编译出版社2002年版。

杨华 / 文

座右铭：做最好的自己，活成喜欢的样子。

个人简介：杨华，融媒体指挥中心副主任、平潭时报社副总编辑。

宣传报道突发事件要做到胸有成竹

—— 报道台风“苏迪罗”心得

2015年第13号台风“苏迪罗”于8月8日正面袭击福建省，平潭被笼罩在10级风圈范围内。作为一个海岛，台风是常态，每年都不可避免会受到台风影响。因此，台风对于平潭媒体而言，是一个绕不开、躲不掉的话题，对台风灾害这一类突发事件的报道，也就成为我们每年的“必修课”。

以第13号台风“苏迪罗”的报道为例，结合近年《平潭时报》关于台风的报道，我认为，做好台风的报道要有预判性、组织性和统筹性。事件发生前后，作为采访部的负责人，应急宣传报道调度的“操盘手”，最关键是要对灾区情况、报道重难点和采访人员配备等做到了如指掌，胸有成竹。

一、预判性是前提，做到心中有数

每年的7、8月份是台风的多发季节，在台风来临之前，哪里是重灾区、哪里会有突发的情况，就要做到心中有数。比如，按照往年情况来看，平潭综合实验区流水镇裕潘村是个重灾点，每年该村海堤都会发生状况，在2015年台风来临前，边防官兵再次对其进行加固，有效防御了此次台风的破坏，保护了人民和财产的安全，是一个很好的报道点。又如，澳前镇和苏澳镇，两镇渔业发达，渔排养殖人员较多，往往会发生人员返回渔船遇险等突发状况，也是一个重要的报道点。对于这些情况，作为新闻工作者，在日常的工作中如能多加留意，分析研判，在台风来临前做好预判，在组织采访人员时就能做到突出重点、有的放矢。

二、组织性是基础，越是紧急越要从容应对

对于记者而言，他们是单兵作战的个体，但是对于采访部负责人来说，在安排人员时，要有一个全盘的考虑，当天出多少版面，需要什么样的内容，记者应该分派到哪个位置，就需要做到采访有组织、稿件有组织、版面安排有组织。

每年平潭最容易发生灾情的地方主要是苏澳镇、澳前镇、流水镇和海峡大桥沿线区域，针对这些情况，8月7日，《平潭时报》采访部提前做好了采访安排，将各个区域进行分块，以几条交通干线为脉络，分流水、澳前、苏澳、金井娘宫(海峡大桥沿线区域）和城区等不同区域，各派一组记者采访报道。同时，作为地方党报，做好地方政府宣传报道也是一项重要的工作，因此，党工委、管委会主要领导和防汛办、110、边防、医院等，同样要作为重点盯守对象，安排人员跟踪采访。只有抓住宣传报道的重点，有序地安排好区域、任务及人员，我们才能统筹使用好有限的资源，做到有条不紊、事半功倍。

8日，台风登陆前的那天早晨，各组记者按照原定的分工安排，前往相应的地方采访，果然，澳前和流水镇都出现轮船遇险的突发情况。因为事先做好了安排部署，记者在第一时间就可以赶到现场，获得第一手宝贵资料，这对写好一篇新闻稿起到至关重要的作用。而由于人员安排到位，各路记者都能有针对性地采写到不同的新闻内容，这使得新闻版面得到充实，新闻内容生动感人。

三、统筹性是关键，做到相互协调，工作“一盘棋”

2015年第13号台风“苏迪罗”于9日22时10分在莆田秀屿区沿海登陆，最大风力13级。受其影响，平潭风疾雨骤，最大风力甚至达到17级，是近10年来风力最大的一次，也是城关近10年来受台风影响最大的一次。8日早晨，澳前码头的台轮“百合号”发生船锚脱离，导致船员被困。跟着管委会主任的一组记者出发到现场，然而现场情况多变复杂，有救援，还有人员转移。“人手不足，需要支援。”

前方记者发来消息。实际上，在前方记者发来“请求支援”的消息前，第二组记者已经出发赶赴现场，与第一组记者形成有效分工。

胸有成竹，对于每一个现场记者，都像安装了GPS定位般，能准确清楚地知道他们的方位，这是作为突发事件总调度人的最关键、最核心的能力。作为采访调度者，虽然前期做了相应的分工安排，但是突发事件中各类突发情况太多，只有明确地知道现场所在的方位、所发生情况的复杂性和工作的难易程度，在应对下一个突发事件时，才能充分做好人员的调度和工作的合理分工。

就近原则是第一原则，长途奔袭往往不能第一时间赶到现场，而且风大雨大，行进的过程是非常艰难的，如让记者长距离奔袭，路上还可能碰到其他状况，影响工作的开展，也违背了现实的规律。

再如，110反馈回来的信息是非常多的，不是所有的新闻都派记者去，要做到有所选择和取舍，必须根据我们的人手进行相应的选择，比如确保重点的企业、项目、乡镇以及水电路讯等，新闻采访才能守住重点、有的放矢。

台风报道，对于《平潭时报》，是一个非常态的“常态”报道，因此，多年的抗台风报道也让我们掌握了应对各类突发事件的报道规律。

余小燕 / 文

座右铭：过程尽心，结果随缘。

个人简介：余小燕，笔名欣桐，《平潭时报》专副刊部主任。

在新闻现场，才能写好新闻

——我与新闻奖背后的故事

2018年是我媒体从业生涯的第十个年头，要说没有感触那是矫情，要说自己是一位“铁肩担道义，妙手著文章”的无冕之王，又有点夸大其词。

但是十年的媒体人生涯，总是有那么一些关于采访背后的故事值得书写，总有那么一些时候，因为采访对象的难沟通，或是炎炎夏日顶着骄阳暴晒的瞬间，会问自己值不值得，甚至因为加班到深夜乃至凌晨，顶着满头星光疲惫不堪时，试问星空，追求的新闻理想还在不在。当然在采访的路上，确实遇到过不少困难，甚至因为写不出好稿子而无力、怠倦。但是，我想说，此生幸运，成为一名媒体人，真的，我从来不曾后悔过选择以记者作为毕生职业！

当然，对于从业30年甚至更长时间的老媒体人说，十年从业经历也拿出来显摆，实在不值得一提吧！

那么，就在这8月的一个雨夜里，在灯下漫笔，与你絮叨我在平潭岛上采写获奖新闻背后的故事，叨叨一位35岁才跨入记者行业的中年阿姨苦乐参半的采访故事吧！

一

有人说，有些人一辈子是老天爷赏饭吃。对于这句话，我的理解是，一名有新闻眼光的记者，一半是老天爷赏饭吃，另一半需要有采访新闻的能力和写新闻的勤奋与努力，更需要在基层的深入实践，说白了就是在新闻现场。

“如果你拍得不够好，是因为你离得不够近。”这句话出自20世纪最伟大的战地摄影师罗伯特·卡帕。他曾在西班牙内战时，拍下战壕中倒下的士兵；也曾奔赴上海，用镜头揭露日本侵华的罪行……1954年的今天，匈牙利裔美籍摄影记者罗伯特·卡帕在越南战场误踩地雷不幸身亡，年仅41岁。

罗伯特·卡帕这句话说得十分有道理，如果一个记者没有深入新闻现场，很难写出客观真实的报道。

我就谈谈2017年冬天，采访正在建设的平潭海峡公铁两用大桥的故事，这篇长通讯《海上“鲁班”天堑架飞虹》获得了2017年度福建新闻二等奖。虽然这些年来也获过大大小小的新闻奖，但这篇关于建桥的稿子采写的过程比较辛苦，几度走进大桥工地也别有一番滋味。

2017年10月中旬，第一次去大桥工地采访时，走进位于苏澳段的工地建设指挥部。这个指挥部设在曾经的苏澳小学里，一个院坝，一楼教室变成了一间间办公室，二楼是指挥部主管的办公室兼宿舍。

见到池忠波，这个北方汉子，年仅35岁却是一个有着11年工龄的大桥人。池忠波的职务全称是福平铁路四标段项目经理部二分部的副总工程师兼工程部部长。

我笑着一边记录，一边看他胸前挂着的工作卡。我调侃说，这个职务感觉很高大上，这么长的职务名，让我想起了一部老电影《战神传说》，刘德华饰演海豚养大的渔民“阿飞”，梅艳芳饰演兰陵国公主“月牙儿”。在影片中阿飞和月牙儿斗嘴和赌气，留下了十分有趣的经典台词。

“你干吗这么凶？你以为你是谁？你叫我走就走，停就停，快就快，慢就慢？我是兰陵国兰陵君的女儿兰陵公主！”

“你知不知道，我是虾尾村村长李小虾唯一的儿子李小飞……”

“岂有此理，我是兰陵国唯一的继承人！七厥城的郡主，你知不知道？”

“我是虾尾上村跟虾尾下村下一任村长的继承人，还是村口黄花鱼场的场主，我也不怕让你知道！”

“放肆，我是你们燕陵国太子燕十三的谊亲，两国年年互通使节，互进朝贡。献礼往还不计其数，你又知不知道？”

“不知道，我只知道我是隔壁鸡眼村大榕叔的表侄，每逢初一、十五村口市场的长期顾客。鱼苗整担整担买，螃蟹整箩整箩卖，吓死你了吧！”

“你……”

与池忠波一见面就说给他听这段调侃加回忆老电影的对话，本来有些拘谨的他，马上变得自在起来。这就是当记者采访的第一步，与采访对象先熟络，才会有交心的谈话，继而得到你采访想要的“干货”。

那天与池忠波一起前往工地，从指挥部到工地下去一个大斜坡，转出去不过1千米左右就到了工地。有“铁将军”把门，看门人也是工地工人之一。池忠波说，如果不守住大门，万一闲杂人员进入工地，出了事故可不好办，所以，工地看门的工作为三班倒。

10月中旬的平潭，太平洋的东北季风已经明显起来，我们戴着安全帽抬头看正在桥墩上头作业的工人，池忠波介绍说：“大桥苏澳段的施工目前已完成了65%，现正进行最后一孔的铁路节段梁架设，预计将于月底完工，苏澳段将仅剩下悬灌梁施工阶段。”

其实，因为不懂工地专业术语，我对于这座建设的公铁两用大桥，只是停留在关于大桥建设难度的概念上。

“平潭海峡公铁两用大桥，全长16.34千米，跨越四个海岛，是我国第一座公铁两用跨海大桥，也是世界上第一座真正意义上的公铁两用跨海大桥。”

“这座桥所在的海坛海峡与百慕大、好望角并称世界三大风口海域。这座桥被称为在世界风口上建世界最长的公铁大桥。”

“世界水上基础施工难度最大的跨海大桥——风大、水深、浪高、海底岩石坚硬。”

在工地上一边走，一边观察大桥的建设场景。在第二节桥墩处挂着一块安全警示牌，这块牌子以漫画的形式表达，警示语简单、粗暴、明了，让我忍俊不禁，拿出手机拍了起来。

“一个男人上班却不注意安全，就等于是在给另外一个男人打工！一个女人上班却不注意安全，等于是在给另外一个女人腾地方！”

“事故就是‘两改一归’，老婆改嫁！孩子改姓！财产归别人！”

在牌子下面以黑体字粗体排列——事故不留情，警钟要长鸣！

我笑着说，这个警示牌简单粗暴，让人一看就忘不了。

在福建省2200多个海岛中，平潭风力最大，每年大于7级风的时间高达238天，约有310天刮着6级以上的大风。一年有效作业时间不到120天。“要在这样的条件下建一座海上虹桥，风成了无所不在的一大阻力。而且施工海域最深处有40米，潮汐明显，海床起伏大、暗礁多，施工条件真的很差，要安全生产，还要赶进度，这样的安全标语简单粗暴了些，却十分有震慑力。”我们相视而笑。其实，在建设工地上抢工期，保安全，抓质量，一环扣一环，才能顺利完成施工目标。

那天，从苏澳往小练岛方向连续走了五个桥墩，池忠波指着前方尚未浇铸的桥墩说，再过半年就可以步行到小练岛那边了，到时提前过来体验一下穿过海峡步行到小岛的感受。

站在巨大的桥墩上，看见两艘渔船穿过桥下，往大练岛方向驶去，随手拍下两张相片。夕阳的余晖下，渔船的尾巴泛起粼粼波光，仿佛一幅油画。感慨，不久的将来，坐着动车驶过海峡，平潭岛的旖旎风光将吸引八方来客，那么最兴奋骄傲的该是眼前的建设者们吧！

在大桥上，看到海面上巨大的船吊正在作业，池忠波说：“平潭海峡公铁两用大桥起于长乐松下镇，经人屿岛、长屿岛、小练岛、大练岛，依次跨越元洪航道、鼓屿门水道、大小练岛水道、北东口水道，在苏澳镇‘登陆’平潭岛，相当于要在海里建四座不同跨度的桥梁群，难中之难是如何在海里各种复杂条件下搭建平台。这是大桥建设的一个关键，而搭建平台的第一步就是插打钢管桩。”

一边采访，一边记录，关于大桥的建筑知识，如何化成新闻语言，如何讲好大桥人的故事，感觉要写出一篇有趣又有高度的长通讯，是一件比较困难的事。

二

从工地再回到指挥部，池忠波叫上另外两名同事，在会议室一起观看关于大桥的宣传片，片子里记录了大桥在建设过程中的难度以及大桥人如何破解难题的相关内容。

看完宣传片后，福平铁路四标段项目常务副经理王东波介绍了关于大桥的一些常识，还有大桥遇到的难度，他们是如何一边建设，一边摸索通过技术攻克难关。王东波是一名有着20年架桥工龄的老大桥人，先后参与了沪杭铁路、沪昆高铁赣江特大桥等建设。他坦诚地说，平潭海峡公铁大桥施工难度堪称前所未有，国内乃至国际上没有成熟的经验可供借鉴。

那天我与《平潭时报》的摄影记者林映树，还有司机小陈，一起在大桥的工地食堂吃饭。吃饭的目的是为了感受大桥人一天真实的生活。拿了一沓与大桥建设相关的资料回到报社，翻读这些资料，再到网上查阅公铁大桥的相关新闻，看到最多的就是各个媒体关于大桥的建设进度，比如完成栈桥的铺设，何时打下第一根桩基，还有大桥建设各类专业“神器”像“镇海平波船”“定海神针桩”“镇海乾坤锁”“架海擎天柱”等。

消化了一天的资料，列了采访大纲：

比如关于大桥的建设难度，难在哪里？像风大的问题，建设者如何与风做斗争？浪高水深，水流湍急，如何打下第一桩，还有如何架设栈桥与海上平台？关于大桥建设，除了安全监理日记，采访的对象池忠波的工作日记要借来看看，技术上他们攻克的难关是哪些？申请国家专利的技术课题是哪些？

过了两周，再约定去大桥补采访已是11月了，一进入大桥工地，戴着的安全帽被一阵大风吹得挂在脖子上。

池忠波带来了两本他的工作日记。因为风大，桥上谈话需要凑得很近。他翻开工作日记，日记本很小，说是为了携带方便。

其中一行字记录下平潭公铁大桥打下第一桩的历史性一刻：“2014年3月24日，B49#，海底标高23.4米，桩顶标高8.13米，入岩：4.67米。”

问他，这里的“B”是指什么。

“这个‘B’是指位于苏澳一侧的北东口的代号。我记得那天上午10点30分钢管运输船就位，浮吊准备到位。15点整打桩船就位，44分钟后精准到位，15点44分开始放桩，17点32分停锤。”池忠波说，插打第一根“定海神针”可以说是“一气呵成”。

以为顺风顺水地打下第一桩，结果是让所有人员没想到的是，那天晚上到了深夜两点多，打桩船上的船长呼叫指挥部调度室，说打下去的桩倒了！

池忠波说，现在听起来轻描淡写，当时这个大难题，连身经百战的大桥人都倒吸了一口凉气，整个团队都懵了。

后来，经过大桥团队一起商讨研究，发明了在海底裸岩上“搭板凳”的技术，被称为“深水裸岩区埋植式海上平台”，这个专利成为国内首创，并申报了国家专利。另外一个办法就是在海上装“定海神针桩”。要在平潭海峡定风波，需要将一根根粗大的巨型桩深深地嵌入坚硬的光板岩中。要知道光4号主塔下的桩就有18根，根根直径4.5米粗。这里平均水深40米，平均桩长达62.3米。没有扭转乾坤的力量是完不成这定海神针般的作业的。4.5米的桩有多大？世界最大，钻孔面积达

16平方米，相当于一间卧室，可谓寻常桥梁桩基的“祖爷爷”了！

听到这样既专业又有趣的工地建设故事，慢慢地对工地有一个全新的了解与写作轮廓。在大桥上，随处可见不少庞然大物，最大的海上起重船是能起重3600吨的“海鸥号”，还有海上平台有5900平方米，相当于有141个篮球场那么大。“栈桥建好后，还要把生活驻地、料仓、拌和站、钢筋制安场、海水淡化厂、龙门吊等大型机械停靠场等大型建设统统搬到海上来。而且建设质量是按照能抵御14级台风来建设的，是不是很牛！”中铁建大桥局二分部总工程师张立东说。在大桥工地上行走，如履平地，完全不感觉是在深达四十几米的大海上行走。张立东自豪地说，现在的造桥技术，早已不是“愚公移山”的时代，大型的机械作业除了省力省时，更是创造了海上作业的奇迹。平潭公铁大桥建设可以说是：中国建桥史上一次新的长征！

三

天气越来越冷，在写完初稿后，再次去大桥是2017年12月初，一是去核实相关专业术语，二是再看看有没有什么内容可以补充。天气寒冷，加之海上的风来势猛烈，走在第一个桥墩上，再要往前走，根本就迈不开步子。摄影记者林映树让我坐在第一个桥墩下等，他去顶上的桥墩拍建设者的照片。桥上工人正在电焊，火花落下，风一吹如同烟花四散。工人们穿着厚厚的棉衣在风中作业，池忠波站在桥墩上与工友对话，摄影记者抓拍照片。

在平潭建这座大桥有两大难，一个在天上，一个在海底。天上是终年肆虐的风，海底是万年积累的硬。

池忠波说，建桥很难，好在从2014年3月打下第一根桩基后，在4年多的作业中，在实践中提升了经验，开发了精湛技术。为了解决桥梁结构、施工、防风、防腐、耐久性等关键技术问题，在设计过程中，我们的技术人员进行了海床演变分析及潮流数学模型研究、气象观测及风参数研究、强风环境下跨海大桥运营期间的行车安全分析与应对策略、桥梁结构抗风性能与防风措施、跨海桥结构耐久性研究等50多项专题研究，这些都是新挑战，也是新的成果……

2017年12月20日，这篇关于公铁大桥的通讯终于成稿。为了有好看的插图，摄影记者还使用了广角镜头补拍了一张大桥全景图。

有了好图片，文字成稿，就差一个好标题。我最初起的标题是“长虹卧波——平潭海峡公铁大桥建设实录”。

请教《福建日报》老编辑黄敬林老师，他说，以通讯参评福建新闻副刊年赛，在标题上最好不要加副标题，就直接用大标题。

与责任编辑陈丽萍商量后，就以写的内容重点作为小标题，之前我采写时是以采访者讲的话为小标题。

经过几次商讨，也听取了总编室余小梅同志的建议——听说公铁大桥建成后，要申报全国建筑行业的最高奖鲁班奖，何不以“海上鲁班”为主语呢？最后大标题定为“海上‘鲁班’天堑架飞虹”。在这里要特别感谢当时在《平潭时报》挂职的张镒琛副总编，他建议以“天堑架飞虹”为标题的后半部分。

经过排版，经过黑马系统校稿，再经过编辑陈丽萍与我反复地校稿，到付印清样稿的时候，已经是2017年12月28日晚上9点。后来参评2017年度福建新闻奖填推荐表时，我这样写道：

> 平潭公铁两用大桥是我国第一座公铁两用跨海大桥，也是世界上第一座真正意义上的公铁两用跨海大桥。这座桥所在的海坛海峡与百慕大、好望角并称世界三大风口海域。这座桥被称为世界水上基础施工难度最大的跨海大桥。本文通过大桥建设者——工程师池忠波建设大桥的亲身经历，道出大桥建设背后的故事——攻克海底打桩难关、勇闯“鬼门关”、横空架起“卧波彩虹”。记者以翔实的数据，大量的细节采写，把平潭公铁两用大桥的建设技术还原给大众读者，并向读者朋友呈上一堂科普建桥的专业课。通过平潭公铁两用大桥建设进度，以及建设者拼搏的故事，让读者身临其境般地走进了这座世界上难度最大的公铁两用跨海大桥的工地。

都说摄影师是认识一座城的记录者，而记者既是时代的参与者，又是时代的见证人。

作为一名在平潭工作了十年的媒体人，发现新闻，采写新闻，宣传当地人文历史，拍摄建设工地、工人劳作，平潭点点滴滴的变化都在镜头下，都在一篇篇的报道中……

时移世易，沧海桑田。

作为曾经偏居海上的孤岛，平潭现在华丽转身为对台的综合实验区、国际旅游岛、自贸区。平潭每月、每日、每时都在发生变化，而对于这个时代的变迁，记者是参与者，还是这片热土的书写者……

“乡愁是一湾浅浅的海峡，我在这头，大陆在那头。”

2017年12月14日上午，台湾诗人余光中先生病逝，享年90岁。诗人已矣，但历史的车轮将一直往前。平潭海峡公铁大桥作为京台高速的连接点，将成为大陆通往台湾的脐带，沟通两岸人民的血脉流通。小小的平潭作为纽带和跳板，将谱写两岸一家亲的新篇章。期盼那一天早一点到来……

李序拓 / 文

座右铭：不畏将来，不念过往。

个人简介：李序拓，《平潭时报》编辑部副主任。

编辑是一项“摆平”的艺术

——《“台平欧”海铁联运首列开行》编后记

在很多人的认知里，编辑就是来稿加工、修改修改错别字而已。其实，这是一个很大的误解，编辑是实实在在的专业技术活，在某种程度上可以说是一项“摆平”的艺术。作为一名报纸编辑，在工作中经常要面对这样的问题：头条在哪里？版面语言是什么？版面有限，稿子怎么安排？特别是党报，有关领导活动的稿子怎么安排，规格怎样，这是一门很大学问。

2015年11月3日，贯穿台湾—平潭—欧洲的“台平欧”海铁联运列车正式开行首列，这是对两岸通道建设的一大扩展，对平潭打造“一带一路”重要支点具有重要意义，无疑是一则重磅新闻。接到消息后，我当时就觉得这是一则能获得新闻奖的事件，应该好好采写编排，打磨出精品稿件。

然而，当天还有一则重要的时政新闻，由民革中央主办的第二届“华灿奖”颁奖仪式暨第六届两岸青年创新创业论坛在平潭举行，有重要领导和嘉宾出席，在党报的版面编排中，必须在头版头条刊发。如此，稿子多版面少，如何编辑安排《“台平欧”海铁联运首列开行》这条稿子就成为一大问题。

于是，我和该新闻的采写记者杨华联系，一起商量决定，对该条新闻进行

"非常规"处理，把领导出席首列班列启动仪式的内容单独拎出来放在头版，形成短消息加导读的形式，保证了见报规格。然后，把新闻事件主体单独成稿，放在二版头条，通过这种形式避开了较为生硬的时政要素，把事件的新闻性凸显出来，又把字数控制在800字以内，保证符合消息类参评新闻奖的字数要求。

最终，经过编辑后的消息《"台平欧"海铁联运首列开行》获得2015年度福建新闻奖报纸消息一等奖，这是平潭新闻媒体首次获得福建新闻奖最高奖项。

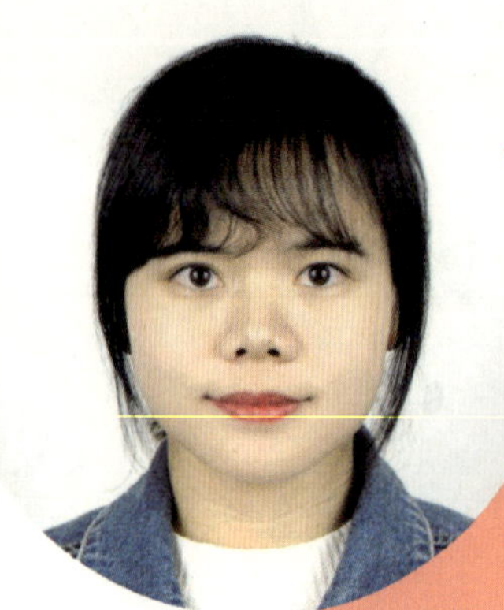

陈丽芳 / 文

座右铭：不气馁，有召唤，爱自由。

个人简介：陈丽芳，《平潭时报》管委会记者站记者。

带着平潭登顶世界

—— 记采访登顶珠峰的“海山哥”薛伟

认识薛伟，已有三年多，跟来平潭的时间一样久。采写他的稿子，大大小小估摸着也有几十篇了，他是一个盛产“故事”的采访对象，这些年，他都在致力于完成“7+2”计划。

2015年，笔者第一次采访了薛伟，是在他在福州的工作室，当时单枪匹马杀过去，写出来以后，能否刊登心里没底。但意料之外的是，刊登以后，反响也挺大的，很多媒体纷纷转载。笔者记得关于薛伟的第一篇报道是记录他登上南美最高峰的，那也是他完成“7+2”计划的第一站。自此，笔者与采访对象保持联系，追踪采访了他多次登顶七大洲最高峰的经历。

薛伟所要完成的“7+2”挑战计划就是攀登七大洲最高峰、到达地球南北两极点的极限探险活动，代表着极限探险的最高境界。到目前为止，全世界仅有20人完成这项探险。但薛伟却表示，要在那份名单中加上平潭人的名字。这些年来，他一步步地朝着这个目标迈进，“让世界知道中国有个平潭!”

成功登顶南美最高峰阿空加瓜山后，紧接着，薛伟攀登了欧洲最高峰厄尔布鲁士峰、非洲最高峰乞力马扎罗山和亚洲最高峰珠穆朗玛峰。其中，攀登珠穆朗玛峰最为艰难。

珠峰被誉为“一座连飞鸟都越不过的高山”，平潭汉子薛伟，这位用双脚丈量大地的“海山哥”，从几乎零海拔的海边渔村到8844.43米世界之巅，用魄力和毅力书写了一个传奇。

攀登珠穆朗玛峰用了薛伟近两个月的时间，最终如愿以偿，完成了使命：2016年5月20日，他成功登上了珠穆朗玛峰顶峰，让“中国平潭登顶世界”的旗帜飘扬在世界之巅，更成为福建登顶珠峰的第一人。

实际上，早在2015年4月，薛伟就准备攀登珠穆朗玛峰，但遗憾的是，尼泊尔大地震引发珠峰雪崩，让他不得不终止计划。薛伟第一次攀登珠峰时，报社领导要求笔者“每天都要出稿”，于是笔者策划了一个新闻报道方案，写薛伟在攀登珠峰前的拉练准备，写他在珠峰上的生活，写他把《平潭时报》和坛紫菜带到了世界最高峰，写他在珠峰上遇到的窘迫瞬间……能挖的都挖出来了，同事笑着说“他可真是一个高产采访对象”。而个中的滋味只有自己清楚，每天都只能通过微信联系到采访对象，碰到采访对象拉练没有信号时，只能等待，还好采访对象人十分友善，也很配合，所以采写才得以顺利完成。

而这背后，还有一个小故事。2015年，薛伟提前数月告诉笔者要去攀登珠峰，并邀请一同前去采访，当时报社领导也有意向，毕竟，平潭人攀登珠峰是个大新闻。于是，笔者便为跟随采访做准备，买了各种服饰装备，还买了自行车，有一段时间每天骑行20千米左右，为的是能够在去西藏时克服“高反”。然而，等行程确定下来后，足足两个月的攀登时间，再加上各种各样的客观因素，笔者最终未能成行，但这期间为采访做的准备，可以说是最充分、最难忘的一次经历了。

2016年，在顺利登顶珠峰后，薛伟讲述他攀登珠峰的过程时，笔者的内心受到了震撼。

我们都知道，长期生活在低海拔的人，一旦到了高原，便会产生头痛、失眠、食欲减退、呼吸困难的症状。所以，为了让身体适应高海拔，就得持续不断地拉练。

在体检、行前培训、签订“生死文书”、交代身后事等一系列基础准备后，薛伟就开始了一场又一场耗时越来越长、海拔越来越高的拉练。

薛伟的体能曾受到很多登山界人士的肯定，但他丝毫不敢马虎。他说，攀登山峰的人必须有追求完美的品质，因为登山不允许出任何差错。

在冲顶珠峰过程中，每个登山队员都需要带着足够自己上山再下山的氧气罐，在高寒、缺氧的珠峰上，这是关乎生死的装备。珠峰攀登的绝大部分难关，都集中在8300米至顶峰之间，这其中就包括著名的三大台阶，薛伟就在第二台阶时出了状况。在攀登到海拔8600—8700米的第二台阶时，他突然感到浑身乏力、通体冰冷。

幸好向导就在离他不远的地方，薛伟赶紧跟向导借氧气罐吸了几口，这才缓过神来。修好氧气罐后，他选择继续攀登。

成功登顶后，薛伟做的第一件事就是掏出藏在胸口的全家福，然后在珠峰上留下了珍贵的影像。登顶珠峰，不仅是他个人的梦想，更是他妻子儿女的期盼，也恰是这个细节，体现了这位铁汉柔情的一面。紧接着，薛伟拿出“中国平潭登顶世界”的旗帜，拍照留念，这面旗帜已经陪他完成“7+2”计划的前四站，并将陪他走完全程。

敢于挑战极限的“海山哥”，用双脚丈量大地，书写了平潭人勇于挑战、敢为天下先的探险精神。此外，他的身上还有一个让笔者非常佩服的品质，那就是对于家乡平潭那种天然的喜欢，而正是有他们时时刻刻想着为平潭代言，才使平潭越来越好。最让笔者感到荣幸的是，他们的故事是通过笔者的文字传递给大家，让更多人能感受到平潭人的不平凡，这就是这份职业带给记者的荣耀与责任。

说起这次采访，其实是在比较匆忙的情况下完成的，当时恰逢薛伟回岚探亲，便约了他进行采访。在采访时，兴许是认识多时的缘故，聊得比较顺畅，对方也讲述了许多细节，所以写起来也会相对比较顺。对于“七分采，三分写”这句新闻名言，笔者深以为然。当然，最终见报的成果，还要归功于编辑、美编和值班编委的用心和努力，使得整篇文章的瑕疵减到最少，版面呈现也比较大气和美观。这也是报纸作品的魅力，每一道程序，都在为作品加分，让作品更加完美。

2016年，采访薛伟登顶珠峰的作品《从0到8848　站立世界之巅》获得了福建新闻奖报纸通讯三等奖，算是对这段采写画了一个还算圆满的句号。

周寒冰 / 文

座右铭：学会做人，守信笃行；学会做事，创业有成。

个人简介：周寒冰，区传媒中心融媒体指挥中心新媒体编辑。

记一次印象深刻的稿件创新

时光如逝，岁月如梭。一眨眼，我进入平潭时报社也已经有了3年多的时间了。在这3年多的时光中，要是有人说起对我印象最深的稿件，一定是2015年2月刊登的《金井湾智取鹅头尾》，这也是我从业以来印象最深的一次写作。

这篇稿件虽然是一篇工地稿，但是在文章的文风和结构上和我之前写过的工地稿有很大的不同，充满了趣味性和故事性。彼时，我还是一个见习记者，文章的撰写和修改得到了报社同人的支持和帮助。下面，我就来回忆一下往昔，希望能给如今的写作带来一些新的启迪。

故事还要从我跑的片区说起，我和其他两位同事负责跑金井湾片区的新闻，当时的新城还是一个热闹的大工地，跑工地自然是我们经常要做的事。当然，跑工地并不是每天看着钢筋水泥一层层地垒成高楼，我一直坚信，工地上最精彩的一定是人，这个想法到现在也未曾改变。

正是抱着这样的心态，我和其他两个跑片区的同事下工地时，喜欢和各式各样的人聊天，片区负责人、项目经理、一线工人……他们的身上往往有我们意想不到的精彩。

这次的新闻线索，正是和一位片区负责人聊天时得到的。在一次聊天中，一位片区负责人告诉我，因为策略的改变，他们一个本来要投钱的工地，不仅仅没花钱，还倒赚1000万元。

1000万元，在一个项目建设投资中也许算不上一笔很大的数目，但是在投资项目时能先赚个1000万元，这样的事情还是挺稀奇的。这引起了我的注意，我的新闻嗅觉告诉我，这是个不错的新闻。紧紧抓住这条线索，我立刻详细地向这位片区负责人了解情况。

片区负责人告诉我，因为占用了项目用地，片区需要挖掉一座叫作鹅头尾的山。但是，挖去这个山要花费7600万元。这还不是最主要的，更主要的是挖山要立项，走各项程序，还要招投标。费钱不说，还费时间。

时间，这对于当时的片区建设十分重要，许多项目建设正等着用地，挖山这件事已是“迫在眉睫”。

有没有什么好的解决方案呢？片区召集大家开了许多次会，大家一起研究，商量计策。果然，被他们找到了解决这件事的方法。原来，这鹅头尾山土石方资源丰富，平整山体产生的石子，是加工混凝土的好材料。如果找人开发利用，这些石子用处不少。这样既“变废为宝”，还能平了这鹅头尾，可算是美事一桩。于是，片区找来一家省内拍卖行，拍卖了鹅头尾120万立方米的土石方。最终，鹅头尾土石方以1000万元成交，不仅不费一分钱平山，还赚了这1000万。

片区负责人告诉我这个消息的时候，鹅头尾山的挖山工程已经开工了。第二天，我就去了鹅头尾山的项目工地，进一步了解详细情况，把从片区负责人那里了解到的宏观情况，和工地现场的实际情况结合起来。当时，项目经理拉着我，往正如火如荼建设中的福建医科大学附属协和医院平潭分院项目看去。“鹅头尾离协和医院项目最近的只有30米，医院科研综合楼、高压氧舱、二期住院楼、二期门诊楼及部分宿舍楼的建设用地，都要等鹅头尾山挖去后才能建设。不仅如此，鹅头尾路、如意纵二路、环湖路的建设都要从这里经过。”他说。在现场，挖山的重要性得到了充分证实。

采访回来后，我并没有立刻动笔写新闻，而是在脑中不断地构思着要如何写好这条新闻。了解完事情的整个过程，我脑中当时浮现出了两个经典的故事：一个是愚公移山，一个是草船借箭。这一个是依靠蛮力移山，一个是巧借东风解决困境，不正和金井湾片区移去鹅头尾的故事很相像吗？那不如就以传统故事为线索来构思这篇文章，给工地稿增添些人文气息好了。下定主意，我开始不断地把思路往这个方向引导，用采访到的素材充实文章。

《愚公移山不如草船借箭：金井湾片区不花一分钱平了一座山》，这是我当时写下的标题。一开头，我以愚公移山和草船借箭两个典故为切入点，引出金井湾片区平山中的智慧。但是，写到第二段的时候，我有些胆怯了。“这算不算新闻呢？”“这样的新闻好像我们报纸上没见过吧？”“大家会不会觉得这是条很奇怪的新闻呢？”……许多想法在我脑中浮现，这让我想让工地稿充满人文气息的想法稍微缩了缩脖子。第二段起，我乖乖地调换回正常工地的模式，现场、负责人介绍、下一步计划……这样的结构是得心应手的套路，但是同时也让我觉得与第一段有些格格不入。这时，我又想起大学时候特色课《孙子兵法》中，有一句话特别适合当下情景：上兵伐谋，其次伐交，其次伐兵，其下攻城。这说的是以谋略取胜，不也正是这个项目建设中的大学问吗？于是，我将这句话放在中间作为过渡，好让这“文绉绉”的气息能够从第一段传递到文章中去。

读了两遍，我便将稿子上传到了稿库中。

一天后，我接到了编辑余小梅的电话。电话一接通，小梅便告诉我：“好久没有看到这么有趣的题材，很不错。”但是同时，她又说，不能浪费了这个好故事，应该再好好打磨打磨，“今天可以先把其他活放一放，专门花心思在这条稿子上，这很值得。”的确，如今已经有三年多工作经历的我，能够深刻体会到，有些题材是可遇不可求的，遇见了就应该要把它写好，因为错失了这个好题材，把它写砸了，是极难补救的。

当然，还要感谢那天的值班编委陈有池。那天下午，他给了我更大的启发。“话说金井湾片区，有‘一方霸主’，叫鹅头尾。这是一座山，盘踞于此，占了许多建设项目用地……”看完我的稿子后，他帮我的这条稿件开了一个新头，完全以一种说故事的形态开始了这条新闻。

顺着这样的思路，我把后面那些现场、负责人介绍、下一步计划这样的套路全部丢掉了，完全以一种向读者说故事的心态开始改写这篇文章。

“众人欲要‘愚公移山’，直捣黄龙，搬光这鹅头尾的‘老巢’。不想，如此竟要耗资7600万元，真是‘损军折将’……愚公移山尚被智叟嘲笑，倒不如学习那孔明‘巧借东风’……”原本想好的经典故事被更好地运用在了文中，特别是文章最后还加了一首打油诗，让整篇文章更是妙趣横生。标题也从有些像杂志的《愚公移山不如草船借箭：金井湾片区不花一分钱平了一座山》，改为了和当下热映影片《智取威虎山》有异曲同工之妙的《金井湾智取鹅头尾》。

文章刊登后，不仅有不少同事和我说这篇报道十分有趣，片区的负责人也给我打了电话，说很喜欢这篇报道。就连我自己也在文章刊登后，细读了两遍。

这是一次对工地稿件文风的大胆尝试，有不少人说，想不到工地稿也可以变得这么有趣。同时，这篇稿件也很通俗易懂，没有了“高大上”的工程用语，显得更与人亲近些。

如今想起来，当时写稿，第一次尝试创新时候的担心完全是多余的。更接地气，更有内容，更生动、更有趣，这才是吸引读者的关键。特别是在现在这个时代，套路、套话往往不能引得读者的喜欢，在遇到新闻时，能多从其他角度想想，更加大胆地去创新，这将是你写的新闻永葆青春的法宝。

王锦涛 / 文

座右铭：脚踏实地，仰望星空。

个人简介：王锦涛，区传媒中心媒体监管处副处长。

“报纸+广电”多平台融合的困境与突围

——以平潭融媒体指挥中心为例

摘要： 目前，县区级融媒体中心建设已成为我国深化媒体改革的重要举措，各地正在探索建立县区级媒体融合的新模式，福建平潭综合实验区因其有利条件，成立了融媒体指挥中心，实现了多平台融合，形成了“报纸+广电”融合的新模式。本文将以平潭融媒体指挥中心为例，分析多平台融合的困境，从机制建设、内容生产、运营思路、人才建设等方面寻求创新之道。

关键词： 报纸+广电　融合困境　融合突围　融媒体中心

一、跨媒介融合的平潭尝试

平潭因其有利条件，在全媒体时代率先迈出步伐，于 2011年设立了传媒中心，统一管理平潭时报社、平潭广播电视台以及其下设的海峡文化传播有限公司，从形态上已经具备全媒体属性，为“报纸+广电”的融合发展打下了基础。

2018年4月，传媒中心通过整合平潭时报社、平潭广播电视台的资源，成立融媒体指挥中心，整合原本独立的新闻采编部门，重塑采编流程，由融媒体指挥中心统筹调派记者，实现一次采集、多稿生成，稿件统一进入分发系统后，在两微一端实现内容首发，报纸、广播、电视各平台按需采用，经二次编辑后呈现不同媒体属性的新闻产品。这种运行模式节约了记者资源，以滚动发布的形式保证了传播时效。

二、跨媒介融合的困境

1.跨单位采编协调成本增加

平潭融媒体指挥中心的采访力量主要依托于平潭时报社、平潭广播电视台的记者资源，整合后记者统一由融媒体指挥中心调度，编辑仍由各媒体单位管理，任务的分配和下发则依托于传媒中心编委会，由编委会统筹管理。原本属于同一个单位内部的采访、编辑部门，被划归到不同的机构管理，人员工资归不同机构独立核算，这在一定程度上造成了采访、编辑部门的物理割裂。原本记者按需备菜，编辑负责深加工，但现行模式下，一个记者一般要向报纸、广播、电视等不同平台投稿。因归属不同的单位，记者难以了解不同平台编辑的意图，导致稿件质量与平台需求吻合度不高。不同平台的编辑没有足够的资源调度权限，难以及时向隶属不同单位的记者提出有效用稿要求，采编上下游之间原本亲密无间的关系被打破，跨机构协调的成本增加。

2.新闻产品同质化明显

原本报纸、广播、电视、新媒体等不同媒体的稿件现在由同一个记者来采访和写作，因此个人视角的单一性导致其对现场抓取的角度、呈现的内容都大体相同，记者个人写作能力的不全面也会影响不同平台刊发稿件的质量。以《平潭时报》及平潭广播电视台报道内容来看，同一题材的新闻几乎是相同的写作逻辑和结构，仅用语和标题有部分删改，新闻产品同质化明显。

3.新媒体端内容产出乏力

“报纸 + 广电”融合的平潭模式下，融媒体记者现场采访完后，至少要向传统媒体平台产出两条以上稿件。记者承受着“报纸+广电”的双重写稿压力，工作强度增加，导致其向新媒体供稿的积极性不高。新媒体稿件多由小编从传统媒体稿件库中搬运过来，只是进行形态的简单修改，原创性不足。对媒体而言，新闻栏目的安全播出、报纸的安全出版都是硬要求，而新媒体平台要不要推送却可以自行安排，传统媒体平台与新媒体平台之间变成了从属关系，导致新媒体内容产出相对乏力。

4.新技术无法及时应用

在融媒体时代，内容生产、发布、传播等都发生了很大变化，需要依托强大的IT基础架构、智能化的大数据分析系统。平潭融媒体指挥中心正在搭建智能化指挥平台，可以实现调度、监看、指挥、发布等多种功能。系统运行需要各类软硬件技术服务的支撑，在新媒体端，H5 制作、VR、动画等各类产品也需要不同专业的人才，而懂新闻又懂技术的双栖人才较少，这在很大程度上影响了媒体融合的进程。

三、以创新实现突围

1.融合机制创新

（1）同类合并，实行扁平化管理。在传统媒体架构下实现“报纸+广电”融合不能一刀切，要找准报社和广电媒体的共同点，以“同类项”作为融合的切入口，成立新闻中心、技术中心等，实行扁平化部门管理机制，打破壁垒，实现资源整合，为多平台发布提供保障，同时要配套形成新的生产服务流程和管理制度，明确职责权限，实现统一指挥调度。

（2）保留差异，突出多平台特色。应该保留和强化原本符合不同媒体属性的专有部门，报纸的副刊部门应该保持相应独立性，以优质、深度的内容生产为主，展现文字、音频、视频的艺术魅力，强化内容的专业性，与融媒体主打的新闻资讯形成差异，为融合后多渠道传播提供多样性内容。

2.内容生产创新

（1）发挥互动优势，增强情感交流。应转变单向推送式传播方式，将互动性和情感交流作为裂变式传播的重要触发点。例如，平潭融媒体指挥中心在母亲节期间推出“大胆说爱”晒图活动，让网友大胆表达感情、征集母亲的反馈，浓浓的母女情、母子情在平台上呈现出来，引发了许多网友的情感共鸣，得到了很好的传播效果。借助重要时机，增强互动，不仅有利于单一产品传播效果的增强，更有利于在传播过程中建立用户对媒介的信任，实现品牌价值的增长。

（2）强化技术支撑，打造优质视频。当下流行的直播、短视频，也是融媒体内容生产的良好着力点，多种技术设备的运用成为内容生产必不可少的支撑。融媒体中心结合平潭国际旅游岛建设主题，推出了新媒体季播短视频《醉美岚珊处》，多视角呈现平潭国际旅游岛的魅力。一次拍摄的内容，被剪辑成不同长度的版本，在抖音、微信等平台同步推出，满足了碎片化传播的需求，让本土主题宣传得以软着陆。同样，传统媒体平台的视频内容，也可以在新媒体平台有效传播。平潭广播电视台对台风天、中小学剩余学额摇号的直播同步在电视、新媒体平台推出，短时间内就获得了广泛关注，后台留言反响良好。可见，把与百姓相关的热点内容作为视频直播的重点，不仅可以吸引广泛关注，也可以提升媒体公信力、影响力。

（3）集聚资源优势，强化主题报道。“报纸+广电”融合的最大优势在于资源整合后人、财、物可以统筹调度和使用，这为主题性报道的开展提供了有利条件。对于地方媒体而言，报纸、广播、电视、新媒体同频共振，可以在区域范围内提升影响力，不同平台的多视角呈现，也有利于提升传播效果，实现区域范围内议题设置。

例如，开展主题报道时，报纸推出的评论同时在电视新闻后以短评出现、在新媒体以组合式言论呈现，做到各有侧重，增强了主题报道的气势。同样，在电视推出的访谈，被改成专访在报纸刊发、被切分成短视频在新媒体平台推出，丰富了传播渠道，让地方媒体的有限资源得到充分利用。新媒体平台推出的相关产品，同样可以被报纸、广播、电视当成重要的内容组合元素，丰富了报道形态。

3.运营思路创新

（1）实现采编经营两分开，强化平台专业性。媒体融合时代，要全面转变原本经营主打广告的思路。“报纸+广电”融合后，经营资源能够有效集聚，经营的专业化需求更加迫切。如何实现整合营销？如何跳出广告市场来经营？

平潭传媒中心在融媒体改革的同时，完成了对广播电视台旗下平视传媒有限责任公司以及平潭时报社广告运营方海峡文化传播有限公司的整合重组，实现了经营的专业化。目前，公司已经开始承接大型赛事活动，并启动影视产业项目，从单一的媒体广告市场向策划、活动执行、影视产业等方面拓展，探索“多元化”经营的新路子。采编和经营分离后，专业化运营将更有利于实现社会效益和经济效益的统一。

（2）从互联网到物联网，拓展融合经营思路。物联网作为一种媒介技术，将会对整个社会的信息传播过程产生深刻影响。技术驱动下的媒体发展瞬息万变，而媒体运营更要紧跟市场趋势，以物联网发展为契机，抢占运营的先机。福建广播影视集团率先把市场拓展到了汽车物联网领域，开发了广电车盒子，以车联网+后视镜为形态，以“人工智能语音”为操控方式，以跟广播、电视实时互动为核心功能，通过大数据开放式平台，为车友提供个性化服务。

用户可以通过广电车盒子与广播节目互动，充分实现了媒体的内容融合、渠道融合、平台融合。由于广电车盒子具有远程投放广告功能，可通过语音、图片等形式，直接将开机画面、提示语音等变为广告，丰富了广告资源。而利用广电车盒子的大数据分析，能够对车友的消费能力及消费习惯进行细分，形成商家提供资源→电台精准营销→车友体验式消费的闭环。这种物联网产品，一方面为融合传播创造了新方式，另一方面为媒体经营打开了新的市场。

4.人才激励创新

（1）人才混合搭配，凸显团队价值。“报纸+广电”融合模式下，分发内容的专业性日益凸显，一个题材的全媒体呈现，往往要经过采编、设计、包装等多道工序。尤其是在新媒体平台，几乎聚合了所有流程和元素，需要不同工种的配合。融合后，报社美编、电视台包装等人员可以通过轮换值班的形式直接参与前端采编制作，与采编人员组合成内容生产团队，对拍摄视频进行包装优化，对新媒体内容进行排版设计，降低部门间的协调成本，盘活人才资源。

（2）推行岗位轮换，培养一专多能。培养一专多能的全媒体人才，可以从内部打破部门的界限，实行岗位轮换，补齐人才短板。平潭传媒中心就尝试过把电视技术人员轮换到新媒体直播岗位，把电视总编室人员轮换到新媒体编辑岗位，把报社摄影记者轮换到新媒体做设计。这种有计划的岗位轮换，一方面重新调动了人员的积极性，能够在新岗位锻炼新技能；另一方面使人才在新的岗位上应用各自不同的专业技能，可以产生不同的“化合反应”，有利于打造更好的新闻产品。

（3）实行多元激励，激活创新动力。为人才提供合理的职业晋升通道，是媒体融合发展过程中的难点。单纯靠感情留人、行政职务提升留人的人力资源管理模式已经滞后，只有适应新的形势，建立适合媒体融合发展的多元激励机制，才能为媒体融合提供创新动力。例如，上海报业集团实施了采编专业职务序列改革，建立首席记者、高级记者、资深记者等新闻采编业务序列，为好记者、好编辑提供新的职业发展空间，在薪酬制度方面打破传统，一线人员的收入可以高于主任、副总编辑甚至总编辑的收入。而光明日报社制定了报社微信公众号奖励办法，微信公众号粉丝数量达相应量级则给予不同程度奖励，文章阅读量超过 10 万的给予特别奖励。与传统媒体相比，新媒体更注重同用户的互动，用户的分享、评论、反馈对提升媒体内容产品的影响力至关重要，激励方式从单位内部评判标准向以传播效果为依据转变，更有利于激发记者和编辑的积极性、创造力。

（4）打造传媒文化，形成向上氛围。融媒体时代，从业人员的年轻化趋势越来越明显，他们对文化软环境的要求越来越高，打赢人才战更要从打造媒体文化着手。一方面，应营造团结协作的宽松环境，培养团队意识，体现集体价值；另一方面，要奖罚分明，形成能者上、庸者下的良性流动机制，树立良好的价值导向，有效调动员工积极性，保持队伍的战斗力。媒体融合正在走入深水区，问题与机遇并存，只有正视问题，不断探索解决之道，才能在新一轮融媒体改革中抢占先机。

参考资料

①齐潇晓.广电媒体与报纸的融合新思路 [J] .新闻战线，2017（8X）.

②王庆忠、许劲松、王晓伟、张学荣.全媒体新闻采编全链条产业经营 [J] .中国广播电视学刊，2015（11）.

陈峰 / 文

座右铭：老老实实做人，踏踏实实工作。

个人简介：陈峰，平潭广播电视台技术部技术成员，主要负责广播台技术播出工作。参与了平潭广播台创台建设、广播技术改造建设及搬迁建设工作。

广播技术经验分享

从2013年毕业后进入平潭综合实验区传媒中心技术部，至今也有5个年头了，在此有些工作心得想与大家分享交流一下，如有说得不好之处，希望大家能一笑而过。

要经常锻炼，保持健康的身体。毛主席说过，身体是革命的本钱，对于我们技术员来说，健康的身体更加重要。2013年刚入职那会儿，平潭广播电视台广播部刚刚组建，所以很荣幸地参与广播台建设工程，但是其间的辛苦、疲劳让我记忆犹新，让我深刻体会到想要工作做得好，必须先有个健康的身体。广播台建设历时两周多，作为刚出学校工作的我来说，这段时间就是要跟着来安装设备的工程师们学习设备安装和设备的功能以及使用方法，同时还兼顾试播信号的正常值班，所以每天差不多都在台里待14个小时，几天后就感觉整个人都变得精神恍惚了，在工程师讲解设备时还经常走神。那时就感觉自己的身体不够好，无法适应这样高强度的工作节奏，所以健康的身体、充沛的精力才是做好工作的前提。

要保持冷静的心态。在日常工作中，时常会遇到突发事情。在出现故障问题时，一定要保持冷静的心态，根据应急流程先恢复播出正常，再回头排查故障。

在我刚入职时，有一次电压器出现故障，造成机柜停电，很多播出设备都无法使用。由于是第一次碰到这种情况，不清楚具体是哪里出现了故障，也不清楚具体的备用方案。更不巧的是那时我是早班，早上6点的时段，就我一人在上班，碰到这个紧急情况，我非常紧张，脑袋里一片糨糊，完全不知道应该做什么，最后只能打电话向我们的技术主任求教，然后在主任的指导下切换备用电路使节目正常播出。那次事故一直让我铭记在心，每当出现设备故障时，我都提醒自己要保持冷静，不然平日里熟记的应急流程会变得陌生，而且还会因手忙脚乱而出现人为的失误。所以在学习掌握技术时，也要注重培养自己的心态，让自己能够处变不惊。

要学会默默地与寂寞为伴。广播技术值班工作是孤独、寂寞且不为人知的，在平潭广播电视已经工作5个年头的我深深地感受到这一点。像广播技术这个职业，上班的时间段就与其他职业有所不同，我们是每天早上6点开播到晚上12点结束，一共18个小时全年不间断播出，所以我们技术部很多时候都是一个人在值班，而在值班的过程中要时刻监听收音机信号，可以说上班是枯燥无味的。再加上不规律的上班时间，一轮班上下来会让人感觉十分疲惫。由于是一年不间断播出，所以对于我们技术部来说，没有固定周末节假日的。这种特殊的上班模式也影响到了我们的正常生活。让我感受十分深刻的是有一次大年三十，那天我上晚班，所以在6点多我匆匆和家人吃过年夜饭就赶去和同事交接班，然后一个晚上就一人在直播间转播春晚节目。那一年是我第一次大年三十不是和家人在一起，听着外面烟花礼炮的声响，我感到十分孤单，也对广播技术这个工作有了负面的想法。而且说起广播电视台，别人知道得更多的是做节目的主持人，而知道技术人员的却寥寥无几，这也让我对自己的工作价值产生了怀疑。后来我就经常和技术部主任以及同事们聊这些问题，在他们的开导下，我认识到无规律的上班时间就是我们技术部碰到的第一个特殊故障，我们要去克服困难排查这个故障。还有从事技术工作其实对个人的积累是最实在的。人存在的价值未必都是需要别人认可，即使被认可，也要看被谁认可。扎扎实实掌握一些技能才会使自己受益，所以从事技术工作重要的是要在寂寞中学会充实自己，在默默无闻中肯定自我的价值，在辛苦中找到工作的快乐。

要努力学习。"三人行，必有我师焉"，单位中的每一位同事都是很好的老师，他们的丰富经验和工作行为都是一笔宝贵的财富。记得我刚到单位的时候，对广播的一切都感到陌生而新奇。我之前没有过类似的工作经验，领导和同事就是我最好的老师，让我能够更快地学习使用各种设备，更快地做好本职工作。广

家派来的工程师们更是我工作上重要的老师，我不仅在设备安装时向他们学习安装方法和使用方式，在以后的工作中，设备出现问题时，他们更是教会我维护方法的重要老师。

事后多总结，少总结光环，多总结不足。经历是财富，是针对善于总结的人而言的。事后要多总结成功的经验，多总结失败的教训。实际上，总结不足比沾沾自喜地沉浸于过去的光环更有利于提升自己。

要牢记总控设计图。总控设计图是工作的基石，在出现问题的时候，能够牢记总控设计图，就能够快速地排查出故障原因，第一时间解决因设备故障引起的播出事故。有时发生设备故障却无法马上判断是哪个设备故障时，我们也能根据对总控设计图的了解，用跳线跳过中间的设备，先确保播出正常，然后再一一排查设备，找出出现故障的设备并解决。除此之外，在工作中对广播功能或设备升级也需要用到总控设计图。所以在技术工作中，牢记总控设计图是我们一定要做好的功课。

以上就是本人的一些小小心得，是本人工作5年所得的宝贵财富。在未来更长的工作中，我会按照心得所说到的，锻炼身体、多交良师益友、努力学习、开阔自己视野，更好地做好自己的本职工作。

翁钊 / 文

座右铭：努力学习，勤奋工作。

个人简介：翁钊，平潭时报社编辑部美术编辑。

如何做一个合格的夜班美编

众所周知，作为平面媒体，报纸版面是媒体新闻传播活动的最终“产品”，是报社“采、编、出”工作流程最后成果的体现，是呈现给受众的所有新闻素材的最终“集合体”。而夜班美术编辑，担负着对报纸发印之前的最后检查工作，不但要检查版面图片与排版是否有误，还要最后检查一遍每个版面的标题与内容是否有漏行、漏段，在整个新闻出版流程中起着举足轻重的作用。

要想成为一名合格的夜班美术编辑，需要具备眼勤、手勤、脚勤这3项基本业务素质。只有具备了这“三勤”，夜班美术编辑才能从繁复、零散的众多复杂新闻排版中挖掘出有价值、有意义的信息，使大量的新闻稿件所拥有的较强新闻价值，在报纸的最终版面上得到最大化的凸显和最优化的配置，从而获得良好的版面效果。

眼勤——多观察、多思考

夜班美术编辑的工作是冗杂烦琐的，包括新闻图片的选择与版面、新闻标题的设计制作、新闻稿件的整合与拆分等。对于一篇新闻稿件的设计是否突出的判断，经常会产生“仁者见仁，智者见智”的情况。因此，作为夜班美术编辑就应该让自己的双眼勤快起来，要学会多观察、多思考，这样才能更快地从夜班编辑送版设计的内容中找到版面的设计点，突出重要消息，方便读者阅读。

在夜班美术编辑工作流程中，最先遇到的问题就是版面设计语言的运用。作为夜班美术编辑，多学习外报、对比同一新闻版面的策划与版面设计，是提升业务水平的有效途径。要懂得运用图片、漫画等多种方式，使版面更加便于阅读。

手勤——多记录、多临摹

俗话说“好记性不如烂笔头”，对于任何工作都是如此。夜班美术编辑复杂的工作流程，更要求他们对每一个环节的关键点进行细致总结，这样夜班美术编辑的业务水平才能在今后的工作当中有一个质的提高。

美术编辑要有一套系统的体系来设计版面，稿件还未来前要先把版面准备好。所谓的准备好版面就是要在组版前先把当天需要组版的版面先改好时间、责编、美编的名字与版序，防止仓促组版造成遗漏。在组版之前先认真阅读当天的稿件，这样才能更快地捕捉到版面设计点，领会新闻要传达的消息重点，便于版面美术设计，突出重点内容。还要多学习其他报纸的版面设计语言与版面设计手法。融会贯通，报纸版面要以内容为主，不应为了设计而设计，让设计作为辅助，突出优化，让稿件更好看更便于阅读。熟能生巧，有时候美术编辑自己设计的版面多了，脑子里就会自然形成一个设计版面的“万能公式”。多学多做，让自己的工作更上一层楼。

除此之外，夜班美术编辑不能忽视画版的重要性。画版看似简单，但如何策划出一个图文并茂的好版面并不容易，这是需要长期不断练习和临摹的。版样是报纸版面大样出版的有效依据，更是报纸最终版面的“雏形”。要闻版面大多处理关于领导政务活动的稿件，标题所占题区和版面篇幅大小、字体字号等，都有着严格的规定，这就更需要夜班美术编辑通过长期练习，熟练画版基本功。这样不仅可以锻炼策划设计版面的技能，而且可以提高工作效率。

脚勤——多走出去，学习版面语言

美术编辑不但要加强自身的设计功力，灵活运用设计语言，还要多学习新闻

知识。夜班美术编辑长期在夜间工作，主要工作状态往往都是在设计组织版面，自己却没有机会亲身经历新闻现场，这对于新闻工作者来说，等于没有获取第一手新闻材料。因此，美术编辑在编稿工作中，往往会因为对新闻价值判断不准确、对新闻内容重要性的优先度了解不充分，从而影响版面设计的工作。

总的来说，美术编辑选图、修图、做版，很大程度上取决于当前的社会环境及受众的兴趣。因此。夜班编辑白天有时间也应该多走出去看一看，了解当前社会上方方面面的新鲜事以及当前的民生热点，要勇于亲身经历新闻事件发生的现场，聆听基层最真实的声音。 作为一名美术编辑，要在日常工作中实事求是，牢记报纸编排的各项规定，用积极向上的版面语言传播正能量。

吴重阳 / 文

座右铭：老老实实做人，踏踏实实做事。

个人简介：吴重阳，平潭广播电视台播出部副主任。

对安全播出重要性的一点体会和认识

时光似箭，从事电视播出工作一晃已经6年了。从当初对播出岗位的浅显认识和无知无畏的态度，到今天在广电事业日新月异的发展过程中感到的紧张与压力，从而也就有了自己对安全播出重要性的一点体会和认识。

播出岗位日复一日，年复一年，没有什么新鲜之处，显得枯燥乏味，但是“态度决定一切”，要做好安全播出工作，保证“不间断，高质量，既经济，又安全”的优质播出，必须认识安全播出的重要性。一方面，只有安全、准时、优质播出，才能更好地实现党的大政方针政策的宣传，才能担负起广播电视作为党和政府喉舌的职责，才能满足广大观众日益增长的精神文化方面的需求；另一方面，保障安全优质播出，是我们每一位播出部员工的“天职”，是我们的神圣职责，我们有责任、有义务做好安全优质播出工作。广播电视是一个群体性合作的行业，从节目采编、制作，到播出，有着众多的环节，凝聚着众多人的心血。而节目播出是这众多环节中最后也是至关重要的一环。安全播出重于泰山。

要做到安全、优质播出，最重要的取决于值班人员。当今社会发展日新月异，我们值班人员要及时了解学习相关知识，用最新的理论知识武装自己，提高自身综合素质，从而指导实践，适应工作的需要。

在播出工作中，我们值班人员必须严格遵守相关的规章制度和操作规范。坚决杜绝一切随意和不规范的操作方法。节目刷新后，认真核对检查节目播出串联单，查看节目素材名称、ID号、信号源，以及安排播出顺序、时间等是否相符；转（直）播时要查看节目信号源是否正确等；开播前检查播出设备相应开关是否到位，线路是否正常。总之要不厌其烦、不遗余力地杜绝错漏误播事故的发生。同时在播出中要认真监看、监听，认真观察和记录服务器容量、设备安全运行技术指标，做好日常运行和维护记录，做到发现问题及时处置。如遇突发事故，要按相关应急预案处置，及时请示和汇报，做到不漏报不瞒报。与同事做好交接班工作，认真填写值班日志，对播出情况详细说明，以便下一班同事的正常工作。值得一提的是，每当我们碰到安全播出重要保障期时，那真的跟要准备打仗一样，因为要提前进行应急演练，大家都保持百分之百的紧张和认真，谁都不想出错。当保障期过后，大家才可以稍微松一口气。有部门同事跟我说，干我们这行就是玩心跳啊，只要在值班，真是一个马虎都不允许出现。我只能对他苦笑：是啊！

除了安全播出重要保障期之外，我们还必须做好播出系统设备的日常保养和维护工作，竭尽全力地保证机体的安全高效运转，从而为实现安全优质播出奠定

基础。随着新的播控系统的应用，我们的技术人员就需要努力提高业务综合素质。我们经常在部门内开展业务培训，每次培训由一名技术员当主讲老师，就他所擅长的方面为大家讲解，加深大家对该方面的认识。从多次的培训当中，大家都感觉受益匪浅。只是对于做技术的人来说，让他们讲一堂课真是比什么都难，因为前期要做大量的准备，而且大家文采也一般，都担心讲得不好会被大家笑话，所以大家每次讲完课我都一一鼓励他们讲得不错，希望提高他们的信心。大家还会向技术骨干请教学习，真正做到理论基础好，扎实做好技术基础，并熟练掌握本岗位操作，能独当一面，做一名训练有素的技术人员。

以上是我几年来对安全播出工作的一些体会和认识。我深信，本着高度负责的态度和严谨的工作作风，我们是可以把事故和隐患降到最低点，从而完成安全优质的播出工作的。

林玉玲 / 文

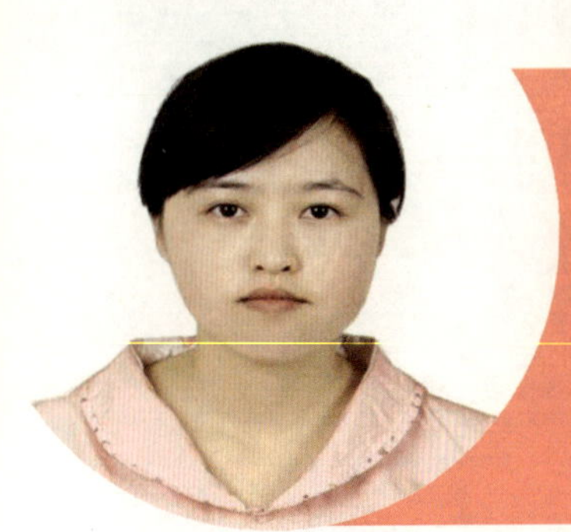

座右铭：博学、正直、诚信。

个人简介：林玉玲，平潭广播电视台新闻编辑部副主任。从事过摄像、编导、编辑、制片人等多个岗位，新闻作品曾先后获得过福建省广播电视新闻奖和广播电视艺术。

创新节目，讲好平潭故事

—— 2017年福建广播电视艺术奖优秀作品研讨活动有感

2018年6月21-22日，全省电视艺术创作人才学习贯彻习近平新时代文艺思想研讨班暨2016、2017年度福建省广播电视艺术奖优秀作品研讨活动在尤溪举行，大家一起畅谈创作体会，相互点评，共同探讨。现将活动心得分享如下。

一、做好电视节目的宣传工作

海峡卫视电视综艺一等奖作品《味之谜》是一档美食真人秀节目，节目形式是每期4个艺人去当地寻找美食的过程。如何让所有人都知道《味之谜》并持续关注？编导按播出前、播出当天、播出后等不同时间节点进行划分，通过自行策划“吴敏霞被求婚了”“蔡澜疯狂安利罗源美食”“快闪店与食神相约三道菜”等系列事件来引爆节目开播前、中、后的宣传热点，让网络大V自行关注、转发，从而引发大众集体讨论这个话题，最终达到栏目未播先热的目标。节目播出后豆瓣给予了8.0的好评，与浙江卫视“跑男”等名牌栏目分数持平。由此可见，一档节目（栏目）做好宣传的重要性、必要性。

平潭台目前正在进行节目的全新改版，开办了10档自办栏目和3档编辑类节目。如何让更多的人来关注节目改版？同样要有宣传意识。除了利用本台、新媒体、报纸、网站等媒体平台，是不是可以做个专门的宣传策划活动方案，最大程度吸引观众的眼球，引起大家的关注并达到持续的宣传效果？例如，我们有新闻、民生、美食、中医养生、专题等旧的节目（栏目），还有新开办的《凡人小事》《麒麟宝贝》等节目，都有各自的定位和特色。除了在电视媒介上播出节目取得收视效果外，在线下还可以根据节目特点开展相对应的活动，与观众互动，以取得更大的社会效果。例如《走读平潭》栏目可以策划开展文化线下活动，与图书馆等文化口单位开展“阅读时光”“文化沙龙”活动；设立走读部，主持人与观众一起徒步平潭，宣传平潭旅游及地方特色，提升栏目的影响力和号召力。《潭之味》在拍摄节目之余也可以策划开展线下美食大赛、品美食猜菜名等活动，在微信平台开通线上点单线下购买美食的功能，既推介平潭美食又拉动创收。《麒麟宝贝》面对少儿群体及其背后的家长群体，除了与各个学校之间做好节目互动之外，可以根据时令特点策划开展弘扬国学活动，也可以举行成语或诵读大赛等活动，增强节目可看性。《民生直通车》结合创建文明城市，可以策划开展《文明故事汇》板块，也可以根据特定时期的宣传要求，策划开展相应的宣传活动等。

二、创新节目形式，讲好故事

泉州电视台的电视艺术片一等奖作品《闽南好家风·书香》是一档文化情感类访谈节目，节目形式以演播厅录制访谈为主，邀请嘉宾讲好家风故事，主创人员在传统的主持人嘉宾访谈上创新，在节目中穿插短片，拓展外延；增加现场文艺表演，服务主题；结尾的国学书法赠送展示，也颇具新意。厦门广电集团的长纪录片一等奖作品《项南》是文献式人物传记片，以悬念式的叙述方式来讲述项南这个人物，创作团队花10年时间，采访258人，制作成12集的人物传记片。短纪录片《守摊人之蓑衣匠》真实记录蓑衣匠的制作工艺，分享手艺人的人生感悟，在记录中讲故事，传递情感，传播文化。南平台的微视频一等奖作品《生命接力战》，讲述的是患者在发病的黄金3小时得到抢救的过程，通过演员、故事情节、矛盾冲突，把故事用电视的手段表现出来。

电视节目要如何创优？我个人觉得，一是要创新节目形式；二是要讲故事，讲好故事。

节目可看性。平潭台制作播出的固定节目有10档，新闻栏目、访谈类栏目、人物类栏目、文化专题类栏目、少儿栏目及美食栏目等，丰富了节目内容，增加了节目的观赏性，但制作播出的节目影响力和品牌力还远远不够。第一，根据宣传热点，适时开辟对口宣传。现在全国上下掀起学习习近平新时代中国特色社会主义思想的大热潮，平潭台作为平潭官方媒体，理应成为贯彻宣传的排头兵，可以策划在《平潭大家谈》节目中邀请嘉宾来访谈，并辅以实际案例来诠释和宣传习近平新时代中国特色社会主义思想。第二，节目中创新，创作者可以增加服务主题、提高节目观赏性的板块。访谈节目可以设置增加短片、现场表演、现场示范等形式，制造收看节点，形成收视习惯；少儿栏目可以增加情景剧、短剧等带有故事性的板块，吸引收视群体注意。第三，根据地方特色，与政府合作开展特色栏目。可以增加文化类栏目、综艺类栏目、民生服务类栏目等。第四，作品影视化。每个地方都有自己的文化故事、文化底蕴，平潭有优质的旅游资源、对台的特殊性，这些都是很好的作品素材，可以采用制作小短片、小影视的形式，推介平潭的特色文化、特色旅游，传递文化自信，提高平潭台的影响力。

立足当地，讲好平潭故事。电视本土化，要让平潭的电视观众爱看当地的电视节目，感知平潭、了解平潭。平潭综合实验区承担着对台合作窗口这一特殊的历史重任，应该讲好平潭故事，做好平潭文章，向世界发出平潭声音。第一，新闻节目大力宣传平潭开放开发发展。平潭的战略地位、对台政策宣传、开放开发发展成效、文明城市建设等方面，可以大篇幅小细节地进行全面宣传。第二，特色栏目强调平潭的人文宣传。用线上线下相结合的节目宣传历史文化、旅游文化、人文文化、饮食文化，让外界了解平潭。第三，栏目故事化，在节目中打动人心。第四，台网融合，对外宣传平潭声音。电视是声画一体的媒介，在节目中讲好平潭故事、讲对平潭故事，节目走心、打动人心，宣传的效果就事半功倍了。

长纪录片《项南》的创作者说，做纪录片要有灵魂，要带有情怀和感情，对节目作品多一分执着，少一分浮躁，要用心再用心。在创作精品节目的过程中，要把每一个栏目当成一件作品来对待，把每一个作品当成精品来对待，严把质量关，勇于打破常规，求新求变，争创精品节目。

第四辑

媒体融合

王洪亮 / 文

座右铭：人生的道路虽然漫长，但要紧处常常只有几步，特别是当人年轻的时候，没有一个人的生活道路是笔直的，没有岔道的，你走错一步，可以影响人生的一个时期，也可以影响人生。——柳青

个人简介：平潭广播电视台副总监、副台长。

浅析媒体融合背景下城市广播影响力提升策略

摘要：面对新兴媒体影响，以广播、电视、报纸等为代表的传统媒体融合转型速度正在加快。如何提升城市广播影响力，使其建设成为“具有竞争力的新型主流媒体”，基本策略就是要与时俱进地明晰办台思路，疏理组织架构，改造编播流程，创新运营方法。

关键词：媒体融合　城市广播　影响力

近年来，各级各类媒体在推进传统媒体与新兴媒体融合发展上都进行了有益的探索。面对新兴媒体影响，以广播、电视、报纸等为代表的传统媒体融合转型速度正在加快。而处于激烈竞争中的城市广播，如何建设成为“具有竞争力的新型主流媒体”，越来越成为摆在地方广播媒体人面前必须要解决的课题。

一、明晰办台思路，为城市广播影响力提升奠定基础

城市广播，一直都是城市的主流媒体。然而，面对新兴媒体与传统媒体竞争

对手的多重压力，主流媒体“地位”正在受到严峻挑战。尽管以车载受众为收听主体的城市广播仍然强劲，但不可忽视的是受众注意力转移、市场份额持续下滑、人才流失加速等现实问题越来越突出。破解城市广播发展困境，根本办法是进一步明晰城市广播办台思路，发挥媒体优势，担当媒体责任。

1.办好“应急广播”，担当“主流责任”。

国家应急广播体系已经开始建设。为传统广播尤其是城市广播履行媒体使命，担当主流媒体责任，以及通过公信力优势提升影响力，提供了新机遇。未纳入地方政府应急体系的城市广播，可以以此为契机，尽快申请建立应急广播，从而获得政策、经费、资源等全方位的支持，实现城市广播的新蜕变。2013年11月，为及时、有效预防和应对突发公共事件，保障人民群众生命财产安全，武汉市政府将武汉交通广播列入当地政府应急管理体系，指定FM89.6武汉交通广播为“武汉应急广播电台”。应急广播成立后，FM89.6与当地相关部门、单位密切配合，健全突发公共事件新闻报道机制，掌握新闻宣传的主动权和话语权。此举对于FM89.6内容、品牌、技术等全方位建设升级，都将产生积极而深远的影响。

2.拉进受众距离，突出本地特征。

城市广播最大的优势就是“在地化”“本土化”。城市广播的“城市”标签越强烈，与受众的距离就越近，广播品牌的影响力就越大。郑州新闻广播就是依靠“在地”和“本土”优势提供内容，打响广播品牌，受到当地听众信赖和欢迎的。如2011年12月11日晚上，郑州新闻广播《今夜不寂寞》节目进行到23点多时，一个求助电话打来,请求节目组帮忙寻找自己的姥姥。寻人信息播出后，很快就有听众打电话到节目组反映：10分钟前他见过老人，地点在郑州市中州大道金水桥下。从这一刻开始，出租车、私家车司机，人民警察、巡防队员、附近工地的民工，边寻找边将热线打进直播间，传递着自己发现的最新信息。很快，老人被听众送到派出所，午夜时分老人就与家人团聚了！其实，这样的情景,每年在郑州新闻广播的节目中都会重复上演几十次。[①]也正因为如此，近年来，央视索福瑞收听数据调查显示，郑州新闻广播平均市场占有率位居郑州上空所有广播频率第一位。

3.提升服务功能，增强受众“黏性”。

在大数据和受众市场进一步细分的背景下，城市广播内容为避免“口水化”“无感化”，在常规的节目中，就可以考虑增加与受众生活紧密关联的内容设置，使节目如应用程序般，及时为受众服务。如北京电台推出了全国首家以城市管理和服务为主要内容的广播频率城市服务管理广播，即北京城市广播。这是一个关注首都建设、管理和发展的广播电台，也是一个贴近市民、服务生活的沟通型广播媒体。在其节目单上，可以看到有《京城帮帮团》《旅行号1073》《职场帮帮团》《楼市好声音》《健康加油站》《教育面对面》《财富大搜索》《今夜私语时》等节目设置，涉及旅行、职场、房子、健康、教育、财富和心理等多个方面。[②]尽管由于频率资源有限，城市电台不一定会有频率进行如此专业化的设置，但是北京城市广播定位和节目设置思路仍然具有借鉴意义，办更多“与我相关，为我所用”的城市广播节目，是增强受众黏性的有效路径。

二、疏理组织架构，为城市广播影响力提升创造条件

媒体发展，也存在“供给侧”改革的问题。在与新兴媒体融合发展的过程中，以传统媒体的理念、体系、架构来设置新媒体部门会让城市广播的新媒体部“水土不服”；在提升媒体综合实力的过程中，如果仅仅只是表面的“1+1”，而不是多个部门和机构的有机整合、重新梳理和定位，必然影响媒体融合进程，制约城市广播影响力打造。

1.科学设置新媒体部门。

在与新兴媒体融合的过程中，各城市广播电台都成立了新媒体小组或者是新媒体部。但是，新媒体部如何设置，是影响传统广播与新兴媒体融合的关键。大体上有这样几种情况。一种是成为各频率的内设部门，另一种是成为与频率并行的部门。这里又分两种情况，一种是独立的部门，一种是与技术部合并的部门。无论怎么设置都有一定的道理，但一定会影响所在城市广播的整个媒体融合事业。一般的城市广播不比省台或者中央台拥有非常丰富的频率、受众、技术和新媒体资源，如何有效科学设置新媒体部门，需要因地制宜，不可完全照搬。

2.“中央厨房”冲击频率制。

频率制是责权利相对统一的广播运作机制。一般情况下城市广播均采用这样的机制运作。而“中央厨房”的打造，则是对城市广播资源再分配。以福州台为例，新闻频率、交通频率都有自己的记者团队，如果福州广播要打造广播“中央厨房”，则至少需要把新闻频率和交通频率的记者团队整合，频率与“中央厨房”

之间的协调配合就需要建立一套全新的机制运作。“中央厨房”的强化，则必然冲击频率原有的责权利。也就是说，在“中央厨房”构建后，与原有各频率的责权利如何划分，是传统媒体与新兴媒体融合进程中必须要面对和解决的课题。

3.“技术前置”打破传统观念。

在传统广播的组织机构设置里，技术与后勤一样被归纳为支援部门，但是在与新兴媒体融合发展的过程中，技术越来越被摆在靠前的位置上。无论是技术服务外包，还是技术自主服务，没有技术支撑，就缺少媒体融合的硬件条件，也难发挥融合之后的倍增效应。那么，仍然用较低廉的劳务成本将技术部门划归为二线或者三线部门，仍然让技术部门“靠边站”，独立于各媒介产品生产之外，显然是不切实际的。在媒体融合的背景下，技术部门的配置不能用传统方式，必须建立与所在城市广播发展阶段相适应的机制和组织架构。

三、改造编播流程，为城市广播影响力提升提供支撑

在媒体融合背景下，城市广播的传播环境发生了根本变化，受众收听场景也更加多元，要以受众定位为出发点调整频率节目形态设置。要突出专业性，优化资源配置，频率划分由按节目类型划分向按受众群体划分转型。要突出本地化，增强受众黏性，传播方式由单向向互动转型。要突出融媒体，丰富传播渠道，发布平台由一维向多维转型。

1.节目编排要强化“流媒体”特征。

受众的注意力分散、听收时间碎片，这些时代特征都对城市广播的节目编排提出了新要求。从中国之声“轮盘式”节目编排的成功实践可以看到，城市广播的主要内容设置完全可以吸取其成功的经验，用“流媒体”式的持续滚动更新式推进节目体系建设。如2013年厦门新闻广播推出了全天从早9点到晚9点共11档《厦广新闻》，每一档滚动播出的《厦广新闻》都有热点事件的持续跟进和焦点话题的延伸播报。据赛力信的调查显示，厦门新闻广播2014年和2015年连续两年荣获全国城市电台新闻类综合率TOP10。③

2.内容生产要追求“复合型”输出。

在与新兴媒体融合的背景下，无论是广播新闻，还是广播节目，想要传播给

更广泛的受众，就需要在内容生产上追求“复合型”输出，因为单一传统广播产品无法在受众分众的情况下达到更广泛的传播度。例如福州新闻广播《政风行风热线》节目，在广播内容生产的同时，还同步生产网络视频、报纸联动报道、微博、微信互动内容等多媒介形态产品，这些产品都以广播《政风行风热线》节目为核心，相互配合，形成矩阵，满足音视图文等各类型媒介受众的关注需求，因此该节目在当地收听市场上收听率和美誉度持续亮眼。2008年，该节目获评第十四届福建新闻奖新闻名专栏。④

3.传播方式要突出“聚合化”发力。

城市广播在与新兴媒体融合发展的过程中，要积极运用“开放、共享、连接”的互联网思维，主动拥抱新兴媒体，更要善于“借船出海”，运用融合新兴媒体的优势为城市广播发展服务，不断地探索和丰富城市广播，形成城市广播传播的“聚合”效益。如郑州电台，不仅上线了网络音乐台，还与中华网合作开发了APP会面，与“蜻蜓”合作蜻蜓河南项目，在360水滴直播、网易直播、青果直播、映客、花椒、虎牙等网络平台开辟了直播出口。这些平台和窗口形成新媒体矩阵，探索出了一条互联网时代传统广播的融合发展道路。

四、创新运营方法，为城市广播影响力提升开拓空间

在媒体融合的背景下城市广播影响力提升，就是按照坚持把社会效益放在首位、社会效益和经济效益相统一的要求，不断地强化城市广播的综合实力，要用新思路、新方法和新机制，从城市广播的资源布局，到产业开拓，再到广告经营，进行深层次的方法革新，以适应不断变化的媒体竞争环境。

1.资源布局要立足“广播+”。

城市广播要逐步建立“广播+”的资源格局，形成传播上的“集团军”，经营上的“组合拳”。简单来说，通过合作、开发、置换等多种形式，在相同或者不同媒介上实现媒体资源扩张。如微博、微信、微视，今日头条、百度百家、映客、爱奇艺等，结合功能和应用，可以在力所能及的情况下开设相关窗口，挖掘潜在受众，扩大品牌影响力。同时，对报纸、电视以及上级、异地同质等资源进行“合纵连横”，形成城市广播传播矩阵。如郑州电台，与数十家传统和新兴媒体进行合作，牵头成立了“郑州广播联盟”，将辖区内各级广播进行整合，又联合郑

州24所大中院校组成了“中原校园广播联盟”，不仅整合了校园广播站资源，还将触角直接延伸到校园。

2.产业开拓要寻求“受众+”。

广播媒体的产业开发，自有媒体规律和特点，除投资性产业外，其他产业如果脱离广播媒体属性，那就不叫广播媒体产业了。就城市广播产业开拓而言，最直接有效的方式，就是开发“粉丝经济”，依托广播受众，运用广播媒体资源与新媒体技术融合其他业态形成产业模式。目前，不少城市广播在产业开发上都有建设性尝试。如南京广播的广播购物产业，除广播节目《南广第一购物》外，还有在南京APP的购物平台支撑，就是针对受众的生活需求探索的一种城市广播购物产业拓展；而福州广播委托第三方公司开发的车载云镜项目，则是对后视镜进行复合开发，依托智能交互为行车人提供即时路况等智慧交通服务，等等。

3.媒体经营要坚持“活动+”。

城市广播做活动都是行家里手，但是真正意义上的城市广播“现象级”活动能够实现社会效益和经济效益双丰收的其实是凤毛麟角。就城市广播的活动策划而言，只有深入结合社会需求、受众特点、媒体定位、商家意愿等多重因素，才有机会实现媒体经营的新突破。如贵阳广播的“爽爽的贵阳”活动。贵阳的夏天很凉爽，所以一到夏天，贵阳广播就会联合全国主要客源地城市广播，进行“用声音呈现美丽贵阳——‘爽爽的贵阳’”互动直播，吸引当地受众到贵阳旅游，活动宣传契机抓得好，得到旅游部门的专项资金保障。再如深圳广播的“幸福的红雨伞”活动已连续举办6年。每年夏天，都会在车站、银行等公众区域放置雨伞，市民可以免费地随借随还。诚信活动促进了城市文明程度的提高，也成功吸引银行、通信和地铁等品牌客户的大力支持。

注释

①葛向阳：《用热线电话打造城市新闻广播频率》，《中国广播杂志》2012年第8期。

②北京广播网：http://www.rbc.cn/live/listen.shtml?channelid=117

③厦门广电集团官网：http://xmg.xmtv.cn/article/1950.asp

④东南网：http://www.fjsen.com/c/2008-03/07/content_1302946.htm

严希远　高宏斌 / 文

座右铭：自带阳光，享受平凡。天下难事必作于易，天下大事必作于细。

个人简介：严希远，松溪县广播电视台台长助理兼总编室主任，平潭广播电视台挂职干部(2016.10-2018.9)，平潭广播电视台编委、总编室副主任。

座右铭：不重复自己，不模仿别人。

个人简介：高宏斌，平潭广播电视台总编辑。

融媒体时代的平潭广播电视

一

如果现在有人要问，当下新闻界哪个词汇最火？我敢肯定地说，那就是“融媒体”。

“融媒体”首先是个理念。这个理念以发展为前提，把传统媒体与新媒体的优势发挥到极致，使单一媒体的竞争力变为多媒体共同的竞争力，从而为“我”所用，为“我”服务。“融媒体”不是一个独立的实体媒体，而是一个让广播、电视、互联网甚至报纸等的优势互为整合，互为利用，使其功能、手段、价值得以全面提升的一种运作模式。

换句话说，“融媒体”就是合理整合新老媒体的人力物力资源，变各自服务为共同服务。“融媒体”把报纸、广播、电视、网络以及手机平台同时变为共同为一个项目活动服务的形式、手段和方法，在营销价格上也会比任何一个单媒体要实惠得多，客户对这种活动的认可度也大大提高。发展“融媒体”最终目的要有利于效益这个根本，而效益主要体现在两个方面，即社会效益和经济效益。

融媒体时代的创新，除了理念上的创新之外，还有一系列的模式创新。融媒体带来的最重要的一个成果即“媒介之间的边界由清晰变得模糊”。因此，“互融”是融媒体时代模式创新的关键。

“融媒体”实质上就是建立一种新型和谐互补互信的媒体关系。打造“融媒体”，就是摆正新老媒体关系，分析新老媒体的利弊，以优势互补，达到1+1>2的效果。比如，广播的迅疾、广泛，电视的直观、立体，互联网的无限空间、无限时间、无限作者、无限受众，报纸的重复阅读、深度解读和手机使用的直观、携带便捷等优势。各媒体对“我无他有”的东西，不妒忌，不害怕，对“他无我有”的，不排异，不拒绝，都把“他”当作自己的一部分，兼收并蓄，追求“水桶定律”。也只有这样，才能达到抱团取暖、联手共赢的目的。

平潭综合实验区领导及区委宣传部领导多次召开区属各大媒体负责人会议，专题研究部署和强力推动平潭融媒体改革发展，传媒中心也立即行动起来，建立机构，组织学习取经，推进中央厨房模式的建立。所有这些都表明平潭综合实验区融媒体改革事业已进入了实质性操作阶段。

目前平潭的传媒架构是这样的，广播电台、电视台、报社和网络由传媒中心统一管理，因此从体制层面看，融媒体改革相对要便利得多。在融媒体改革的关键时刻，平潭广播电视必须有所作为。既看到自身的优势，也要明白自身的不足，应该鼓足干劲，群策群力，满怀热情地投入融媒体改革之中。

二

一般的观点认为，同央视、省级台比，城市台有一定规模但形不成气候。城市台大都有一二百人，两三个频道，制作几档新闻或专题节目，在划定的所属范围内播放。无论从资源还是产业，无论是眼前还是长远看，上受到央媒、省媒，下受到县媒严重挤压，没有更大的发展空间。城市台一般大都有20多年历史，在技术、宣传、节目生产等各方面都有一定的基础，但受客观因素限制，不可能跟得了广播、电视日趋“分众化”“专业化”“微内容”的发展趋势和人们日益丰富、日益提高、日益“挑剔”的生活、娱乐需求。但反过来从另一角度看，这些不足恰恰给地市级媒体的整合和重生提供了机遇，给建设融媒体提供了有利条件。

2012年1月，福建平潭广播电视台获国家广电总局审批。6月19日，平潭广播电视台正式开播。平潭广播电视台目前开设1个电视频道，日播自制节目15档，每天播出18个小时。综合频道以时政新闻、岚台交流、地方风土人情为主题，突出“先行先试、综合实验、开放开发”主旋律，重点反映实验区贯彻中央、省委精神，加快推进平潭综合实验区开发建设，共同规划、共同开发、共同经营、共同管理、共同受益。

平潭广播电台FM98.5共同家园广播于2013年的8月21日开播，是实验区建立的第一个广播媒体，同时又是有别于传统广播电台的全新媒体。让平潭的声音连接两岸，同时高清晰数字广播、记录实验区开放开发的脚印，使用一个广播频率对外广播。

平潭综合实验区广播电视台在电视频道设置上，两个频道较为适宜。这两个频道，一个频道可以定位为新闻综合频道，除转播央视和省台新闻联播节目外，认认真真地做好两档本地新闻节目和一档对台新闻节目。这两档本地新闻节目，一档以时政为主，另一档重点放在民生和社会新闻方面。对台新闻节目可以和台湾有关媒体合作，以台湾内容为主。这三档新闻节目，每档长度20分钟左右，这样相互补充滚动播出，再配合其他专题文化类节目，这个频道就基本上确立起来了。另外，还要做好一个旅游文化频道。平潭定位为国际旅游岛，因此，这方面的推广、挖掘和宣传的内容自然是少不了的。当然，平潭的观众也会通过这个窗口，了解到国外其他旅游及文化方面的内容，了解到外面的世界。

广播电台除了办好目前的频道，还要选择开办专门的对台广播频道，这样可以把更多的大陆的声音、平潭的开发建设、在平潭生活工作的台湾民众的情况及时传播到台湾去，真正成为台湾民众了解大陆的窗口和平台。

我们曾经做过调查，目前平潭广播电视台的状况与20年前厦门台的情况极为相似。第一，队伍年轻，绝大部分从非专业领域进入，有干劲、有想法、想做事，但经验不足，能力有待加强，经验还需积累。为有效适应发展的需要，传媒中心正在有计划有组织有步骤地对编采技术人员进行系统的异地培训；同时台里也把每周都组织业务学习作为常态工作；同时还不定期请一批省内知名专家来传经送宝。第二，目前节目生产不足，自拍自编节目能力有限的问题也正在逐渐改善。第三，高清改造从2015年开始，一系列招标采购工作全面进行中，全面完成后，硬件设施及办公条件会有很大提升和进步。

这里需要指出的是，营销方面一直是平潭广播电视的短板。平潭人口较少，地域也不大，广告市场十分有限，因此，必须扬长避短，另谋他途。如果转换一种思维方式，利用媒体自身优势，投入旅游文化的开发和打造方面，或许不失为一种办法、一种途径。比如，可介入无人岛的开发和海上影视拍摄基地的建设，这是一举多得的好事，几年后，这方面的积累将会十分可观。

三

我们说，理念的创新，除了扩展对媒介既有的狭义理解之外，还意味着对传统媒介产业链的新认识。媒介的产业链不再仅局限于新闻生产、交换、消费等环节中，产业链的线条也会因新媒体的加入而有新的变化。融媒体时代的平潭广播电视正在迎来高清改造成功到位，这一跨越性的发展使平潭广电在硬件上一步迈进福建省先进行列。对此，平潭广电人还要对以下问题有明确认识。

——融媒体时代的平潭广播电视必须对自己的方向和目标十分明确。

——融媒体时代的平潭广播电视仍然要“念好旅游经、打好两岸牌”。

——融媒体时代的平潭广播电视必须对自己的现状和应对事业发展的局面有清醒的认识。

——融媒体时代的平潭广播电视必须以己之长克己之短，尽早树立自己独有的广播电视文化特色。

——融媒体时代的平潭广播电视要有走出去、引进来的气魄和胆识。

平潭作为国家新的国际旅游岛，正处在大开发、大发展关键时期，平潭广播电视也处在一个关键的节点上，处在从县级传媒往地市级传媒的跨越中，处在从传统媒体往融媒体迈进过程中。电视台正处在高清改造之中，将完成全部的高清改造。

起步晚、起点低、队伍年轻，应该说是劣势。但是正因为如此，平潭广播电视没有包袱，没有累赘，便于轻装上阵，这恰恰又是优势。历史给了平潭广播电视重大的发展机遇，相信平潭广电人一定能抓住机遇，以崭新的姿态迎接一个全新的时代。

葛丹 / 文

座右铭：下马看花方能闻得花香。

个人简介：葛丹，平潭广播电视台广播节目部主任、编辑、记者、主持人。

全媒体时代下广播新闻编辑模式与数字化新媒体的融合发展

摘要： 新媒体的出现为传统媒体的发展带来了新的机遇和挑战，也为社会注入了新的活力，同时，也暴露出了传统广播存在的问题。在全媒体到来且逐渐发展的当下，我们要深入分析广播如何有效地与新媒体融合发展，使得传统广播在新时代下可持续发展。

关键词： 传统广播　数字化　全媒体　融合发展　互联网+

随着社会信息化的发展进步，互联网终端也进入移动化时代，以智能手机为载体的新媒体使得人们更方便地随时获取信息。网络媒体不仅在信息获取上方便及时，它还囊括了几乎所有的传统媒体的形式，是集声、像、图、文于一体的全媒体的播报。在这种新闻信息全面系统铺展开来、新闻媒体有效融为一体的形势下，传统媒体显示出了明显的不足。如何在全新闻、全媒体时代背景下获得先机，赢得发展，作为广电行业的新闻人不得不对此进行深入地思索，探寻新科技、新理念高度融合下的新的发展途经。

一、传统的广播新闻编辑模式

传统的广播新闻编辑模式，是采访、编辑、播音分离的，整个新闻系统是一种文稿系统，就是只对新闻稿件进行流程化的管理，且只限于文字稿件，随文音频无法统一管理，前期采访和后期播出更是不能在同一时间进行协调管理。

在这种情况下，相关的音频素材往往容易弄丢。在稿件的编审过程中，传统的系统编审器不能很好地对稿件进行痕迹保存，使得审查稿件难以做到精细准确；在播出新闻时，由于新闻的文字内容是纸质的，提供给播音员进行口播，而音频内容是由音频工作站进行管理的，播音员通过播出站查询播出，一旦音频文件与文字系统没有协调好，播音员就不容易找出音频文件，这就直接影响了新闻的播出。

由此，不难看出，传统的广播新闻编辑模式已经不能适应全媒体、全新闻时代对技术和信息内容的要求了，那种单一的、粗陋的编辑系统模式，既不能满足要求信息越来越丰富的受众需求，也不能保证现有信息的播出质量。革新这种传统的新闻生产和播出方式，积极创新，将成为新的时代背景下广播新闻获得生机并有所突破的关键所在。具体来说，就是要革新传统采编播分离的系统方式，将广播新闻的编辑与前期采访和后期播出融为一体，从而提高新闻的编辑效率，打造更好的播出效果。

采编播为一体的广播新闻编播方式，最重要的特点就是创作者同一化。它能够打破有声传播编辑模式的历史局限性，最大限度地发掘主体人的潜能，提高工作效率，也更能突显出传统媒体中广播最方便、最大众的优势。

二、采编播为一体的广播新闻编辑方式的优点

1.开阔了原有的新闻理念，提高了广播新闻的工作效率，丰富了传播的信息容量。

每个环节都高度统一，这样能够更进一步地保证播出理念的一以贯之，获得好的新闻质量。同时，由于省去了很多传统编辑流程依次进行的时间，工作效率空前提高，就有时间和机会去获得更多的新闻信息，使得整体上传播的信息容量也得到了扩充。广播是所有媒体中播发新闻最迅速的媒体，在编辑环节效率的提

高，也将在更大程度上保证新闻的时效性，从而更加突显广播新闻的快速高效。

2.从整体上提高了广播新闻的质量，提升了广播媒体的品质，增强了媒体的公信力和影响力。

更为高效的编播方式，能更加切合并及时地表现媒体自身的专业品格和服务理念；更为先进的编播方式，也使得广播新闻的质量获得更大的保障。有好的新闻质量，就自然能够赢得受众的青睐，这对于媒体自身的全面发展是弥足重要的。同时，高效的编播方式，能更好地去整合人才，发掘潜能，最大限度地发挥每一个新闻从业者的能力所长，共同打造更有品质的优质媒体。

采编播为一体的编辑模式不仅对广播新闻和广播媒体的发展进步有着非同一般的影响，它也是一种符合广播特点和广播发展要求的、具有规律性的现代广播节目生产形式。在全新闻时代，采编播一体的方式落实到具体的方法和手段上，就是区别于传统文稿系统的全媒体新闻系统。

三、新的全媒体新闻系统的功能改进

1.携带便利，方便采访。

使用旧系统时，记者出去采访需要携带采访机、相机等多种设备，而使用全媒体采访系统，只需要带着记者自己的手机，就能多种利用，也无须台内维护。

2.内容统一组织，协调多种材料。

旧系统对照片、文字和录音都是采用不同的设备进行分开处理，对新闻内容的组织容易出现不协调。而且很多工作都是人工管理的，容易造成素材遗失，管理不便。通过新系统，记者发给编辑的就是带有文字说明的图片稿、音频稿或视频稿，文字和附件内容就是一体的，方便编辑组织稿件。同时，全媒体新闻系统支持全媒体格式的稿件，可以将文字和相关附件统一管理。

3.稿件编播更为及时。

在使用旧系统时，整个广播新闻的编播流程都是“外出采访、回台整理、投稿入库”，记者在采访时不能即时将消息传回台里，这使得新闻的时效性无法得到最大的保障。使用新系统后，记者在采访后可以通过4G网络马上将稿件传回台内，提高了新闻的时效性和记者的工作效率。

基于全媒体时代媒体间的竞争不断加剧，要想在媒介里站稳脚跟，就要拥有自己的一片天地，并且编辑作用是不可小视的，因此，要提高编辑综合素养，加强新闻敏感度培养，提升创新力、决断力及审美感，从而紧跟现代媒体发展趋势，更好地服务新闻工作，为受众带来更有价值的新闻，以提高自身媒体竞争能力。

四、如何使广播媒体与数字化新媒体融合发展

数字化新媒体从某种意义上来说，就是利用现代化的设备终端为用户提供娱乐服务和信息的传播形态。传统广播媒体具有一定的优势，但在新时期已经不能满足人们对信息的需求。传统广播与新媒体的融合已成为必然的趋势，还需要在技术层面、内容层面以及传播方式上实现融合。

1.广播媒体与数字化新媒体融合发展的意义。

传统的广播媒体和互联网新兴媒体的融合，不仅能够帮助传统媒体在新时期占据一席之地，实现新的转型，同时还能帮助传统广播媒体摆脱尴尬的境地。另外，传统媒体和数字化新媒体的融合发展，还能够为我国媒体行业的发展积蓄力量，尽最大的能力拓展人们的视野，开发人们的想象力与创造力，为提高我国综合国力做出应有的贡献。

2.广播媒体与数字化新媒体融合发展的策略。

广播媒体与数字化新媒体的融合发展，需要从技术、内容以及传播形式三个方面加以实现。

（1）广播媒体与数字化新媒体在技术层面上的融合

在信息技术快速发展并渗透到广播事业后，目前大多数广播电视台中，广播频率无论是制作、播出还是模拟，都已经更新为数字技术。在广播采访过程中，一般采用数字化采访机，更加便捷地获取信息，将录音进行录入、编辑、配音和播出。数字技术的运用，能够扩大编播容量，还能够提高音频的质量。传统的热线电话也从模拟信号变为数字信号。作为广播媒体人员，能够切实地看到数字化技术带来的变化。

数字化技术在广播系统中的运用，能够为广播采编制作提供帮助，提高广播节目采编播的效率。在广播播出的传输通道中，无论是传播还是收听终端，都已

经发生了重大的变化。目前，人们几乎已经不再通过半导体听广播，手机、电脑、平板以及车载收音机都能够收听广播，为广播收听提供了更加便捷的方式。

（2）广播媒体与数字化新媒体在内容层面上的融合

相对于新媒体来说，传播媒体在制作、内容发布等方面具有经验优势。但是，这种经验既可以是一种优势，也能够对整个广播事业的发展造成影响。在传统广播媒体与数字化新媒体融合发展的过程中，应该从内容层面上入手，联合两者的优势，促进两者融合，加快我国广播媒体事业的发展。在广播媒体发展过程中，最初是我播你听的形式，如今在节目播出的过程中，听众能够通过来信的方式与节目进行互动。在数字化新媒体的今天，听众能够利用手机、电脑、互联网等方式与节目进行互动，这样的广播节目能够更加贴近老百姓的生活，也更加符合媒体发展的趋势。

传统广播媒体拥有强大的节目制作团队，无论是播音员还是编辑人员，都具有较高的水平，这些水平和能力都是与数字化新媒体相比所存在的优势。但是相对于数字化媒体人员来说，传统广播媒体还需要开拓思想，激发无限创意，为新旧媒体融合发展奠定坚实的基础。目前，各地区电视台已经看到了新媒体给传统媒体带来的冲击，正在进行新旧媒体融合的尝试，比如举办一些电视节目大赛、新媒体与传统媒体采访竞赛等。广播的内容是广播媒体传播的核心，是人们获得讯息的源泉，应加强传统广播媒体与数字化新媒体在内容层面上的融合。

（3）广播媒体与数字化媒体在传播方式上的融合

在传播方式层面上更应该加强新旧广播媒体的融合，利用数字化的先进性，采用更加多元化的广播传播方式，促进我国广播媒体事业的健康发展。

第一，广播节目网站的建立。广播可以建立广播节目网站，听众可以通过网站收听节目，同时还能够实现对往期节目的搜索。另外，各大广播电视台都建立了微信公众号、官方微博等互动方式，更加能够提升广播节目的时效性与互动性。

第二，每一个广播电视台都有独立的频道，还需要建立短信平台，为听众和广播电视台建立有效的互动平台，主持人可以在广播节目播出过程中，利用短信平台和听众进行交流合作。短信平台的开通、关闭等，都需要受制于通信运营商，听众需要被收取一定的通信费用，对短信平台的推广造成很大的影响。在数字化技术快速发展的今天，这种短信互动平台的形式就会慢慢被淘汰。

第三，官方微博。微博是新时期人们手机中普遍存在的软件APP，已经发展成为具有较大影响力的一种自媒体，每个人都可以通过微博的形式看新闻、发新闻。微博为广播电视行业提供了一种新的机遇，通过微博传递的信息十分迅速，能够在几秒之内传递到大洋彼岸，同时还实现了用图片、视频等非文字内容的方式进行传播，受到了广大媒体人的欢迎。各大广播电视台都建立了有效的官方微博，听众能够利用官方微博收听节目，还可以通过官方微博进行互动，为大家提供了很多的便利。

第四，广播融入微信公众平台后便自动接受了微信的这一属性，将信息的大众传播转化成为对等性的人际传播，聊天双方中任意一方都可以单方面接收信息，也可以向某人定向发送信息，甚至可以随时终止或忽略对方的消息，这使得微信平台上的广播传播更具有针对性与私密性，也更能被现实社会的人际传播所使用。正是得益于微信平台所具有的私密、类人际传播的传播特性，广播在微信公众平台的服务更具优势。微信的信息是动态收发，设备携带方便，准入门槛低，这都使得广播信息提供的隐私保护功能得到提升。

值得注意的是，政府相关部门需要积极做好相关的政策建设，根据新型媒体融合发展的需要，为其发展奠定基础，构建良好的发展环境。

通过上述分析可知，传统的广播媒体在过去为人们的生活增添了许多乐趣，为人们获取有用的新闻资讯提供了有效的渠道。在以互联网为主要形式的数字化信息化技术发展过程中，新型广播媒体发展起来，给传统广播媒体造成很大的冲击，只有进行传统广播媒体与新型媒体之间的融合，才能为我国广播事业奠定基础，也才能为我国广播事业发展找出一条新的道路。

五、打造新媒体时代“互联网+电台”

“新媒体”“媒体融合”是当前的热词，新媒体迅速发展，媒体融合深入推进，那么到底什么是新媒体？新媒体（New Media）是一个相对的概念，是在报刊、广播、电视等传统媒体之后发展起来的新的媒体形态，包括网络媒体、手机媒体、数字电视等。新媒体亦是一个宽泛的概念，是利用数字技术、网络技术，通过互联网、宽带局域网、无线通信网、卫星等渠道，以及电脑、手机、数字电视机等终端，向用户提供信息和娱乐服务的传播形态。

严格地说，新媒体应该称为数字化新媒体。关于新媒体的定义林林总总有十多种，而被划归为新媒体的介质也从新兴媒体的“网络媒体”“手机媒体”“互动电视”，到新兴媒体的“车载移动电视”“楼宇电视”“户外高清视频"等不一而足。相对于报刊、户外、广播、电视四大传统意义上的媒体，新媒体被形象地称为“第五媒体”。

微信公众号可以说是当前传统媒体与新兴媒体融合的新形式。微信作为当下最时尚的社交媒体，一直备受疯狂青睐。作为新兴媒体代表的微信，以远超微博的势头迅猛发展，自然不会被传统媒体所忽视。目前的传统媒体大多与微信进行融合，拥有了电台自己的微信公众号，微信公众号已成为继新浪微博以后新旧媒体融合的新热点，在用户中产生了巨大的影响。微信最初只是作为一款纯社交软件来开发的，正是因为有了微信公众号，微信才有了大众传播的能力。

一个优质的微信公众平台离不开健康的经济支持，在为用户提供贴心服务的同时，合理利用客户资源获取广告收入，应当是广播媒体微信公众平台运营的重要步骤。

作为传统的大众传播媒体，广播具有高覆盖、高渗透、高触及、高到达的传统优势，这也是其以往得以迅速发展的基石，声音市场会有爆发点。

要实现自身长期稳定的发展，既要积极维护收听平台上受众的忠诚度，培养这部分用户对传统收听终端的依赖性，又要积极探索新技术领域，研发自身可以掌控并易于被受众接受的终端收听平台，这样才能预防受众的慢性流失。在未来的发展中，“娱乐+生活服务”或许才是移动互联网时代音频行业可以创造的最大价值。娱乐可以根据听众常收听的内容来实现个性化推荐，生活服务则基于LBS给用户提供衣食住行的信息。彼时个性化移动音频还将成为人们接受语音娱乐和服务的工具。这是最好的时代，也是最坏的时代，这是充满变数的混媒时代。音频行业正面对多重考验。在这个媒体变革的时代，音频行业只有推动更多有声自媒体的健康发展，引领整个行业迈向更高效、更有秩序的音频2.0时代，才能在移动互联的新格局中巩固自己的位置。

总之，传统媒体与新媒体的融合是新生事物，也是大势所趋，新旧媒体融合的实质在于：实现媒介与人的融合。微信公众平台的引进为广播电台注入了“互联网+”的发展新思维，它在丰富广播的传播形式的同时，进一步拓展了广播电台与用户之间的互动空间，还将广播的覆盖范围进一步扩大了，使得电台的发展如虎添翼。传统媒体与新兴媒体的融合，不能把目光局限在单一的新媒体上，更多应该关注用户，为用户全心全意服务，而不是一味地跟风追随。虽然充满了挑战，但是依然要不断去开拓、探索，才能实现媒介与人的融合。

林欣农/ 文

座右铭：没有不会做的事，只有不想做的事。

个人简介：林欣农，平潭综合实验区引进人才，平潭广播电视台技术部副主任。

探索媒体融合发展之路

——关于平潭传媒中心媒体融合发展的思考

摘要： 媒体融合是时下媒体发展的方向，笔者以平潭传媒中心融媒体建设项目为基础，阐述对于报纸、电视、广播及新媒体等多种媒体融合发展的一些思考，并对平潭传媒中心融媒体技术进行简要说明。

关键词： 媒体融合　融合发展

前　言

2014年8月中央全面深化改革领导小组第四次会议审议通过了《关于推动传统媒体和新兴媒体融合发展的指导意见》，为媒体今后的发展明确了方向。媒体融合发展由此上升到国家战略的高度，在国家战略下，媒体融合不断深入推进，众多媒体综合运用多种技术手段实现内容的融合。2015年8月，中央网信办、国家互联网信息办公室副主席徐麟表示，中央网信办将通过六大举措加大支持媒体融合发展力度。2016年2月，总局颁布了电台、电视台融合媒体平台建设技术白皮书。这两个白皮书引导和规范我国电台电视台融合媒体制播平台建设，提升媒体融合的综合制播能力。

在国家战略和实际发展需求下，平潭传媒中心通过新址搬迁的机遇，充分利用媒介载体，把广播、电视、报纸等既有共同点又存在互补性的不同媒体，在人力、内容等方面进行全面整合，使其功能、手段、价值得以全面提升，使单一媒体的竞争力变为多媒体共同的竞争力。

总体概况

平潭传媒中心下属单位有电视、广播、报纸、网站等多个媒体，每个媒体都采购有独立的采编系统，并各自设置有采访部、编辑部等类似部门。由于平潭传媒中心体量较小，各媒体间既互相独立又相互合作。

采访：电视、广播、报纸、网站都有各自的采访部门，当获取一条新闻线索后，各媒体根据自身特点分别派出记者、摄像等参与采访，对于一些重要新闻，经常出现一条线索，传媒中心共派出6人的情况（电视2人，广播1人，报纸2人，网站1人），而采访回的内容却大同小异。

编辑：各媒体对新闻线索报道方式及所需素材各有不同，如下表所示。但各媒体都有各自运营的微博、微信等新媒体传播方式，各媒体新媒体部门对于同一新闻事件编辑出的内容也都类似。

传统媒体报道所需素材

媒体名称	视频素材	音频素材	图片素材	文字素材
电视	√	√	√	√
广播		√		
报纸			√	√
网站	√	√	√	√

播发：由于传统媒体审稿制度严格，各媒体在播发消息时大都需要领导审核后才可进行推送，而领导审核时间主要集中在传统播发前几个小时，导致各新媒体经常需要在节目播发后才可进行消息推送，无法发挥新媒体及时性的优势。

由于各媒体新闻线索获取方式不同，且互相没有密切配合，经常出现某一媒体对某些重要新闻报道后，其他媒体选用这一报道，根据自身媒体特点进行改造后再次进行报道。经常出现因信息不及时导致播发不同步的问题。

被访对象方面：由于各媒体独立进行新闻采访，一些重点新闻的被访对象需多次接受不同媒体采访，浪费了被访对象的精力，且采访回的素材质量也由于被访对象逐渐变差的受访状态而受影响。

各媒体虽有自身特点，但在采编方面仍存在重复工作，不仅产生大量人力、物力的浪费，还对各媒体本身有着不良的影响。

融合方式及意义

对于人力、物力浪费的问题，平潭传媒中心通过搭建融合媒体生产平台，将各媒体常用工具结合到生产平台中，打造中央厨房来实现所有媒体共同采编、分渠道发布的工作格局，实现内容生产一体化的组织体系。从调整组织架构入手，梳理和优化编采发流程，推动形成“一次采集、多种产品、多媒体传播”的工作格局。

调度：各媒体总编室合并成立总编调度中心，对每天收集到的新闻线索进行统一讨论，根据自身媒体特点确定每条新闻线索的发布渠道，安排采访任务，指定融媒体记者及摄像。对于一些突发事件，总编调度中心也可根据实际情况对记者、摄像进行临时调度。

采访：虽然各媒体采访方式即采集素材方式有所不同，但无非视频、图片、音频、文字四类，若可培养好熟悉各类媒体的播发特点的融媒体记者，可把视频与图片归为融媒体摄像采集，音频可从视频中获取，文字可由融媒体记者结合多种媒体特征进行全面采访，这样可使原本6人的工作量减少为2人（记者1人，摄影摄像1人）的工作量。

编辑：原各媒体新媒体编辑合并成立融媒体编辑中心，其余传统编辑继续由各媒体管理，融媒体编辑中心通过对融媒体记者、摄像采集回的素材进行初步编辑后送审，审核通过后由各媒体编辑根据自身特点对内容进行二次加工后发布。

融合不只是简单的叠加，通过这种合中有分的方式，各媒体可以根据每个媒体的特点进行针对性宣传。根据受众的需求，各类节目内容也可选择最合适的媒体传播形式和渠道，注重新闻的传播规律，注重媒体间的互动。

探索中的思考

（一）技术平台搭建

根据2016年2月总局颁布的电台、电视台融合媒体平台建设技术白皮书的指导意见，系统以云计算技术为基础，构建的融合媒体平台，具备云平台SaaS、PaaS、IaaS三层模式。由设施服务层（IaaS）提供统一的平台基础环境，主要包括计算、存储、网络等资源，技术设施和平台比较成熟，有较多的资源可以购买或租赁使用；由平台服务层（PssS）提供统一的支撑软件服务，适配媒体设施服务，提供媒体融合业务所需要的各类公共服务，这是融合媒体平台建设的重点；由软件服务层（SaaS）实现统一用户角色和权限管理，构建运营管理体系，这需要改造传统全台网模式下运行的功能软件，部署媒体应用各类工具和服务。

近年来各媒体的实践也清楚地表明，融合媒体的制播要采用基于云计算技术的系统架构和技术体制，才能更满足媒体融合可持续发展的需求。云计算技术具有资源利用高效、业务适配灵活、功能扩展敏捷的技术特性，正好可以将传统媒体业务板块与互联网、移动互联网紧密联系起来，有利于在融合媒体平台上快速部署各类业务应用软件，满足各类融合创新业务的制播、服务和管理快速发展的需求。

平潭传媒中心融媒体系统采用“平台+工具”的架构，建立开放的服务平台，实现内容的统一管理。采用门户、流程引擎等技术手段，有机地结合工具、业务流程、内容三大核心要素，使整个系统以模块化、组件化积木搭建，系统更具备充分的伸缩性、灵活性。

融媒体生产平台是一套集融媒体汇聚系统、多工具生产系统、融媒体发布系统、融合报道指挥系统于一体的、先进的、稳定的技术平台。设计功能包括云线索汇聚、手机PGC回传、远程回传等多源汇聚手段，包含视频简编、图片编辑、文字编辑、H5编辑、微信编辑、微博编辑等多工具生产手段，提供统一实时指挥调度及沟通、移动生产应用工具等。主要分为以下三个模块。

多渠道汇聚模块：实现融合汇聚，包括合作媒体、社交网络、外采外拍、广播等；汇聚格式包括视频、音频、图片、文字、flash等多种类型。其他网页上的资源也可通过采集工具汇入融合媒体内容平台。另外还支持手机端、PC端的远程回传需求。

融合生产发布模块：建立融合媒体内容库，实现视音频素材内容共享，实现融合生产以及移动端报题、写稿、审稿、任务认领及安排等。

融合报道指挥模块：实现新闻报道指挥，如新闻采访/选题的统一管理、任务分发、GIS资源定位及调配、生产力资源统计及展现。

每个媒体需使用带有自身特性的采编系统进行二次编辑、播发，如报社使用的采编系统需带有校验、查重、排版等功能，广播使用的采编播系统需带有静音监测、音乐库支持等功能等。目前市面上没有一家公司开发的产品可满足整个传媒中心现有的全部需求，而未来可能还有新的系统需融入其中，故为使融媒体平台采用开放的标准，具备开放的体系和开放的接口，顺畅吸纳外部集成的多种媒体资源，可以对接外部系统，建立依托外部市场环境的运行体系，适应业务所提出的多种外部需求。

（二）调度指挥中心建设

调度指挥中心的建设是本次搬迁改造的重要配套项目，项目可将新闻演播室群的直播信号、总控调度、报纸文稿、卫星直播、大楼监控以及4G、手机直播、微博、微信新媒体、融媒体记者位置信息等信号送入调度指挥中心进行监看和调度，形成广播电视的指挥枢纽，对于宣传平潭，打造共同家园，提高平潭广电新闻直播水平，具有重大的意义。

调度指挥中心大屏采用16块55寸超窄边LCD液晶拼接屏组成，为显示的内容提供足够的分辨率且适合调度人员长期观看。大屏中展示有如下主要模块。

大数据模块：展示的内容包括新闻热点及数据统计、新闻标题、新闻摘要、时间、新闻来源等新闻详细信息，设置重点关注的网页后，可通过采集工具将网页上的资源汇入融合媒体内容平台。

GIS地图：可展示选题任务列表和记者列表以及各在线记者的分布情况。可在地图中查询到每个选题任务的创建时间、地点、创建人、栏目、执行人等具体信息，也可直接与融媒体记者进行视频通话，为人员调度提供强大的信息。

选题任务情况：在大屏上可实时显示选题任务的发布情况，总编可通过该模块了解一个选题的完成情况及其发布渠道；对于新媒体的发布情况，更能了解到阅读情况、人群分类等细节信息。

调度指挥中心：中心区域为总编调度中心，总编可根据大屏展示的信息随时进行指挥调度，保障新闻的高质量和及时性。总编调度中心周围为融媒体编辑办公区，融媒体编辑直接从调度大屏和办公电脑中接收到总编调度中心发出的任务指令，空间的统一性也为沟通提供了便利，有利于融媒体编辑高效高质量地生产出各类稿件。

（三）组织架构调整

目前传统媒体的组织架构及体制机制还不能良好地适应融媒体发展的需求，建设融合媒体指挥中心必须考虑一体化发展，才能给融媒体发展提供坚实保障和有力支撑。现有组织架构下各媒体相互独立，虽有存在协作关系，但在一定程度上也存在竞争关系，如果没有通过组织架构的调整把各媒体策采编全部打通，便无法做到真正融合。

各媒体部门合并后必将出现大规模的组织架构调整，原采编部门、总编办等合并后导致部门领导岗位减少，甚至媒体领导岗位都面临减少的问题，故组织架构调整将成为一大难题，可通过国企化、市场化的方式进行全面转型。

（四）融媒体人才培养

媒体融合，对融媒体记者的素养有了新的要求，现有采编人员需改变单一媒体的思维方式和运作方式，了解各媒体的采访、写作、表达和发布的方式，需集合采、写、摄、录、编、融媒体工具运用等多种技能于一身，了解各媒体的知识和技能，从视频、音频、文字、图片等多方面进行全面报道，满足报纸、电视、广播、网站等多种媒体需要。

“融”则难“专”，融媒体记者又存在自己的缺陷，若对于一个新闻线索要进行写稿、拍照、摄像、制作音频等多方面工作，势必要大大增强工作强度，会因为追求“融”而牺牲报道质量。不同媒体的报道形式又有自己的特点，对于一个新闻线索，报纸可能需要进行深度采访、电视可能是一条简讯，融媒体记者很难做到在各种媒体领域都做得非常专业，缺乏专业性的新闻也势必在现代庞大的信息流中被埋没。

调度指挥中心效果图

高晶 / 文

座右铭：严于律己，宽以待人。

个人简介：高晶，平潭广播电视台技术部技术员。

技术创新推动媒体融合发展

摘要： 本文首先论述了媒体融合发展的背景，提出了技术创新推动媒体融合发展观点；接着着重描述了云计算、大数据、人工智能等新技术对媒体融合发展的重要推动作用；最后提出，媒体人应抓住这一契机寻求发展。

关键词： 媒体融合　云计算　大数据　人工智能

一、媒体融合

伴随着信息时代的发展，以网络为主要形式的各种新媒体层出不穷。新媒体拥有表现形式多样、信息更新迅速及时、信息传播速度快、受众选择性多等特点，逐渐撼动了传统媒体的主体地位。虽然传统媒体受到了新媒体的巨大冲击和挑战，但是正是新媒体的出现，也为传统媒体的转型提供了一条新的发展之路，即媒体融合。

所谓媒体融合包括狭义和广义两种。狭义的“媒体融合”是指将不同的媒介形态“融合”在一起，形成一种新的媒介形态，如电子杂志、博客新闻等。而广义的“媒体融合”包括一切媒介及其有关要素的结合、汇聚甚至融合，不仅包括媒介形态的融合，还包括媒介功能、传播手段、所有权、组织结构等要素的融合。也就是说，“媒体融合”是多元化的信息传输通道的新作业模式，是把报纸、电视台、电台等传统媒体，与互联网、移动智能终端等新兴媒体传播通道有效结合起来，资源共享、集中处理，衍生出不同形式的信息产品，然后通过不同的平台传播给受众。

媒体深度融合已是势不可当，只有坚持传统媒体和新兴媒体的优势互补，推动传统媒体和新兴媒体在内容、渠道、平台、经营、管理等方面的深度融合，才能实现双赢。

在媒体融合时代，内容的融合固然重要，但也需要技术革新的强大驱动力推动媒体深度融合成为现实。云计算、大数据、人工智能等新技术的快速发展，让媒体融合过程中的创新产品不断出现，它们已经在一定程度上推动了媒体行业的发展。

二、云计算

日益深入的媒体融合对技术的要求不仅仅停留在简单的工具创新，更是要搭建一个集采编、制作、存储、发布、安全管控、运营于一体的媒体融合云平台。依托云平台，推动新闻生产流程的深度革新，实现内容生产、传播、运营等各个环节的网络化、IP化、云化、智能化，才能应对媒体不断深入融合的要求。

传统媒体的IT架构转型面临诸多困难。首先，视频制作领域一直存在着诸多挑战，特别是面对电视媒体这种高码率、高安全和低时延的新闻编辑场景，对于云计算技术本身也是一个挑战。广电业务系统涉及大量高质量的音视频处理，高清超高清视频已司空见惯，对存储空间的要求越来越高。其次，随着节目制作量的增加，非编制作系统面临使用强度高、存储容量扩展、可靠性等问题。

通常的云计算平台的模式分为四种：公有云、私有云、社区云、混合云。公有云是由亚马逊、阿里云、腾讯云等第三方云服务商提供的，一般可通过互联网使用，优势是成本低廉、规模化、运维可靠、弹性强。私有云是为某个特定用户/机构建立的，只能实现小范围的资源虚拟化，优势是自主可控、数据私密性好。社区云是介于公有云、私有云之间的一种形式，处于敏感行业内的客户本身规模不大，上公有云存在一定的安全风险，因此行业内多家客户联合搭建云平台。混合云是以上几种云的混合，可以综合上述几种云的优点，是较多企业过渡期的选择。为满足广电行业的特定需求，可以通过部署分布式私有云架构并逐渐演进到混合云架构，来实现业务系统的可靠运行。

电视台IT资源分散在不同楼层、不同机房，根据此特点，可在电视台内部建设物理设备分散、逻辑资源统一管理调度的分布式私有云平台，不需要调整基础设施的架构，就可以实现新业务的快速上线部署。在业务高峰时，可调度全台空闲的资源并服务于出现瓶颈的业务。通过云计算，可实现各个频道节目、各媒体工作流的存储资源共享和弹性拓展，使资源得以有效利用，同时还能打通内外网，有效解决传统架构带来的问题。

同时台外可从云服务商处租用云平台资源，实现台内私有云与台外公有云对接，为台内业务实现补充，实现私有云和公有云的分布式混合云平台。平台提供基于OpenStack的分布式开放架构，使得业务层可以根据业务情况来合理地分配不同资源。混合云架构既可以快速满足扩展需要，又可将基础设施交给专业云厂商进行维护，媒体人可以专心于核心业务。

三、大数据

在媒体融合的产业变革中，计算能力在未来将会成为一种生产力，而数据将会成为其最大的生产资料，成为像水、电、石油等一样的基础资源。利用大数据技术能够在海量的数据中挖掘出有价值的信息，辅助企业进行经营状况分析并提供决策参考。何为大数据？价值高、速度快、体量大、种类多是大数据的基本特征。大数据的处理包括采集、预处理、统计分析、数据挖掘四个环节。

大数据在媒体行业的应用减少了媒体获得数据、内容的时间成本和经济成本，使得同一平台上能够融合多种内容、不同介质的媒体形态互联互通，促进媒体融合的发展。

运用大数据思维，可以提升媒体运营的整体水平。采用大数据技术分析内容，可以挖掘到受众关注的焦点内容，并追踪内容在传输过程中的变化，使得传播内容更容易吸引受众的眼球。此外，受众可以评论并反馈，媒体能够与受众展开良性互动，通过受众的实时反馈，可以评估传播效果，进一步改善传播内容，使得传播内容针对性更强。

运用大数据思维，转变传统媒体传播的方式，实现精准传播。传统媒体通过“点对众”方式为受众提供相同的内容，而现在通过大数据技术，可以分析受众需求之后为受众推送“量身打造”的个性化、差异化、定制化的内容，提升受众黏性，同时也增强了内容传播的实效性。此外，在大数据的作用下，媒体基于多种形态的传播平台提取内容，内容生成之后，可以实现跨媒体、跨平台协同传播。

四、人工智能

随着人工智能技术的不断发展，人工智能在报道指挥、机器写稿、智能分发、语音识别、机器翻译、智能纠错、个性化推荐等媒体领域发挥着日益重要的作用，为媒体融合发展注入了新动能。

智能推荐引擎根据受众的个人习惯和兴趣，可以给不同用户个体画像，生成定制的媒体内容，同时可进行精准广告投放。即使是新闻写作，这项长期依赖于记者的工作，在人工智能的作用下，也可以由机器代替其完成。机器写稿已成为媒体生产的一大新趋势，让媒体从业者在繁重的工作环境中得到解脱，对新闻报道提供了很大帮助。另外，受众可以通过AR、VR技术，置身于三维立体的虚拟环境中，达到近乎真实的互动效果。

过去的新闻节目全靠人工处理，现在借助人工智能，能做到新闻类视频的自动化切片，海量视频的高速检索，音视频的智能识别，使得节目的内容制作、分发的效率和精准度大幅提升。目前市场上已有视频索引技术，能自动从视频当中去抽取并识别相应的人物，并对人物所说的话进行识别，自动生成字幕，还能翻译成各种语言。语音、视觉识别技术的突飞猛进，使得截取关键内容、精准推送等融媒体功能不再局限于文字，更是扩展到声音、图像等各维度信息。

五、结语

云计算、大数据、人工智能等新技术为媒体融合的发展提供了新的契机，带来很多积极的转变，但是同时也有许多困难和问题需要解决。作为一个媒体工作者，我们要善于抓住机遇，打破壁垒，迎难而上，寻求媒体融合新的发展空间。

陈纪瑞 / 文

座右铭：努力做好自己分内的事。

个人简介：陈纪瑞，平潭广播电视台新媒体技术编辑。

微信直播与电视融合的探索

随着智能化手机及4G网络的普及，人们对手机的依赖性不断增强，手机媒体在人们生活中的地位显得越来越重要。手机被称为继报纸、广播、电视以及互联网之后的“第五媒体”,它影响着人们生活的方方面面，已经日益成为“装在口袋里的媒体”。微信借助了移动互联网和智能手机的发展大势，在2018年3月5日公布的数据显示，微信月活用户突破10亿大关。

笔者自从2012年进入电视台工作，从播出部、技术部、新媒体部，到现在的融媒体，目睹并经历了新媒体的一步步兴起，也意识到了新媒体直播在今后整个媒体行业的重要地位。从图文直播、赛事直播、入学摇号直播到少儿春晚现场直播，每场直播长达200分钟以上，在依托传统媒体的基础上，新媒体在形式与内容上的不断创新是我们不断探索的方向。

一、初次借用微信直播“海洋杯”自行车赛

2015年6月7日，第二届“海洋杯”国际自行车公开赛在美丽平潭环岛路举行，借用比赛现场传回来的直播现场信号，接入视频编码器，借助乐视云平台进行分

发。短短4个小时的比赛，超过2万人观看直播，这个数据看起来确实够震撼的。

二、积极探索电视直播跟新媒体直播融合

面对微信直播的新形态，传统媒体理应积极融合，让新技术和新传播方式为我所用。微信直播已经在一些传统媒体中初步得到开发应用。比如各大电视台都争先推出APP，电视台的栏目均已经尝试启用微信视频直播。

平潭广播电视台开始运用这一手段，如2016年7月份的区公立学校入学摇号直播，首次使用“微信直播+电视直播”，效果相当不错。

在实践中我们深深体会到，我们要积极运用新技术，才能步步为营，拓展市场。在媒体融合时代，我们往往会为如何将电视观众转化为用户而苦恼。电视观众看不见摸不着，而用户却是触手可及。微信直播这种方式正好可以将观众直接转化为用户。

2017年1月21日，由平潭广播电视台主办的首届少儿春节联欢晚会在管委会报告厅精彩上演，少儿演员欢聚一堂恭贺新春。考虑到机会难得，平潭广播电视台首次采用“微信直播+电视录播”的方式进行传播，让不在电视机、电脑前的观众也可以通过微信直播来收看，人与人之间的裂变式传播拓展了新的途径，也带来了更高的人气。现场采用“微信直播”的方式，进行了少儿春晚直播，第一次微信直播的线上人数就达到2万之多，活动现场增加了摇一摇互动环节，瞬间参与摇一摇的用户高达800多人次，服务器出现短暂卡顿。一场少儿春晚下来吸粉2000多人。这个数字极大地鼓舞了我们，大家感觉传播效果有了实实在在的数据支撑。通过微信的转发、裂变时的传播分享，电视观众直接转变为用户，这更是我们所需要的结果。

微信直播将人群有效锁定在小众化的特定群体，不求大而全，比如上述在线用户就是非常关心子女成长的家长群体，这样的群体是传播中最有效的，也是精准传播的对象。相比单一的电视录播来说，“微信直播+电视录播”不仅拓展了传播途径，同时也加强了受众的黏合度，为打造媒体新平台打下基础。

三、增强互动提升现场观众参与感

微信直播的另一个好处是将互动功能真正变成了直播标配，场内场外互动变得十分容易，舆论场生态活跃，而且视频、图文兼具，手段丰富。在直播过程中

用户可以随时提出问题，可以针对用户提问随时安排回复，交流十分畅通。在2017年的暑期公办学校入学摇号直播活动中，直播平台后台数据统计，每次直播在线观看总人数达到近5万人次，用户量达2万余人，直播转发量也高达千条以上。数据呈直线上升趋势，摇号直播推送的相关微信阅读量条条上千，甚至更高，摇号直播也给新媒体两个微信公众号增加了近5000的粉丝量。

四、微信直播过程中的注意事项

将便捷、灵活、参与度高的微信直播与传统的电视直播甚至是广播有机地结合在一起，让传统媒体借助新媒体的优势焕发出新的活力，是大势所趋。但针对微信直播的特点，融合过程中需要注意哪些问题是值得我们探讨的。以下是笔者结合这些年直播经历与多年来在电视的工作经验，总结出来的一些心得。

内容为王。突出本地特色传统媒体中的“内容为王”，在互联网时代一样适用。有一个好的内容就成功了一半，对于地方媒体来说，不仅要充分考虑内容，还要突出本地特色。作为一个地市级媒体的官方微信“平潭广播电视台”，对2018“海洋杯”中国·平潭国际自行车赛进行赛事直播，为何吸引了10多万人次的关注？关键在于这个赛事本身具有的话题性。平潭岛，全国第二个国际旅游岛以秀美的景色驰名中外。本次自行车比赛经过前几年的铺垫，已经具备一定的关注度，人们对于赛事的举办有着强烈的地域荣誉感。鉴于大家的关注点除了在赛事本身，也在平潭岛这个美丽的海岛上，因而本次视频直播，除了介绍赛况，我们还运用多样化的形式，介绍了平潭岛美丽的环岛路、老城区及新开发的旅游景点等内容。对于观看者来说，它已经不是一场简单的体育赛事，而是一场让全国乃至全世界人民走进平潭岛、全方位了解平潭岛的一次绝佳机会。

用户第一，做好数据分析。电视观众看不见，摸不着，统计起来更是难上加难。相比于此，网络可以直接提供大数据分析，可以精确分析用户的在线人数及用户停留时长，为下一步的直播内容及方向提供参考。通过微信的转发，这种裂变式的传播方式也会吸引更多的用户。比如，针对本次的自行车赛事直播，后台数据显示，开幕式及比赛冲刺阶段时，在线用户人数达到两个高峰值。当比赛接近4个小时左右时，在线用户人数出现最低谷，此时，根据后台提供的数据，直播组临时调整直播方案，在直播中公布第二场比赛预告，直播页面分享到朋友圈及微信群等环节，再一次调动了大家的参与度。

注重互动，把握舆论导向。在微信直播节目中，受众可以在微信评论处跟帖展开讨论，大家集体参与到现场话题的讨论中，把话题热点扩大到双方、三方乃至多方，场内场外多方互动成为可能。实现多方互动、用户积极参与，标志着媒体融合向纵深化发展。需要注意的是，直播过程中参与的用户人数众多，对于评论的筛选是重中之重，如果出现不合适的声音要及时地删除，把握好正确的社会舆论导向。虽然是微信直播，但也是官方媒体发出的声音，要把握好哪些内容适合直播，哪些不适合，不能有丝毫的松懈。严控直播流程，可考虑适当延时直播。

精准营销，创造商业价值。现在的传统媒体，尤其是地方电视台的广告投放额逐年下滑，究其缘由，最大的问题就在于客户投放广告后看不到直接的效果，广告投放目标不精准，很少能到达目标客户人群。微信的传播方式注定只有感兴趣的人群才可能去主动关注，这样，微信直播就可以直接锁定特定目标客户，做到精准营销。互联网的价值在于平台，即平台聚集的粉丝量、黏合度及活跃度，人多的地方就有商业价值。在立足互联网的基础上，我们要做好延展，不单纯以做好节目为目的，而是将节目模式发展成项目，在宣传、互动、效益三方面形成连锁互动。

新媒体直播与传统电视媒体直播的融合，既要保持新媒体的参与性和便捷性，又要保持传统媒体的权威性与可信性，在自媒体风起云涌的时代扎住根、开新花。作为传统媒体的电视台应学习新媒体网络的观看习惯、语态，结合自身的专业性，专门针对手机平台、电脑平台进行策划和制作，甚至让主要制作力量直接为新媒体平台服务。

注： 微信直播就是将实时视频通过微信页面进行直播并支持视频点播。微信直播可实现将视频流转换为适合移动设备直播播放，可支持各种移动设备直播访问服务，用户可以很方便地通过微信页面收看到朋友圈分享的视频直播。

陈玲 / 文

座右铭：心境须恬适，尽其在我，随遇而安。

个人简介：陈玲，区传媒中心融媒体指挥中心副主任、新媒体部主任。

移动互联网时代纸媒转型策略

摘要：在当前的信息化时代的环境下，移动互联网的发展已经开始对整个媒介生态产生了巨大的影响，并带来了变化。其中，传统纸媒的发展也受到信息化互联网时代的冲击和影响。困境的压力让纸媒不断寻找出路，出版电子报、拓展新媒体、开发APP等。在新媒体时代，纸媒必须通过转型才能获得发展的空间，并赢得媒介市场。所以本文将对移动互联网时代纸媒转型的有效策略展开探讨。

关键词：移动互联网时代　纸媒转型　策略

当电子书籍与新媒体大行其道、高歌猛进的时候，传统纸质媒体正遭受前所未有的严冬。移动互联网时代，媒体发展的格局、生态环境以及人们接受信息的方式和途径都转向了移动个性化的趋势，传统纸媒要想在这种媒介环境中寻求更好的发展和取得更大的竞争优势，就必须认清当前的困境，寻找出路，来适应新媒体时代的发展趋势。

纸媒的发展现状和发展趋势

纸媒，尤其是报业市场，无论是在国内市场还是国外市场，都面临着发展瓶颈。国内许多传统纸媒已经在近几年加速“告别”，包括《新闻晚报》《竞报》《天天新报》《生活新报》《长株潭报》在内的多家报纸相继停刊或休刊。而在这些纸媒停刊之后，相关的工作人员大部分转向新媒体，负责新闻客户端和微信公众号方面的工作。

新媒体环境的来袭，让纸媒在过去几十年所具有的稳定而坚实的结构基础受到打击，纸媒在媒体市场所具有的优势和前景逐渐削弱甚至丧失。因为移动互联网时代改变了人们对信息接收的方式和模式，令纸媒传统的单向传播模式受到了挑战。

移动互联网时代纸媒转型的有效策略

（一）发挥纸媒的内容优势，积极开发利用移动互联网平台

移动互联网时代使得信息的传播更加泛滥和宽广，受众在接收信息的过程中，会更加注重其内容的优质有效性，因此会更倾向于严肃而真实的新闻媒体。作为纸媒，要积极发挥自身的内容优势，更加注重内容的深度和广度，深入挖掘新闻背景，以此形成纸媒自身的优势，在传播过程中让接收信息的读者能从中看到公正、公平且客观的权威性信息。

同时，借助信息技术优化自己的平台，更好地将纸媒所传递的信息通过平台形成有效传播，扩大覆盖面。当前很多报纸已经建立了自己的网站，并开通了微博或者微信公众号，有的还开发了新闻客户端。这些通过移动互联网平台来架设属于纸媒的新媒体中心，让传统纸媒的平台与时俱进，实现纸媒信息的互通以及技术上的转型升级。

以《平潭时报》为例。作为平潭综合实验区唯一的官方纸媒，《平潭时报》在新闻事件的传递中有着无可比拟的权威性。推出的“平潭时报”微信公众号，及时发布相关资讯，为信息传播打开了一个窗口。2018年4月19日，《平潭时报》刊登稿件《梦幻“蓝海”惊艳龙凤头》，报道了平潭龙凤头海岸线变成一片夜光蓝海的梦幻场景。当天，“平潭时报”微信公众号推送了这则新闻，引发了广泛关

注，并带动了平潭“蓝海”是否是“蓝眼泪”的讨论，提升了读者的关注度。在后续的报道中，微信公众号及时推送，与报纸形成了良好的互动。

（二）强化纸媒传播的内容质量，提供个性化的信息服务

当前的移动互联网时代，广大读者面对的是海量的信息，如何让读者能够选择纸媒来获取专业、权威且有价值的信息，这才是纸媒在信息质量上必须注重和改革的方面。

纸媒要从实际出发，了解和把握读者对信息的需求定位，提供具有价值、深度且精准的信息内容，并围绕特定读者群提供主题性、个性化的信息服务，甚至可与商家合作形成服务产业链。平潭是全国唯一一个对台的综合实验区，致力于打造两岸的共同家园，因此，面向台湾的交流探索必不可少。《平潭时报》针对对台元素，以及考虑在岚台胞的信息需求，开辟了“东岸视窗”和“两岸观察”版面，分别采用信息集纳和深度讨论的形式，为读者带来台湾方面的信息。这便是针对读者类型规划版面，在这样的基础上，通过话题讨论来提供具有针对性的信息服务。

（三）巧用大数据收集信息反馈，跟进新媒体时代步伐

过去传统的纸媒因为技术的局限性，无法对个体的兴趣、爱好以及关注的新闻类型有较为明确的把握，也就无法做到在信息内容上的个性化服务。在当前的

信息化时代，纸媒通过大数据技术来提高其核心竞争力是必然的趋势，在大数据的应用下，应集中网友、读者以及客户对纸媒的各种信息反馈，进而发现信息价值高的新闻选题和报道视角，实现信息精准投放和推送。

大数据方法视野下的新闻传播既是新闻形态创新，也是内容创新，“即通过碎片化的数据及文本的挖掘技术，实现了新形态的‘减少和消除不确定性’的新闻内容。”纸媒可以通过观察微信公众号中的数据分析，得出哪些新闻深受读者喜爱，哪些新闻并无反响，对新闻内容做出调整。相应地，在报纸的呈现上，便可在策划采访的过程中，对读者关注度不高的新闻在版面上进行缩减，花大篇幅对大家集中关注的事件进行报道，并结合版式设计，达到吸引眼球的效果。

（四）创新广告经营传播模式，与读者保持线上线下互动

纸媒单纯靠卖版面收取广告费的传统经营手段正在走向终结。移动互联网时代，除了必须为读者提供独家、独特的新闻产品，纸媒在广告经营上也必须追求精准。

移动互联网时代也是大数据时代，互联网带给了广大受众和广告客户更多的关注和吸引力，这主要得益于互联网能提供更加精准和个性化的服务。因此，在当前的新媒体环境下，必须抓住广告经营传播的机遇，来改变传统的模式，为广大受众提供更加独到、个性化的新闻产品，并建立自身的读者数据库，对读者群体进行细分，推断读者的不同层次，以此来提升广告性价比。进一步扩大和丰富纸媒经营手段和路径，增强读者与纸媒的依赖度，通过线上线下的活动，让纸媒在读者群体中树立好形象，把握好长期的互动形式，确保受众群体的稳定，并不断开拓新市场，朝着多元化的方向发展。

结束语

综上所述，信息化的新媒体时代，纸媒要与时俱进，并认识到自己的优劣势，转变理念，创新发展，以积极的态度融入移动互联网，得以可持续发展。

参考资料

①喻国明，李彪，杨雅，李慧娟.新闻传播的大数据时代［M］.北京：中国人民大学出版社，2014.

②范洪涛.对移动互联下纸媒生存的一个判断[J].中国记者.2014（06）.

第五辑

媒介技术

林卡斌 / 文

座右铭：对本职工作一丝不苟，不忘初心。

个人简介：林卡斌，平潭广播电视台技术部主任。

非线性编辑制作网络的安全解决方案

摘要： 非线性编辑制作网络的安全运行是电视节目准时交播的重要一环，必须高度重视。本文结合工作实际，分析非线性编辑制作网络运行过程中出现的问题，提出系统性解决方案。

关键词： 非线性编辑　安全设计　规范管理　规章制度　安全措施　主备　病毒的防范

如今计算机技术已经广泛应用于我们生活和工作的各个领域。在电视制作方面，随着数字化技术的不断发展，非线性编辑初现于20世纪90年代中期，并迅速发展起来。

非线性编辑系统是利用数字存储媒体进行数字视音频编辑的电视节目后期制作系统。与传统编辑方式相比，非线性编辑系统具有存储空间海量、操作方便、高效等巨大优势，同时其高技术含量能赋予电视节目镜头连接方式和画面处理更加多样化、更加新颖的美感，让观众更加赏心悦目。

近年来，电视工作者不断追求电视节目高清化，且日益重视时效性。这一趋势让以存储空间海量、操作方便、高效为特点的非线性编辑系统得到广泛使用，逐渐成为各电视台不可或缺的节目制作工具。这一趋势还进一步促使技术人员将分散独立的许多非线性编辑工作站、媒资平台、办公网等用FC网络和以太网组合成综合非线性编辑制作网络。后期编辑人员从此可以弹指间调阅海量历史视音频资料，撷取其中任一片段，用于实时编辑，并且实现了节目编辑和审片在网内无缝对接。同样是这一趋势，还促使技术人员高度重视非线性编辑制作网络的安全运行，竭力避免因编辑过程出现故障，耽误节目制作时间，甚至影响突发事件报道节目的准时播出。

某电视台2003年开始使用非线性编辑工作站，2008年建设10个站点的小型非线性编辑制作网（小网），2009年为实现电视节目制作系统的数字化、网络化，对原有的小网扩建，增加了30个站点（首期建设为25个），并与其他系统互通互联，成为集信号收录、远程节目回传、节目后期制作、OA网审片以及媒资管理于一体的数字化综合非编制作网系统。

多年的工作实践使我们深切体会到，非线性编辑制作网络的安全运行是电视

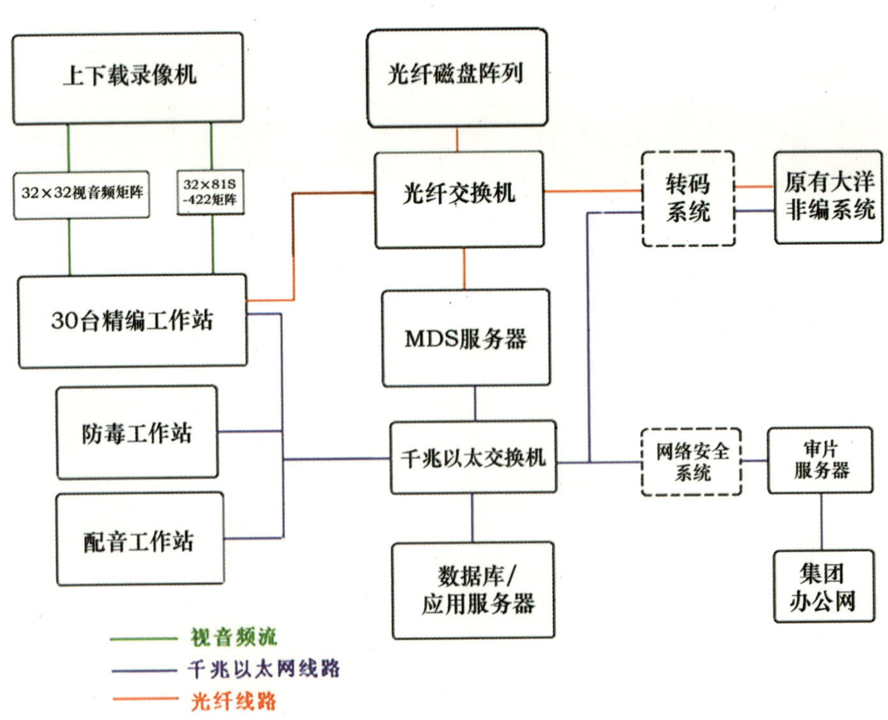

图1 非线性编辑网络系统结构示意图

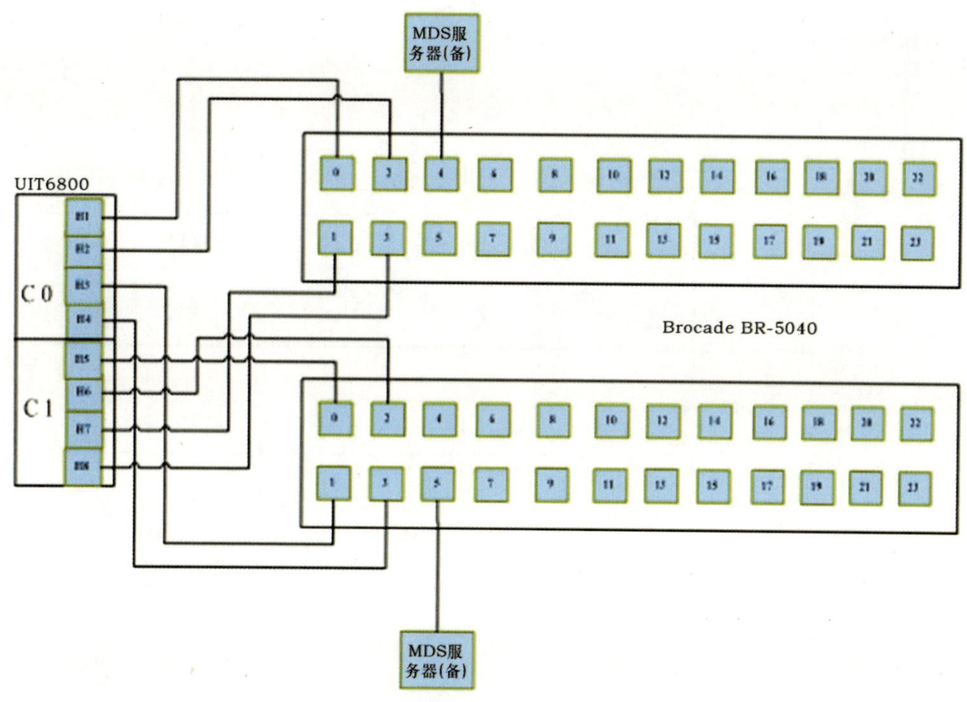

图2 FC网主干网拓扑图

节目准时交播的重要一环，必须高度重视。于是，自2009年以来，在建设数字化综合非编制作网系统过程中，我们与厂家一起认真分析以往非线性编辑制作网运行时出现的故障，吸取教训，采用如下解决方案，保证数字化综合非编制作网系统的安全性、高可用性。

1.网络架构的安全设计

保证非编制作网的网络架构安全、稳定至关重要，这就要求消除网络中的单点。我们采用千兆光纤（FC）–千兆以太网（san）的双网网络架构，由存储模块、服务器模块、制作模块几个部分构成。采用FC在线中心存储设计。全网采用双光纤交换机、双以太交换机、双MDC服务器、双数据库服务器的全冗余设计（图1）。

MDC服务器采用主备方式，通过千兆光纤交换机与FC在线中心存储连接（图2），服务器运行Sanergy管理软件，采用MSCS（Microsoft Cluster Server）实现MDC服务器高可用、热备切换。

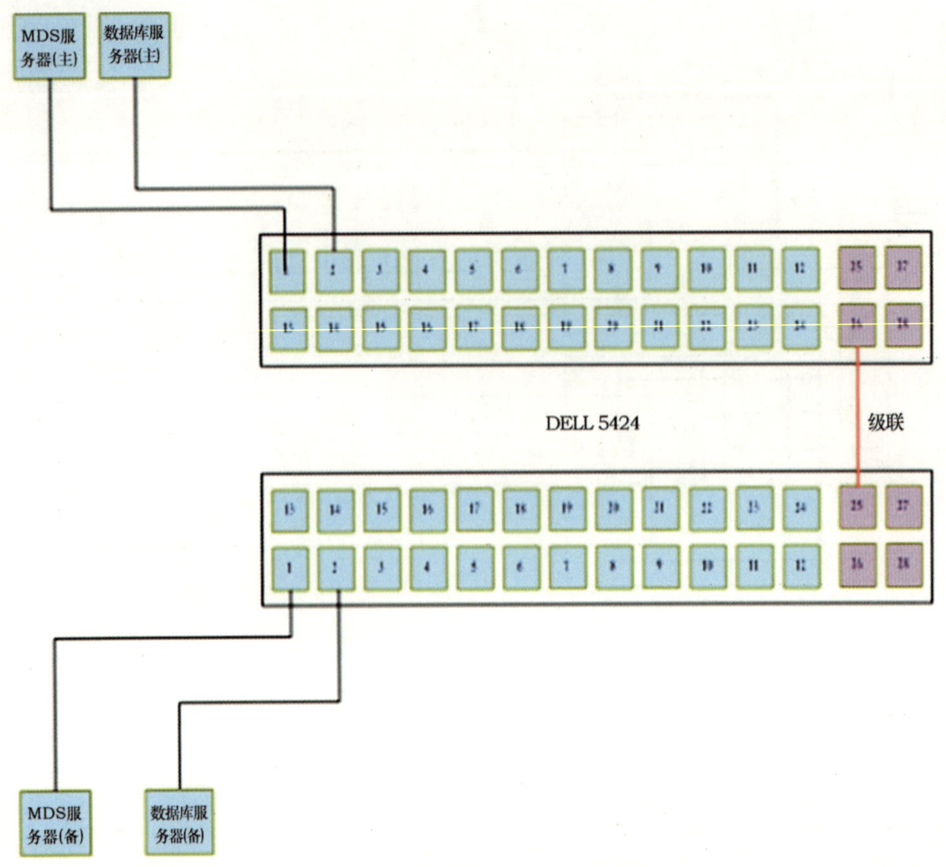

图3 以太网主干网拓扑图

数据库服务器也是采用主备方式，主备数据库服务器和终端站点分别接入千兆以太交换机，两台千兆以太交换机级联（图3）。主备数据库服务器安装EMC Autostart双机热备软件，实现主备自动切换功能。

FC在线中心存储体采用UIT6800，支持热插拔，采用双控制器工作模式，两个控制器分别与两个FC交换机交叉互连，盘阵分为5个盘箱。每个盘箱15块硬盘做一个RAID5组，一共做5个RAID5组，对盘阵做全局热备，鉴于每个盘阵同时坏一块硬盘的概率比较小，这样的备份机制可以保证在线中心存储的安全性。

2.数据的安全设计

在保证非编制作网的网络架构安全、稳定之后，我们还建立如下机制来确保在整个网络中各种数据的安全。

（1）数据库的备份设计

主备数据库服务器都配有双网卡（Public和Mirror），Public用于业务系统的正常网络通信，Mirror用于数据库镜像数据的同步以及侦测心跳。主服务器安装EMC AutoStart，物理主机宕机后，AutoStart资源组会自动切换，然后备份服务器自动接管SQL服务。

采用数据库维护计划，在每天晚上系统工作量最低的时段里，对数据库的定期增量做备份，还要完整备份出一份数据库文件，在数据库出现严重错误的时候，可以马上恢复最近一次备份的状态。这几种措施能保证在硬件或软件出现故障的时候，用最短的时间恢复数据库的正常运行，把损失减小到最低限度。

（2）管理磁盘空间

FC在线中心存储其中两个，如果空间一直被占用，硬盘就会满负荷工作，硬盘故障的概率就会增加，即使预留有热备盘，也应该降低硬盘的损坏率，虽然可以对盘阵进行升级扩容，但是每进行一次升级扩容，都需要耗费很多的时间和精力，所以要合理地管理利用现有的磁盘空间。

以栏目为单位，按照各栏目节目量，用非编网络管理软件分配各栏目所需空间，当栏目空间超过配额，该栏目下所有用户不能在上传素材，需要适当释放早先的旧的、不用的素材来重新获得空间配额；设定一个时间段，限制素材保留的时间，以一个月为单位，督促各栏目负责人删除这个月份之前的素材；外部素材是统一通过专用防毒工作站上传的，工作站由于素材的增加，空间也会增加，由于分派的空间相对较小，外部素材时效性比较强，所以释放空间的时间段被设定为一周。这样能保证磁盘的使用空间最大化，提高磁盘的使用率，最大程度降低硬盘的损坏率。

（3）系统日志的管理

MDC服务器、数据库服务器以及精编工作站在日常的运行中会产生运行日志和故障日志，这些日志需要保存下来，作为分析总结经验的重要参考依据，不断地积累经验，以便日后发现问题发生故障的时候，能及时找到问题的症结所在，及时快速地排除各类故障，保障非编制作网高效、稳定地运行。

（4）临时文件的清理

非编制作网的各类管理、应用程序在运行过程中，会产生各种临时文件，这些文件日积月累，占用的空间会越来越庞大，降低系统运行效率，非编软件运行速度也会大大降低，所以管理员就要监控临时文件占用空间的状态，及时删除释放空间。

3.病毒的防范

计算机技术的高速发展，造就了一个网络信息化社会，给人们的生活带来了不少便利，同时也带来了病毒，病毒会破坏文件或数据，造成用户数据丢失或毁损；会抢占系统网络资源，造成网络阻塞或系统瘫痪；会破坏操作系统等软件或计算机主板等硬件。发达的计算机网络更是令病毒传播的速度加快。由于windows系统应用广泛，在windows系统下的病毒更是猖獗，非编制作网整个系统都是基于windows系统建立起来的，若是中毒，在内部网络有可能传播得很快，造成非编制作网的瘫痪，所以必须保证整个网络在无病毒的情况下运行。为此我们采取了以下三个防范措施。

（1）整个网络与外网隔离，独立运行，所有计算机都要通过BIOS屏蔽掉U盘接口、光驱、软驱等I/O设备，并把这些I/O设备的供电暂时移除，只有管理员做必要维护的时候才恢复。

（2）外部素材统一通过专用防毒工作站上传，通过内网传输到各站点。不允许使用移动硬盘这样的大容量存储器上传素材。防毒工作站安装杀毒软件和防火墙，定期接入外网更新，对接入的外设存储器和素材本身进行病毒查杀。服务器上安装正版、可在线升级的杀毒软件和防火墙软件，严防病毒、木马进入系统。

（3）给精编工作站和各个服务器备份好镜像文件，一旦发现工作站或者服务器被病毒破坏，要立刻与内网断开，用备份的镜像文件快速恢复系统功能，尽快投入使用。

4.网络的规范管理和维护

除了非编制作网本身的硬件和软件的故障问题，系统运维过程中还会遇到一些人为因素造成故障，诸如设备使用不当及误操作等，这就需要对网络进行合理的规范管理和维护。实行严格的管理对网络安全是非常必要的。

管理员要做到：定期对盘阵做日志记录、反馈日志异常信息，定期检查MDC服务器状态，定期检查空间（检查磁盘空间大小、检查磁盘读写带宽），定期检查数据库服务器状态。

设立域，形成内网。必须杜绝与外网连接，各个工作站通过域登录，对登录用户预设为管理员组和编辑用户组。针对编辑用户组，严格控制用户权限，桌面不显示任何与非编软件无关的图标，除管理员外不能随意安装删除软件。

赋予各个栏目唯一的非编账号，栏目下各个编辑用户共同使用这一账号，非编用户每员配备一张IC卡，严禁借卡上机。非编机房电源由设备管理系统控制，非编用户使用IC卡开通工作站电源，设备管理系统会记录非编用户的本人信息、登陆时间和退出时间，便于管理。用非编网络管理软件，给各个栏目的非编账号设置权限，每个账号只能够查看使用本栏目的资源，需要别的栏目的资源的时候，需要对方栏目授权才可以使用。

5.制定完善的管理规章制度

除了采用技术措施来保证非编制作网安全、稳定地运行，还需要制定出一套行之有效的管理规章制度，并作为一项核心内容，在非编制作网安全的生命周期里贯穿始终。我们针对平时工作中积累的经验以及非编制作网运行的实际情况，制定出一套完善的管理规章制度，如《电视节目后期编辑机房管理制度》《电视节目制作设备IC卡管理制度》，使得严格管理有制度可循。制度管理和技术管理的有机结合，有力地保障了非编制作网安全、稳定、高效地运行，确保长期有效的治理，确保广播电视安全播出。

6.机房建设、日常管理和维护

除了以上在软硬件上采取的安全措施和管理措施，服务器机房和精编工作站机房的环境和人员的因素，也直接影响到非编制作网设备的运行状态。这就要求我们这个省辖市广播电视机房建设必须执行消防防火等级二级标准，而且在设备安装完成后，管理员必须维护好机房的环境，做好人员的管控。

设备运行环境始终保持恒温恒湿，而且温度、湿度都要适度。环境温度高会使部件工作温度过高，缩短使用寿命，容易损坏。温度低，部件会出现水汽，造成短路。环境湿度高，部件极易氧化和发霉。温度过低，容易产生静电，危害设备。环境灰尘多，附着在内部元件上，会导致接触不良、局部短路等问题。

为了提供一个良好的机房环境，我们采取了以下措施：由于服务器需要24小时不间断工作，机房安装两台空调，轮流开机，如果一台故障，还有第二台可以使用；将温度控制在22度左右，湿度保持在50%左右，配备24小时不间断电源（UPS），保证供电不间断，定期检查服务器、盘阵和UPS的状态；精编工作站机房方面也配备两台空调，将温度控制在22度左右，湿度保持在50%左右，每天晚上工作完毕，关闭电源总闸；每周打扫机房，清除设备上的灰尘；对进入机房的人员进行管控，不允许将任何食物带入机房，严格按照操作步骤使用设备，IC卡专人专用，不得转借。

7.应急安全措施

以上所述的安全措施和管理机制，基本能确保非编制作网安全、稳定地运行，但是在运行的过程中出现一些无法预料的紧急的状况是难免的，因为无论什么网络都不能做到绝对安全无事故。为应对可能出现的突发事件，我们制定了如下应急处理方案：

数据库主服务器安装Autostart双机热备软件做冗余双机备份；MDC服务器运行Sanergy管理软件，采用MSCS实现MDC高可用、热备切换，可以在主服务器出现问题的时候，备服务器无缝全面接管。

预留N块FC4Gb硬盘，作为热备盘，在盘阵中有硬盘坏掉的时候，马上更换坏掉的硬盘。一旦精编工作站在脱离非编网络的情况下要能方便地转为单机使用。

8.总结

非线性编辑制作网络的安全，既需要在技术层面上做好保障，也需要一套严格的规章制度，更需要管理者负责任的使命感和严谨的工作态度。我们必须在日常的工作中不断积累经验，不断拓展学习新的技术知识，而且将安全放在首要的位置，才能保证非编制作网是安全的、稳定的、高效的。

蔡峰 / 文

座右铭：思想有多远，就能够走多远。阻挡你前进的不是高山大海，而往往是自己鞋底一粒小小的沙粒！

个人简介：蔡峰，平潭广播电视台技术部副主任。

浅谈PBS转播车设计思路

摘要：随着平潭广播电视台高清改造持续推进，在新的技术支撑体系下，各项大型活动的节目录制需求不断加大，对转播车的需求越来越凸显，如何在有限资金的基础上结合高清改造现有设备进行转播车选型是现阶段研究的课题。

关键词：转播车　双车级联　深度对接　讯道　后期扩容

随着电视技术数字化进程的不断推进以及各项活动的兴起，平潭广播电视台（简称PBS）急需具备移动转直播能力的设备及团队，转播车的设计思考势在必行。建造转播车需要思考：一、车的设计目标；二、设计思路。也就是要决定建造多少讯道的转播车。

一、设计目标

电视转播车的优劣体现了一个台的实力，是一个台的整体形象，建造转播车所要花的时间和精力，比购买转播录制系统、摄像机等要多得多，因此，在设计转播车的时候，都希望起码能满足今后5—10年的需要。PBS经常参与举办大型运动会和大型晚会，希望所建造转播车的摄像机讯道在10个以上。然而，一次性建设10多个讯道的转播车是有一定难度的。首先是一次投入资金量大。现在的转播车至少需要高清甚至4K的转播车，而普通的高清10讯道转播车基本都在千万元级别，一次的资金预算量大。其次是人员团队要求高。要容纳这么多设备，采用至少8米或10米以上的车体，很难做一个令人满意的布局设计；采用可满足需要的车体，不仅行动不便，影响常规节目的使用，而且可能根本就不允许上路，这是做出决定的难点。资金不多，但是举行大型运动会的机会还是不少，PBS就是面临这么一个现状。对我们来说，一下子做一个10讯道的车各方面跟不上，因为无论是技术团队还是导播团队以及拍摄团队，力量都是非常薄弱的，但是如果不建设的话，PBS永远不具备转播车的使用能力，因此是一个两难的选择。

二、设计思路

那么，有没有一个好的解决方案呢？其实解决的方案是有的，那就是分步分批走，即第一步先采购一台小型6讯道左右的转播车（小型车以下简称“X车”），遇到大型节目时采用租借车辆级联或并车使用的方案，级联并车使用可增加讯道同时锻炼团队。平时使用小型转播车，行动灵活，同时转播或制作中小型节目方便，可作为现有演播室的备份。

第二步即三年内设计一台中型10讯道转播车（中型车以下简称“Z车”），在各技术团队和导播团队实力跟上、预算充足的时候实行第二步规划。当然第二步规划时需与第一步实现对接无缝级联并车转播或直播。

具体如下。

X车：系统设计为6+2讯道形式（平时常驻6讯道）。具备立体声音频制作能力，标配通话、TALLY、监控等辅助系统，满足一般节目录制与直播的技术要求。设计有各类信号的级联接口，可作为副车与“Z车”进行深度级联。

Z车：系统设计为12+2讯道形式（平时常驻8+2讯道，预留4讯道扩展）。独立使用时，是一辆8+2的高清转播车，具备5.1环绕声音频制作能力，配置有完善通话、TALLY、监控等辅助系统，满足大型节目制作的复杂技术要求；级联使用时，作为“Z车”，可与“X车”进行深度级联（包括视频、音频、通话、TALLY、时钟、同步等信号），可将“X车”的6个讯道级联到“Z车”，实现一级切换。

当然设计的时候两步要统一考虑，避免出现后期对接扩容等问题，所以“X

车”的设计应该适当超前，同时考虑级联并车。系统配置功能齐全，满足今后各类大型电视节目的录制和直播要求，同时兼顾综艺晚会、大型访谈、特别节目的高清制作。系统在规模、功能上具备可扩展性，为高清播出提供技术支持。

三、配置特点

1.摄像机：统一采用SONY2580摄像机。鉴于高清改造和之前使用的演播厅机头均为SONY机头，且高清改造机头为2580，便于接口对接和设备冗余备份。

2.切换台：“Z车”数字切换台采用2级M/E、24路输出、输入不低于50路的高清切换台。“X车”数字切换台采用2级M/E，24路输出的、30路以上输入高清切换台。在级联使用时，“Z车”PGM信号可由级联接口送给“X车”，在“X车”上进行播出节目的备份录制。

矩阵：“Z车”采用80×102的大型矩阵作为系统信号调度中心，满足系统的使用要求，矩阵带有时钟再生，可根据需要方便地进行信号的输入、输出分配指派。矩阵具备双电源，主、备电源的功率可单独承担全部负载，支持热插拔，矩阵具有交叉点状态断电记忆功能。双矩阵控制器，可自动倒换、配置控制软件。

3.监视系统：导演区、音响区、技术区、慢放区采用广播级液晶监视器。画面分割器支持四分画面功能或任意一路输入全画面显示，延迟低于1帧，HD/SD SDI混合显示，支持动态UMD和TALLY；采用静音型机箱，配置备份电源；所有机箱及板卡支持网络及监控。

4.信号测试：视频测试系统可同时监测各讯道及全系统视频信号。

5.同步系统：同步系统由2台同步发生器和1台倒换器组成。级联使用时，同步信号由“Z车”输出至“X车”，“X车”同步系统选择为外同步方式。

6.TALLY系统：三色TALLY显示，各区TALLY指示使用画面分割器TALLY接口，直接采用UMD显示方式，实现动态源名跟随，源名及TALLY随矩阵调度而自动跟随改变。使用主面板和卫星面板分别进行两套信号制作时，可实现TALLY信号分别控制。使用矩阵进行应急切换时，TALLY系统可进行相应倒换。系统核心设备TALLY服务器采用双机热备份方案。系统中由“Z车”输出GPI/TALLY信号经级联接口，输入至“X车”的GPI/TALLY INPUT，形成两车的GPI/TALLYA级联。

7.通话系统：“Z车”采用TELEX端口通话矩阵为核心，各个工作分区均设置通话面板。“X车”采用TELEX主站，保证导演区、技术区、音响区、摄像机基本通话。两车的4线通话通过级联接口形成整系统的通话级联。

8.高清慢动作硬盘录像机：“Z车”配置了EVS4通道高标清兼容慢动作硬盘录像机2台，可以根据现场的实际情况改变通道配置，“X车”则预留了1台EVS的各种信号通道，有需要时可将EVS移至“X车”上使用。

9.应急通道：应急通道采用2×2双通道方式，全系统信号路径实现双通道实时备份，相互独立，带断电旁通功能。每个通道均设置加嵌器，可实际应急倒换无缝过渡。

10.广播和5G接收发射：除电视相关转直播设备外可考虑广播信号和5G接入和发射，这样“Z车”可独立运行于全媒体范围的具备转直播和全媒体采访功能的多功能车。

四、双车级联

双车级联设计可以增强转播车活动利用率，为今后大中型活动提供技术保障。

双车级联的系统设计灵活简洁直观，双车的物理连接技术可以通过预留在车尾接口板的级联接口，实现两车级联扩展。

1.车与车、车与台里信号通过光纤传输系统得到深度共享。

2.视频系统级联——“Z车”锁定“X车”，“X车”讯道摄像机信号通过高清视频线缆送入“Z车”，“Z车”切换台预留6路外部摄像机输入通道，通过矩阵调用信号给画面分割器，实现在“Z车”上监看“X车”的摄像机信号。

3.通话系统级联——“Z车”配备通话矩阵，“X车”通话主站通过四线的方式连接到主车通话矩阵，实现主车导演和从车调光人员之间的通话，以及导演和从车摄像人员的通话。

4.Tally系统级联——两部车都配备了TALLY源名跟随服务器，都各自预留了6路IN和OUT接口，即可实现B触发“X车”摄像机的RTALLY和画面分割器的TALLY触发功能。

5.同步系统：同步需要从“Z车”的OUT端口通过视频电缆连接到“X车”的IN端口上，要把从车的同步机设置到外同步锁相。

6.时钟系统：因为两部车都配备了GPS时钟，在都能收到GPS信号的情况下，可不用连接时钟信号。也可通过“Z车”信号接口箱连接到“X车”的信号接口箱上，然后把“X车”的GPS时钟的授时方式更改为外部时码输入即可，这样“X车”的时钟显示和录像机时码信号就受“Z车”时钟信号的授时了。

总之，我们可以采用两个中小型转播车系统来并接成一个大的制作系统，以实现制作大型节目的要求。通常这两个中小型转播车能够各自独立灵活地运行，满足制作节目的需求。这种方式特别适合于PBS，这样不但满足现阶段资金需求和锻炼团队，同时可以小步快跑不断提升。

李振耕 / 文

座右铭：上善若水。

个人简介：李振耕，平潭广播电视台技术部外录组组长。

多声道录音时麦克风的各因素与听觉认知的关联性研究

摘要： 自从5.1声道的播放标准被确立以来，5.1声道的录制标准成了研究人员以及录音师最为关心的问题。本文以5.1声道录制、播放的空间信息为重点，以音源定位、音源空间印象为切入点，通过现场录音、听音实验，获取不同录音方式所产生的听觉认知的实验数据。通过数据分析，明确麦克风的指向性以及位置关系将导致音源定位和空间印象出现的变化。

关键词： 音像定位　空间印象（spatial impression）　优先音效应（precedence effect）　5.1声道播放标准

自1992年国际电气通信联合无线通信部门建议了5.1声道的播放标准（ITU-R BS.775）之后，适用这个标准的DVD-Video、DVD-Audio相继登场，我国的广播电视行业也于2002年发布了GB/T17975.3-2002标准，使得多声道音频播放方式被大众所认知。与传统的双声道音频系统相比，多声道音频系统提供了更强的空间信息。虽说5.1声道的播放标准已确立，但是由于不同的麦克风指向性、不同的录制现场的音响特性、不同的音源等因素，影响着录制音源的结果，所以到现在为止都没有统一的录制标准。录制标准的确立将有可能还原真实的声场空间，其表现力将大大提高观众的听音体验质量。

1.多声道录音的现状

自然界的声音信息里除了音调、响度、音色等信息外，同时包含着重要的空间信息。声音通过媒介的传输，进入左右外耳道后，刺激左右耳蜗内的神经绒毛，大脑根据左右耳神经系统的信息，进行音频合成处理，最终成为我们所认知的声音。我们所认知的声音空间信息包含有方向、远近、形状等信息。本文中将音源的方向定义为音源定位，将音源远近定义为音源距离，将形状定义为音源的空间印象。

传统的双声道系统，听众的位置与左右音箱成正三角形的关系，听众和左右音箱之间的张角为60度，且距离相等。当左右音箱在同一时间播放同一单音时，由于距离以及响度的对等,此时观众会发现音源定位不会停留在左右音箱的位置，而在左右音箱的中间。这就是大脑音频合成处理的结果。当听众的位置向左平移时，音源定位将从中间位置向左音箱方向平移。这一现象是由于听众与左右音箱之间的位置关系发生了变化，使得左侧音箱发出的单音比右侧音箱的来得快且响度大，这就是所谓的优先音效应（precedence effect）。这就使得双声道系统的最佳听音位置被限定在一个点上。

5.1声道的播放标准要求如图1，与传统的双声道系统相比，增加了一个中置

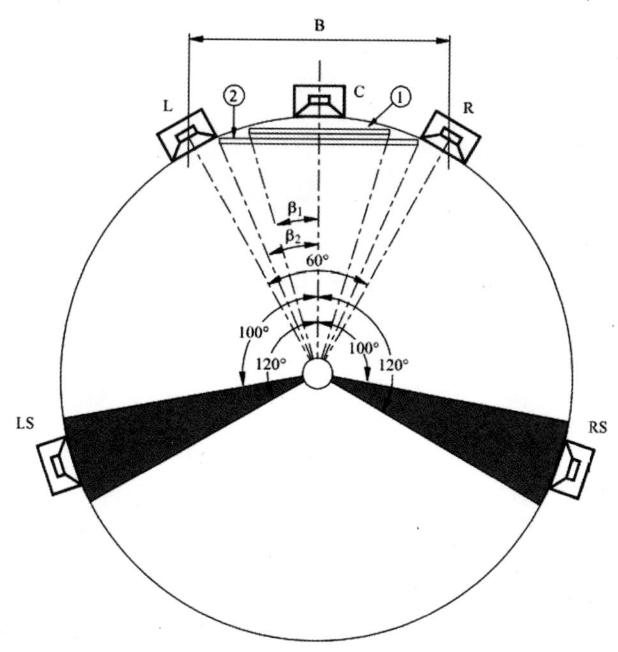

图1 扩音器L/C/R和LS/RS的参考扩音器配置

音箱（C）、两个后置音箱（LS、RS）。中置的配置改善了听众正面音源定位的安定性，同时向左右两边扩大了最佳听音范围。后置的双声道配置，使得音源距离的调控变成可能，同时实现360度全方位的音场，增强了听音环境的饱满度。

关于5.1声道的录制方法的基础研究。龟川彻的论文《关于多声道录音方式的考察》针对5.1声道的前置（L、R）中置（C）3声道的录音方法做出了评价。文章中提到运用音线法，通过计算结果制作5.1声道的前置、中置3声道的模拟音源。具体地说是在没有回响的录音室内，放置3支麦克风来录制音源，通过计算音源到达各个麦克风的延迟时间和衰减量，取得各声道独立的录制音频。将这3组独立的音频信号，在5.1声道对应的播放轨道上播放，让多位实验者做听音实验，针对音源定位做出评价。龟川彻的论文的结论是：两个前置麦克风间的距离为2米最为合适，距离超过2米音源定位向两个前置音箱间的中心点靠拢，距离小于2米音源定位向两个前置音箱靠拢。中置麦克风的位置为前置的中心点正前方0.2米最为合适，距离超过0.2米两端的音源定位向两个前置音箱间的中心点靠拢，距离小于0.2米中心点附近音源定位出现恍惚。关于中置麦克风的指向性，采用双指向性较为合适，当使用全指向性时中心位置音源定位变得不安定，当使用单一指向性时左右的认知定位向中心靠拢。

2.研究流程

本研究在平潭县委礼堂进行了现场录音。共录制了8种的组合方式，录制完成后在平潭广播电视台的配音间进行听音实验。让多位接受实验的人员对音源定位和空间印象做出数值评价。通过实验者做出的数值评价的分析，明确麦克风的指向性以及位置关系将导致音源定位和空间印象出现的变化。

本次实验所使用的音频格式和设备的调试标准为采样率为44.1KHz、量子化为16bit、文件格式为wma。实验使用的音频为粉红噪音（Ping noise）。

3.实验素材的制作

（1）播放设备

本次实验中使用的声卡为M-AUDIO制造的Revolution 7.1，功放使用DENON制造的AVC-1500多通道功放，音箱使用Boss制造的PR100全频音箱。播放软件使用sonar6。

（2）播放方式

在礼堂的舞台上设置共5个音箱，以录音系统的中置麦克风为圆点，60度角为

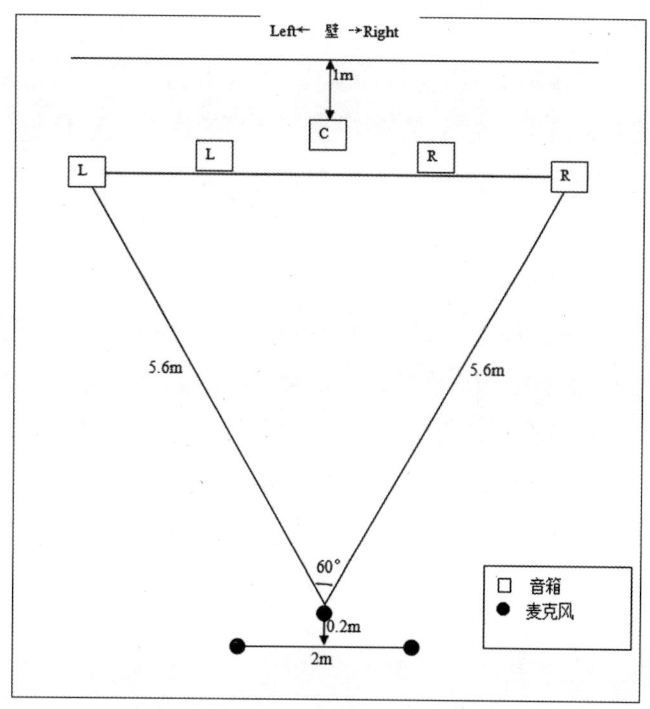

图2　播放系统与录音系统的位置关系平面示意图

范围，在间隔15度的圆弧线上设置音箱，使得各音箱到中置麦克风的距离相等。粉红噪音按顺序从左往右播放，间隔为3秒。通常室内的音源遇到光滑的墙壁、地面、吊顶后，发生镜面反射，从而产生回响。经计算在没有观众的录音现场的回响时间大致为2秒。所以为了防止回响的干扰，播放间隔设定为3秒。同时为了使播放系统各个音箱输出的音量均匀，使用音量测量仪对各个通道进行了现场测试及调整。测量仪的周波数特性（frequency weighting）采用了与人耳最接近的A特性，反应速度选择了与人耳最为接近的F特性，反应时间为125ms，测量仪设置的位置与录音系统的中置麦克风的位置相同。调整后的结果是左侧为70.3dB、左边为73.1dB、中心为71.6dB、右边为72.7dB、右侧为72.8dB。

（3）录音设备

本次实验使用的中置双指向性麦克风使用M-AUDIO制造的Solaris电容麦，前置麦克风使用Audio Technicaz制造的ATS400单一指向性的电容麦和ATS410全指向性电容麦。麦克风功放使用YAMAHA制造的MLA7，声卡使用M-AUDIO制造的Delta66，录音软件使用Sonar6。音频格式为wma，采样率为44.1KHz、量子化为16bit。

（4）录音方式

由于播放系统的音箱配置以中置麦克风为圆点，中置和前置麦克风的设置位置不同，即使同一音源，中置和前置麦克风之间的输入电平量也将产生差异。针对这个问题，对麦克风功放做出了调整，前置麦克风的输入电平量为－52dB，中置为－32dB。

为了将复杂的问题简单化，本实验根据龟川彻论文的结论：将前置间距离固定在2米；中置麦克风的位置固定在两个前置麦克风的中心点正前方0.2米处；中置指向性固定为双指向性。仅对麦克风的录音高度、录音距离以及前置两个麦克风的指向性3项做出评价。前置麦克风的指向性属性为全指向和单一指向两种。录音高度的属性为1.2米和2.3米两种。录音距离的属性为5.6米和2.8米两种。上述的3种录音条件组合起来共有8种，音源的方向有5个，共录取了40个听音实验用的音频。

4.听音实验

（1）音源编辑

本次听音实验利用了WMP（windows media player）的5.1声道的播放功能。为了使录制的音频在WMP播放，使用Windows media encoder对录制的音频进行了编码。将前置和中置麦克风所录制的音频分配在对应音轨，环绕的两声道和重低音

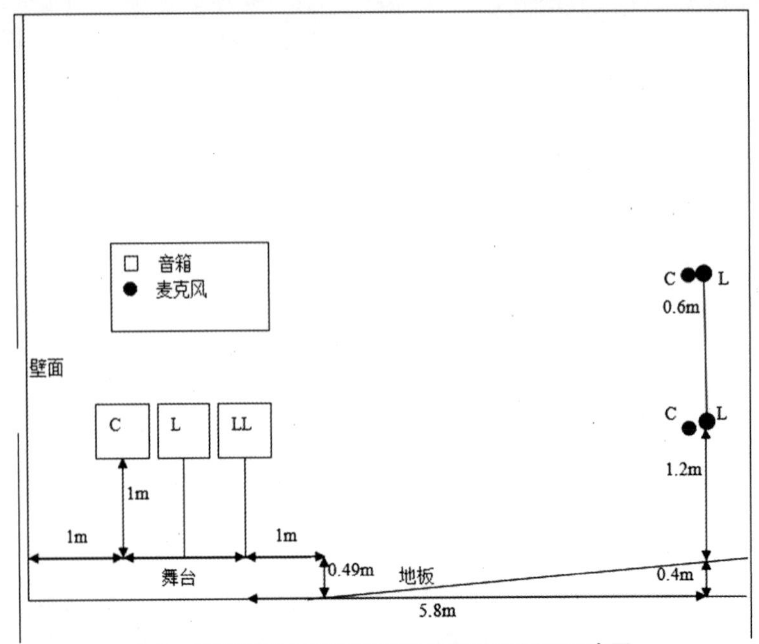

图3 播放系统与录音系统的位置关系侧面示意图

的0.1声道加入了没有振幅的音频文件。

（2）听音设备

听音实验在本单位的配音间进行，实验者为22—25岁的9名年轻人，其中女性3名。本次实验中使用的声卡为M－AUDIO制造的Revolution 7.1，功放使用DENON制造的AVC－1500多通道功放，音箱使用Boss制造的PR100全频音箱。

（3）听音方式

实验者与音箱间的位置关系如图4的设置，本来前置中置音箱与实验者的距离相等，由于配音间的环境限制，中置音箱与实验者的距离变短，通过利用功放的延迟功能，对中置声道做出调整。同时将3支音箱的高度调整到与耳朵相同的高度。

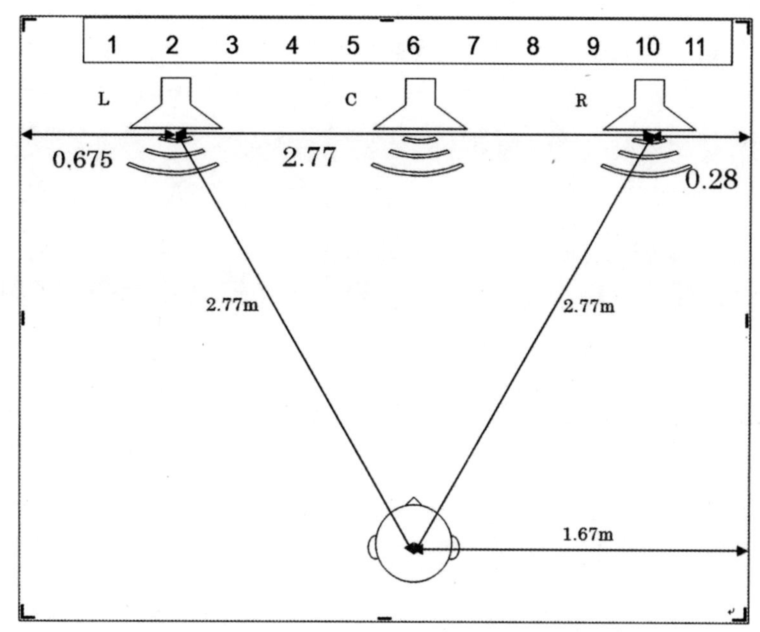

图4　配音间的听音位置平面示意图

（4）评价方式

为了增加实验数据的可用性，让实验者听完1个声音后，即对所听声音做出评价，评价完40个声音为1轮，每名实验者必须接受4轮的听音实验。为了打乱40个音频的播放顺序，使每一轮的听音实验的播放顺序不同，同时为了方便实验数据的收集，用WSH（Windows Script Host）语言编写了听音实验程序。本实验针对音像定位和空间印象做出评价，实验者在参加实验前被告知：按音箱上方的数字横幅（图4）对提示音的认知位置做出数值判断，最小刻度为0.5；当认知的音像范围的最左侧位置在1.5最右侧位置在3.5时，其空间印象的范围大小被认定为2，音像定位的位置被认定为2.5。

（5）实验结果

听音实验的数据的收集，按不同的5个方向，各个录音方式为一组。取其9名实验者认知的音像定位和空间印象的平均值，制作了8张图。为了表示认知的空间印象平均值，使用了股价图的误差棒来表示。误差棒的上端为认知的音像的左端，下端为认知音像的右端。误差棒越长说明认知的音像范围越大。图的名称按左右麦克风的指向性、录音距离、录音高度的顺序，用英文字母来表示。左右麦克风的指向性的字母以全指向性（omni－directional）的O和单一指向性（uni－directional）的U来表示，录音距离的字母以远距离（far）5.8m的F和近距离（near）2.8m的N来表示，录音高度以高（high）2.3m的H和低（low）1.2m的L来表示。为了方便图的理解，将1到11的认知数据值转换成角度。按Y＝（X－2）*7.5－30公式转换，Y为认知音像的角度，X为认知数值，听音室的横幅的1刻度为7.5度。图的横轴为认知音像的角度，竖轴为录音时的实际的音源角度。虚线为基准值。

图9、10、11、12为录音近距离2.8m时的图，可明确看出±15°方向的认知音像定位向±30°两端靠近。图5、6、7、8为录音远距离5.6m时的图，可明确看出0°和±15°方向的认知音像定位向较为稳定，±30°方向的认知音像定位向±15°靠近。

通常近距离录音，将导致录音角度的变宽，本次实验中的前置麦克风为单一指向性且近距离2.8m时，所要录制的音源将偏离麦克风的指向范围。还有本次播放音源的音箱也是有指向性的：播放低频时，声音在音箱的正面作球状放射，接近背面响度成线性下降的趋势；播放高频时，高频的声音只在正中面放射音频。所以接下来将不对近距离2.8m的实验结果做出分析。

录音距离为远距离5.6m时：首先对两种指向性的音像定位做出了比较。全指向性（图5、6）0°和±15°方向的认知音像定位与实际音源方向基本吻合，但是±30°方向的认知音像定位向±15°靠近；单一指向性（图7、8）0°和+15度的认知音像定位基本吻合，－15°的音像定位向－30°方向靠拢。关于空间印象，全指向性（图7、8）的认知音源范围比单一指向性（图7、8）的范围更为宽阔。在比较录音高度时，1.2m（图5、7）和2.3m（图6、8）的音像定位基本相同，关于空间印象，2.3m（图6、8）的认知音源范围比1.2m（图5、7）的范围更为宽阔。

为了正确分析实验结果，本实验导入了统计的分析手法，分别对各个条件下的认知音像与实际音像的方向差（以下用定位差来表述）进行了分散分析，然后进行t检定（表1）。对定位差平均值相对较小的OFL（图5）和UFL（图7）的数据

指向性	距离	高度	定位差的平均	定位角度差平均	差异范围平均	差异范围角度平均
O	F	H	1	7.5	3.5	26.25
O	F	L	0.81	6.075	3.1	23.25
U	F	H	0.93	6.075	2.5	18.75
U	F	L	0.78	5.85	2.2	16.5

表1 认知音像定位与实际位置之间的差异范围

进行了t检定，危险率为38%不存在有意义的差距， OFL和UFL的定位差是相同程度的，也就是说两者之间的定位差较小；同样本实验也对空间印象的音像范围进行了t检定，对范围平均值较大的OFL（图5）和OFH（图6）的数据进行检定的结果为危险率为2.9%存在有意义的差距，说明OFH比OFL的音源范围较为宽阔。还有音像范围平均值较小的UFL（图7）和UFH（图8）的检定结果为危险率1.8%存在有意义的差距，说明UFH比UFL的音源范围较为宽阔。

5.实验的讨论

本次实验中，OFL（图5）与UFL（图7）的t检定的结果大致相同，而且认知音像与实际音源角度差最小。OFL的0°和±15°的认知角度与实际音源角度大致相同，±30°的认知角度向±15°靠拢；UFL的−15°的认知角度向−30°靠拢。OFH（图6）的音像范围的t检定结果说明其范围最为宽广，UFL（图7）的范围最为窄小，可以推断全指向性麦克风所录制的音频中富含反射音，特别是初期反射音。还有本次实验明确了麦克风高度2.3m比1.2m的音源范围较为宽广。

从本次实验的数据可以看出听音实验的左右结果不对称，通常对于同样条件下录制的音源，实验的结果应大致相同才合理。本次听音实验所使用的配音间的不对称导致了这样的结果。

6.总结

5.1声道的前置和中置3声道录音时，当前提为：前置麦克风间距离为2m、中

(OFL
45
30
15
0
-15
-30
-45
-45
-30
-15
0
15
30
45
-23
-17
2
16
23

图5

(OFH
45
30
15
0
-15
-30
-45
-45
-30
-15
0
15
30
45
-18
-16
5
16
23

图6

(UFL
45
30
15
0
-15
-30
-45
-45
-30
-15
0
15
30
45
-25
-23
2
15
27

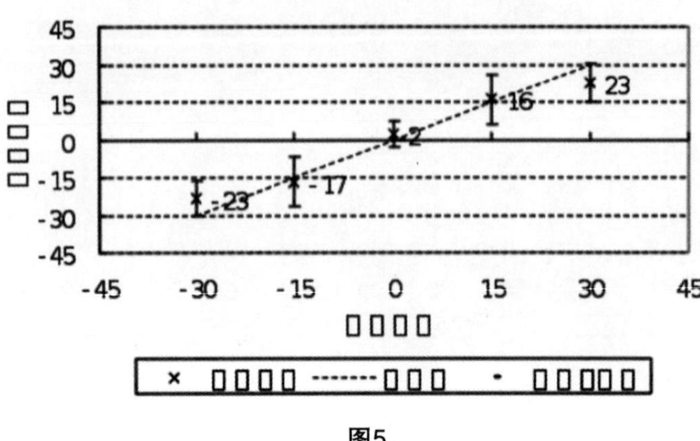

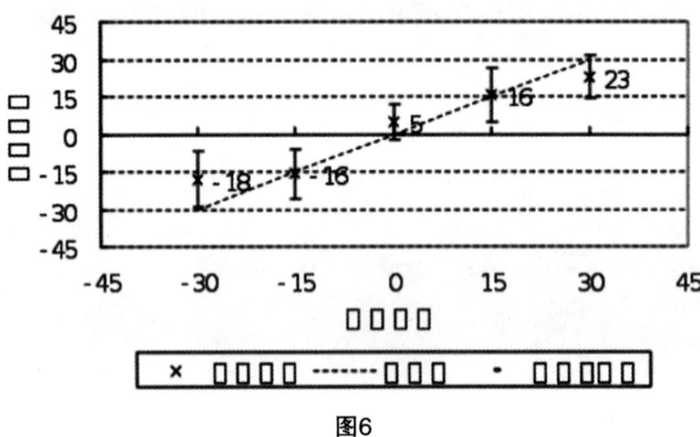

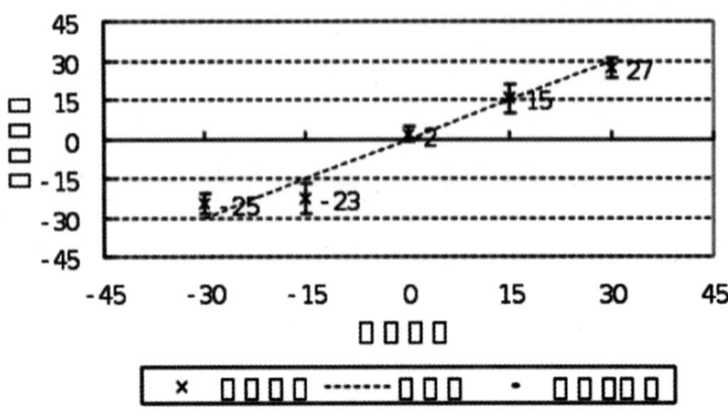

图7

(UFH

45
30
15
0
-15
-30
-45
-45
-30
-15
0
15
30
45
-23
-21
0
14
19

图8

(ONL
45
30
15
0
-15
-30
-45
-45
-30
-15
0
15
30
45
-26
-22
2
28
32

图9

(ONH
45
30
15
0
-15
-30
-45
-45
-30
-15
0
15
30
45
-24
-23
2
26
30

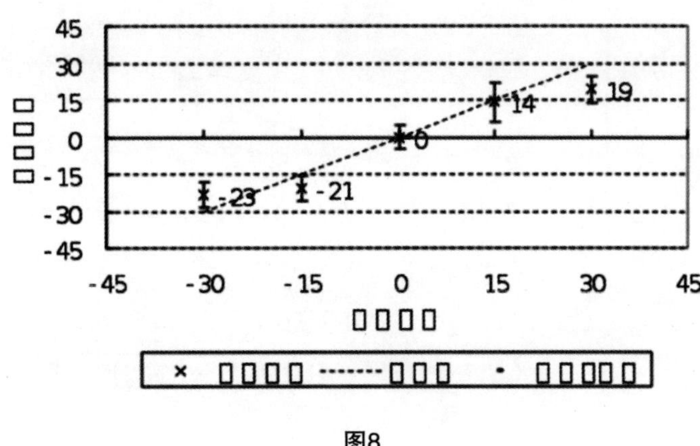

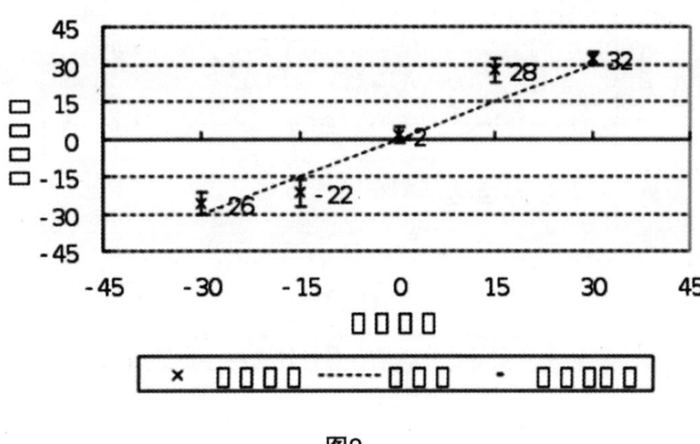

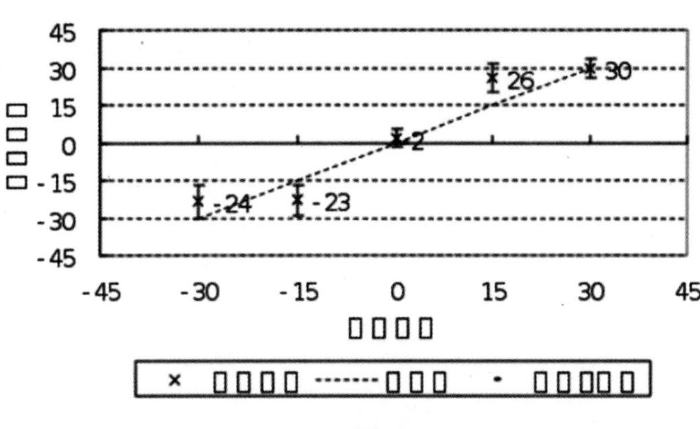

图10

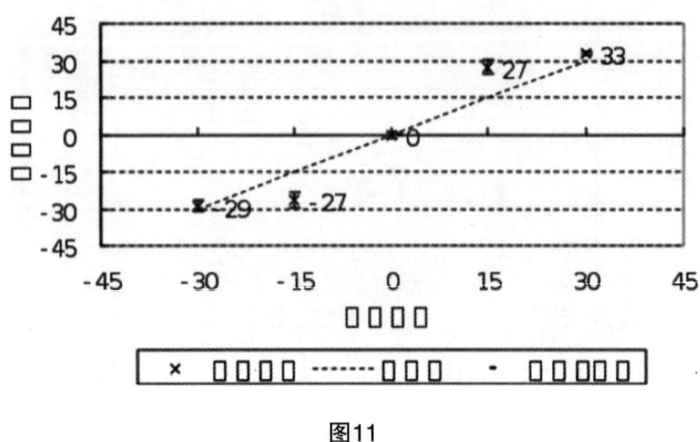

图11

(UNH

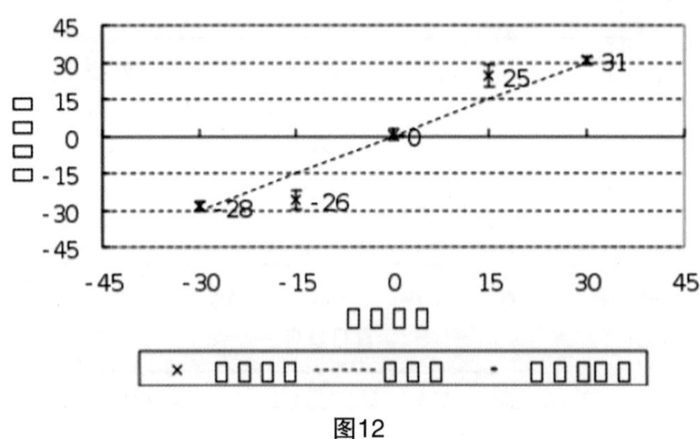

图12

置在前置中心点正前方0.2m、中置使用双指向性麦克风时，可以明确以下几点：前置麦克风配置全指向性比单一指向性的音像范围较为宽广；麦克风的高度2.3m比1.2m的音像范围较为宽广。

参考资料

①《中华人民共和国广播电影电视行业技术要求/运动图像及其伴音信号的通用编码系统、视频和音频部分的实施指南（暂行）》，2002年。

②龟川彻：《关于多声道录音方式的考察》，日本音乐认知科学学会平成16年度春季研究发表会资料，2004年。

吴何/文

座右铭：勇于创新，勇往直前。

个人简介：吴何，平潭广播电视台技术部技术员。

浅析新闻演播室与虚拟演播室灯光设计

摘要：随着电视事业的发展和电视形态的演变，人们对画面质量的要求也越来越高，而灯光设计是电视节目制作中的重要组成部分，灯光设计好与不好将直接影响电视画面质量好与坏。灯光设计人员就是利用各种专业灯具，根据不同图像的艺术风格的需要，创作出各种光影效果。灯光的应用是影响电视节目色彩还原准确度的关键因素。要了解灯具的性能、光线的基本特性，选择合适灯具，按照摄像机对照度和电视照明的特点，通过控制灯光调节把握好光比。利用技术和艺术相结合的关系变化，提升画面整体效果。

关键词：技术性与艺术性　电视常用灯具　色温平衡　布光设计与技巧

新闻演播室灯光与虚拟演播室灯光是电视领域的一个艺术分支，是用光绘画、用光造型、用光表达空间和时间的一门艺术。演播室灯光具有技术性和艺术性双重性质。近年来，随着高新技术日益发展，演播室灯光技术也日益趋向数字化、智能化、电脑化、网络化。电视制作在对演播室灯光的技术和硬件要求越来越高的同时，对演播室灯光艺术特质提升也提出进一步的要求。

1.灯光技术性与艺术性

灯光具有双重性：艺术性与技术性。技术是根基、艺术是我们追求的目的，电视灯光的技术与艺术是两者相辅相成互相促进的有机整体。从技术上讲，电视灯光为电视拍摄提供基本照明。从艺术上讲，电视灯光可以烘托情节，突出和升华艺术主旨。灯光技术的发展为灯光艺术的表现和发挥提供有力支持，灯光艺术的表现客观上促进灯光技术的进步。作为灯光设计人员，目的就是利用光线来满足摄像机对照度的要求，把画面的平面结构变为视觉上的立体结构。利用光线还可以重点塑造主要人物和场景，展现构图和环境气氛以及时空差异。

2.电视常用灯具

电视常用灯具通常可以分为三大类：聚光类、泛光类、效果类。下面重点介绍聚光类和泛光类的其中两种：聚光灯和三基色冷光源灯。

（1）聚光灯

聚光灯是当前在新闻演播室电视节目录制中使用最为广泛、使用时间最长的一种灯具，具有显色性好、发光强度大、照度均匀、光影质量和亮度好、光度柔软、光线比较硬和光束方向感强等诸多优点。聚光灯能在物体表面形成明显的光点和阴影，非常适合人物造型的设计。聚光灯可以做主光、辅助光、逆光，是当前电视新闻演播室的重要造型灯具之一。

（2）三基色冷光源灯

三基色冷光源灯是一种泛光型灯具，是电视新闻演播室应用比较多的一种灯具。特点：光线较柔和、温度较低、节能、使用寿命长、发光面积大、显色质量高并具有很高的安全性和稳定性，常用作面光和背景照明。

3.色温

当光源与黑体的辐射具有相同的色度值时，黑体所具有的温度为该光源的色温，用绝对温度K表示所谓色温平衡，包括两个方面的含义：其一，要保证光源色温与摄像机要求的色温相一致；其二，在一个场景中，要保证各个光源的色温相一致。不同的色温在不同场景会产生不同的效果，如图所示。

演播室录制电视节目、拍摄外景时必须做到平衡。

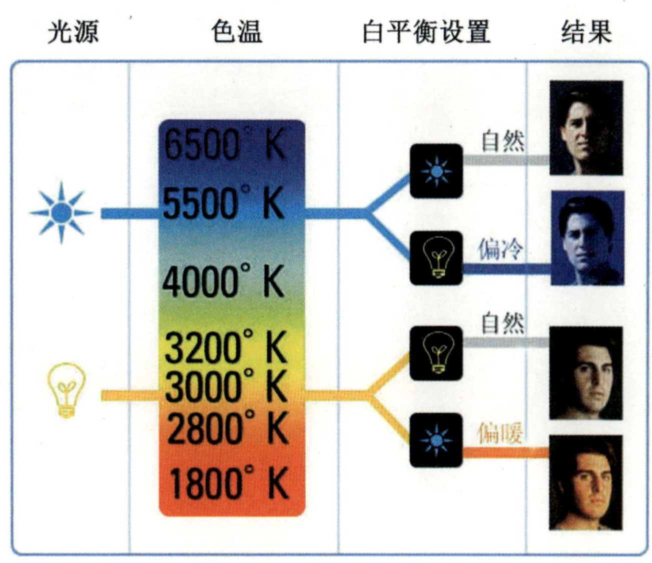

色温对照

4.新闻演播室布光方法与技巧

在新闻播音中，播音员的形象造型离不开灯光。灯光创作就是以不同灯光灯具布置出不同的光线进行人物造型。演播室照明作为特殊的塑造光效有着它自身的特点，即在布光前要了解所摄录设备的性能特点，并对播音员的面部特征进行分析研究，同时还要考虑其他造型手段（如发式、服装面料和颜色等）以及播音员的脸部特征对造型的影响，以便采用恰当的布光技巧，使得画面更加形象、生动，确保电视画面达到理想的效果。

（1）新闻演播室灯光布光技巧

新闻演播室灯光布光技巧一般有两种。第一种是：最经常用到三点布光方法，也就是主光、辅助光、轮廓光。主光与辅助光一般比例为1:1.5，轮廓光强于面光，一般比例为2:1 。第二种是：环行布光方法。以前三点布光方法比较受欢迎，但随着时代在发展，人们对视频画面质感的要求越来越高，因此环行布光方法是目前常用的演播室灯光布光方法。像平潭广播电视台《平潭新闻》栏目，就是用环行布光法，围绕主持人进行布光，这样不但能将人物明显地体现出来，还能有效地增加整个演播室场景的空间层次。不同播音员脸部胖瘦不一，可以通过灯位角度来处理。对于脸部较胖的人，可以把灯位由原来的40度变成60度，再向正侧面30度左右的位置上移，在人物耳部、脸上稍微有点虚的光，就可以使播音员的脸显得消瘦些。对于消瘦型的播音员，可在人物正面的两侧加些光，一般用功率较小的200W左右的灯具就可以了。由于在面部以下会产生不必要的余光，可以用黑卡纸遮掉，但辅助光会受到一定的影响，可以把辅助光移正一些，这样播音员就会显得胖些。

人物光布完之后，要注意播音员眼神光的处理。如果没有眼神光，就会显得眼部暗淡无神，有眼神光的眼睛则显得更加明亮，炯炯有神。因此，布眼神光起着重要作用。在进行眼神布光时一定要注意，光线强，眼睛光点应该与视线一致，毕竟眼睛有神无神在于眼球有无光点。处理完人物光与眼神光之后接下来对背景进行布光。

（2）背景光

演播室在布背景光时要避免背景光灯照射到主持人身上的余光。背景光的布置重点在于布光均匀、无阴影。背景光的亮度根据背景而定，有的背景本身就带发光体，有些景物的结构较复杂，并有凹凸面，在布光时既要体现景的特色，还要考虑由于灯光的照射产生的阴影而影响舞美效果。布光时可进行分类照明，即先布面、后布点，区别布光，利用光比、淡色调突出景物的层次。背景光的亮度要低于人物光，与人物光的比例宜在1:1.5到1:2之间。布背景光时，要避开或修掉因布背景光而照射到播音员处的余光，不然会影响下一步的人物造型。通常在景物的两侧、正面或反面上下天地排式布光，灯的移动范围可根据景物而定，光比也因景而定。总之，布背景光时要尽可能减少阴影，把多余的光控制在播音员背后，在色彩运用上不要过深、过杂，宜用浅色调或中性色，色彩过重会影响播音员的服饰和形象，造成喧宾夺主。

5.虚拟部分布光技巧与方法

虚拟演播室灯光不同于传统的新闻类演播室灯光，虚拟演播室的背景是用绿布抠像的，同时主持人的可移动范围更大，不同的栏目摄像机位置发生改变，灯光也要相应改变，所以对场地和演播室灯光提出了更高的要求。在极其有限的空间和设备的情况下，如何做到把最好的电视画面展现给观众，也给我们灯光设计者带来了考验。

（1）灯具的要求

虚拟演播室灯光系统是建立在新型的三基色柔光灯的基础上，这种灯具色温恒定、均匀，阴影小，发热低。用三基色柔光灯既可以做面光也可以做背景光。而为了更加凸显主持人鲜明的轮廓，增加空间立体感，可以用聚光灯作为主持人的逆光，但不能太强。

（2）人物布光

目前，平潭广播电视台在虚拟演播室方面，人物布光运用区域布光与立体布光两种方法。

区域布光：在虚拟演播室，为了增强节目的真实性、活泼性，主持人都会有一定的活动区域，因此，对前景（主持人）布光不能像新闻类布光那样作定位的三点布光，而必须进行区域布光。

立体布光：传统的新闻类演播室一般运用三点式布光就能满足电视灯光的要求，而虚拟演播室技术采用的是抠像技术进行抠绿处理，因此，要消除抠绿对前景（主持人）的影响就必须要有立体布光的理念。要避免产生投影，因为绿布反射作用于阴影，通过计算机处理后此阴影将会被色键器的电路消除。

（3）逆光方面

传统的布光原则是逆光强于主光，从而凸显主持人鲜明的轮廓，增强空间立体感。虚拟演播室必须注意逆光的合理使用。太强的逆光，使绿布地面显得亮白而破坏绿布色调的一致性，影响计算机抠绿效果；前景在绿布地面上的投影也会影响计算机的图像处理。而不用逆光或逆光太弱，则前景（主持人）像贴在电子背景上，很呆板。因此，逆光的合理使用能很好地体现人与场景的关系，能够加强纵深感，增强三维立体效果。

布背景光时，首先用三基色柔光灯的光把绿布铺满、布匀，光线柔和，形成一个底子光。由于有些虚拟演播室空间太小，主持人与绿布距离太近，可以在三基色柔光灯上加上柔光纸，降低三基色的亮度，防止绿布光反射到主持人身上，影响抠像。为了把背景光与人物光区分开来，背景光照度要低于人物光，这样才能使画面体现出立体感和空间感，有助于产生三维空间的透视感。

总之，灯光设计好与坏影响到主持人的整体形象。作为一名灯光设计人员，在电视节目拍摄制作过程中，必须熟练掌握灯具的功能、色温、光线的基本特性，选择好合适的灯具和位置，按照电视照明特点和摄像机对照度的要求，布好光、控制好光比。灯光设计人员利用手中的灯具和掌握的知识，创造出最美的电视画面，这就是我们所追求的目标。

李强 / 文

座右铭：以铜为镜，可以正衣冠；以古为镜，可以知兴替；以人为镜，可以明得失。

个人简介：李强，平潭广播电视台技术部演播厅组组长。

对演播室智能化控制的思考

摘要： 随着电视技术的发展，技术管理人员更加渴望从繁重的劳动中解放出来，专注于节目质量的提升。对于演播室来说，除了日常系统管理之外，演播室系统的智能化控制也是十分重要的。文章从演播室通信接口协议出发，对当前演播室智能化控制的实际应用进行了论述，并介绍了当前行业的案例。

关键词： 智能化　自动控制　音画跟随　VSM

演播室在电视台起着举足轻重的作用，其系统的主要功能是录制和直播。随着广播电视技术、自动控制技术、计算机技术、网络技术的发展，广播电视智能化、IT化已经成为未来广播电视技术发展的一个重要方向。就平潭广播电视台的技术平台现状而言，智能化、IT化的程度很低，而演播室在这方面的程度最低。下面从几个方面谈谈对演播室视音频系统智能化控制的思考。

一、平潭台演播室的现状

目前平潭台演播室的系统架构基本是传统的线性结构，将各种模拟设备更换成数字设备或是通过模数转换设备，加上编码与解码、复用与解复用等部分组成数字化演播室。

演播室虽已基本实现数字化，但此系统还是一个相对封闭的系统，输入输出仅仅是视音频信号，同台内其他网络化系统及外部数据的接口较为松散。

从演播室功能特点来看，目前新闻类和专题类节目时间段相对固定，节目形式和流程也相对固定，直播节目具有突发性和高应变的要求，播出串联单形式相对固定，摄像机机位相对固定，视角变换相对单一。

越来越多软硬件接口的开放，促使更多设备可控，且受控的功能日益增加；各种应用软件和数据库日渐成熟；各种设备间开放。这些都促使各个平台间通信变得更加容易。特别是互联网的发展，使新媒体相关应用引入到节目的制作中，通过参与互动，把应用平台的功能范围扩展到无线，如社交媒体平台、大数据平台等，开启了演播室应用平台的变革。

二、演播室智能化管控需求分析

（一）演播室设备自动控制系统

演播室的常用操作系统大体可按照功能分为视频、音频、监控以及通话四

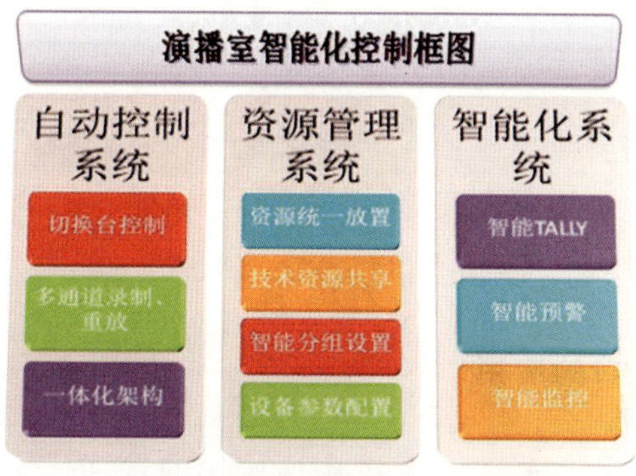

图1　演播室智能化控制系统框图

种，这四个系统需要相互统一协作才能共同完成节目录制或播出，过程烦琐，细节很多。随着演播室专业设备大规模地更新和增长，专业设备也呈现了种类多、数量大、品牌属地复杂等特点。同时，节目制作量日益加大，节目形式变化多端，全部工种以人工形式来保障已经不现实，所以急需针对演播室资源建立一套可自动化管控的系统。在演播室管理和应用中让视频系统和音频系统自动统一协调，切换台和摄像机自动联动等，无疑会让技术人员操作避免了大量失误，保证节目制作质量，工作效率也会有所提高。

（二）演播室监控和自动报警系统

目前平潭台演播室系统完全由人工进行信号调度、切换等操作。随着网络化、高清化进程的推进，设备的集中控制、设置以及设备自动调度、路由倒换等呈现多样化控制的需求；高标清信号兼容环境下的不同格式也需要互联及调整。这些都需要有一个监控系统来辅助技术人员对这些设备进行有效监控，而且能够实现自动的报警。

（三）演播室系统维护需求

对于演播室设备的配置管理，技术人员在应急情况下修改系统配置后，往往需要对系统进行繁杂的整体调试。所以有可以存储各种设备参数的平台，如切换台源名设置、矩阵交叉点状态、周边板卡的参数、摄像机参数等。一旦这些参数保存下来，我们可以选择其中一些配置调用，也可以进行全系统整体配置调用。这样无疑大大减轻了技术人员在修改系统配置以应对节目制作需要时的工作量。

三、演播室控制系统自动化的应用

如上所述，现在演播室设备的软硬件平台已经越来越开放，同时这些关键或主要设备也具备了智能管理接口，已经能够实现互联互通。目前，通信领域的接口种类繁多，协议也不尽相同，在这些协议中，演播室系统经常用到串行通信接口和以太网通信接口两种。

（一）串行通信接口的应用

目前演播室数字化程度较高，系统中所使用的数字化设备都提供了RS－232/422或GPI控制接口，普遍的做法是将GPI控制器连接切换台、调音台、矩阵、字

图2　自动化演播室控制系统

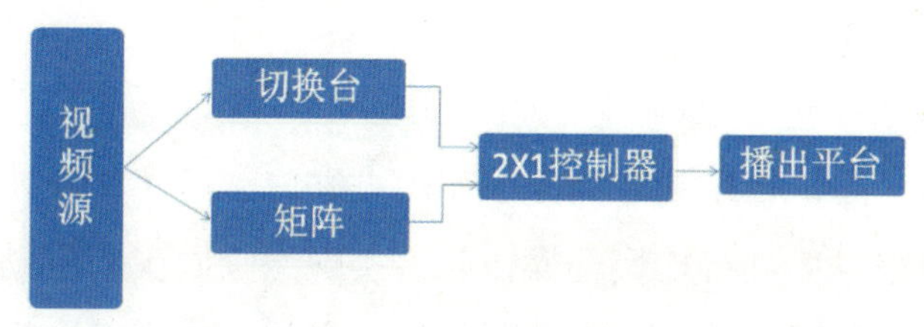

图3　目前平潭台演播室视频系统图

幕机等设备，通过GPI信号触发各个设备的预存动作，达到由一个人控制单一设备来实现多设备切换的联动功能（如图2）。

1.切换台与矩阵联动

在演播室系统中视频的应急切换非常重要。传统的视频应急大多采用应急矩阵加二选一倒换开关（图3）。为了在第一时间及时准确地应急切换，有些应急系统采用了视频切换台的GPI来控制应急矩阵的GPI控制器，以间接控制应急矩阵的方式实现切换台与应急矩阵的联动。在Kahuna切换台中，就可以用矩阵的串口协议来对应切换台进行联动控制，省去了矩阵外加GPI控制设备，减少了故障点的发生。

需要注意的是，在矩阵输入切换中要建立一个“宏”文件，把每个有效切换的宏指令都调整到零，并给每个宏文件用输入源名命名。如：CAM1、VTR1、VGA、ADX1等。在切换台的菜单中，要给每个宏建立一个虚拟的GPO，将相应的宏文件与对应的GPI相关联。设置完成后，在PGM母线切换的同时，对应应急矩阵控制面板上的信号源按钮也会跟随切换台变化，确保视频信号二选一倒换时矩

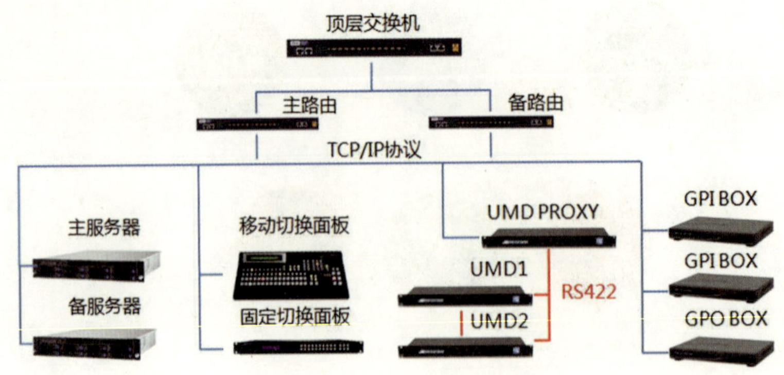

图4 VSM系统网络结构

阵能与切换台无缝对接。

2.音画跟随系统

所谓音画跟随，即声音随画面的改变而渐入渐出。最主要的就是对调音台上静音开关的控制，当导播进行切换台操作时，实现声画同步的自动化，在导播播放某个视频的时候，其配套的音频就要开始自动播放；关闭某个视频的时候，其配套的音频就要自动关闭。这就避免了因为调音师的工作失误而造成的声画脱节、丢音、卡音等问题。

在功能实现上，主要是通过切换台输出的GPI信号控制调音台对应通道的"MUTE"状态的关闭和开启来实现。采用该方法时，只要事先将所有受控通道的推子推到标准输出位，节目录制过程中适当调整对应播出通道的推子电平，就能满足需要。出现故障时，通过切换台输出的GPI控制信号控制调音台对应通道的推子的自动弹起与收回。

（二）以太网通信接口的应用

现行的广电设备多数具有TCP/IP接口，为实现演播室内设备的广泛管理，演播室可以采取基于IP架构并兼容RS422/232等协议的管控系统，这样可以实现对绝大多数设备的管理。通过这些接口，虚拟化智能处理，可实现对设备本身的各种监测、控制、模拟交叉点信息、实现UMD源名跟随、智能分组设置以及配置存储和调用，从而整合各类工作流和应用，满足录播、直播等不同类型节目制作的需求，提高工作效率。这种应用以虚拟演播室管理系统（VSM）最为典型。

VSM系统采用基于IP的架构，通过一台VSM Studio服务器，预装了大量的主流视频、音频、源名和播出指示设备的控制协议，确保能兼容绝大多数设备，而且

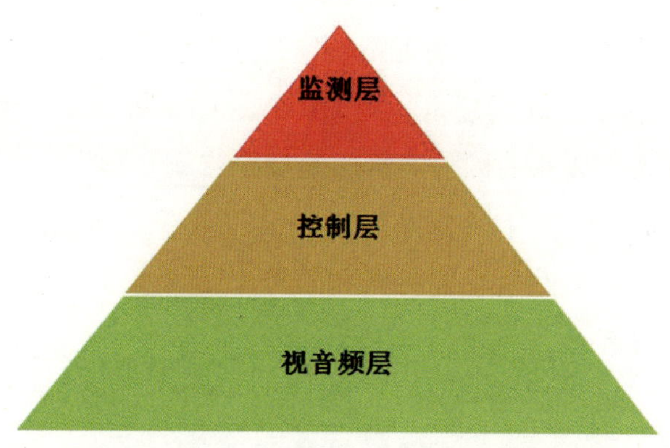

图5　演播室监控系统分层结构

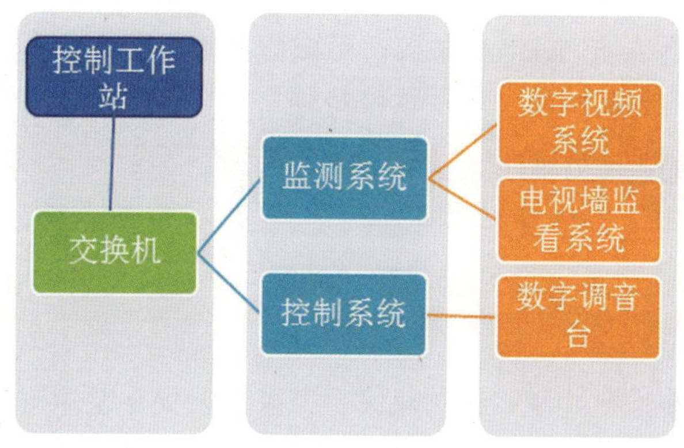

图6　演播室监控系统结构

VSM控制协议包的支持能力还在不断增加。为了能够与使用RS-422/RS-232通信协议的设备通信，VSM系统提供了转换器，把串口协议转换成TCP/IP通信协议。

在制作不同的节目时，系统的设置和一些路由可以预先修改后存储在服务器上，一旦演播室制作节目改变，只要调取不同的预设配置就可以实现系统功能的整体变更。

VSM系统向绝大部分的周边设备厂商开放了接口协议，可以直接控制这些设备上的主要参数然后进行调整。因此不用担心设备、板卡的参数被修改，或者需要修改不同厂家的软件而来回操作，降低维护效率。

（三）演播室智能监控和预警

演播室监控可分为监测层、控制层、视音频层。视音频层由传统的视频系统和音频系统组成，是演播室系统的物理基础。控制层是通过通用协议（如SNMP，TCP/IP,GPI,USB）将各单元联系起来，对TALLY、通话等系统进行控制。监测层是视音频层各设备状态、技术指标和控制层的在线监测和预警。

演播室的智能监控系统基于星型网络结构，在多台工作站上能够共享所有系统信息，通过系统内部主链路信息进行实时监控。最具代表性的当属央视新址综合演播室智能监控管理系统。

演播室内部的各个组成部分通过以太网、RS-232、GPI或者其他接口分别接入控制系统和监控系统，用PC作为整个系统的管理运行维护。具备设备管理、信息筛选、信息上报、拓扑图生产、信号链路智能生成等功能，兼容草谷、索尼等各大厂商硬件。在流程设计中特别提出了全局拓扑图和设备详细信息两种展示方式，能有效展现从整体到个体、从全局到细化的信息把控。一旦出现某个设备或信号报警，监控系统能迅速判断故障对系统的危害程度，发出不同级别的报警提示。监控系统可以对故障情况进行分析和分类，及时报告故障设备物理位置，从而简化工作人员的判断处理时间。

四、结语

通过演播室智能化控制系统的建设，可以大大提升硬件使用的效率，实现以往视音频系统难以实现、甚至不具备的复杂功能，同时也能大大减少技术人员的工作量。特别是随着4K和IP技术的成熟，演播室自动化程度必将日益提高。这必然会让节目制作人员、技术人员从繁重的重复劳动中解放出来，更加专注于节目的生产，提高节目制作的质量。

蔡建洧 / 文

座右铭：心有高标，方可致远。

个人简介：蔡建洧，平潭广播电视台播出部技术员。

浅谈硬盘播出系统的应用

摘要： 随着计算机软硬件技术、视频数据压缩技术、大容量存储技术和网络传播技术的深入发展，电子采集、后期编辑、节目播出设备以网络方式互联，实现节目数据的交换，而硬盘播出系统受到广大用户的欢迎。本文结合平潭广播电视台硬盘播出系统的实际应用，介绍硬盘播出系统、播出控制和特点。

关键词： 硬盘播出　播出控制　特点

硬盘播出系统，就是用视频服务器来取代传统的录像机，用有海量存储空间的磁盘阵列取代传统录像带作为信息载体，通过计算机按照一定要求自动播出电视节目的控制系统。

由于良好的非线编辑性能、多通道的编解码器、长时间的节目存储、周详的安全考虑和灵活的网络功能，电视技术实现了从节目采集、录制、编单、审核、管理到播出全过程的自动化、无带化、数字化，这已成为电视技术发展的大趋势，因而使以硬盘存储为基础建立电视数字化硬盘播出系统的方式逐步得到推广应用。

在硬盘播出系统中，安全问题一直是工程师们非常关注的问题，安全可以说是播出系统的重要特性，一个播出系统建设的好与坏，安全在其中占据着重要的地位。

想要提高一个系统的安全性，最常见的办法就是增加设备冗余度。考虑到成本的问题，不可能给播出系统中的所有设备都来个“双保险”，所以播出系统中的设备冗余主要还是局限于核心的以及在线播出的设备。在一般的播出系统中，需要冗余的设备主要指播出视频服务器、播出控制机、播出切换设备、数据库等。

在当前主流的硬盘播出系统中，90%的播出节目信号是由视频服务器来完成播出的。可见视频服务器是硬盘播出系统中非常关键的设备之一，对视频服务器进行主备配置是没有疑义的，此外播出控制机也是播出系统中需要冗余的设备之一。

目前，播出控制机和视频服务器在主备控制机制上已经发展出了三种模式，即分立主备方式、完全主备方式和混合主备方式。

平潭台目前使用的是分立主备方式。

分立主备方式：分立主备方式（如下图）的结构最为简单，实施起来也比较容易，对于软件的主备逻辑也比较简单。简单地说，分立主备就是采用“主播主、备播备”的方式，即主播出控制机仅控制主视频服务器，备播出控制机仅控制备视频服务器。

分立主备方式的特点是结构简单、成本低、容易理解、易安装调试，对播出

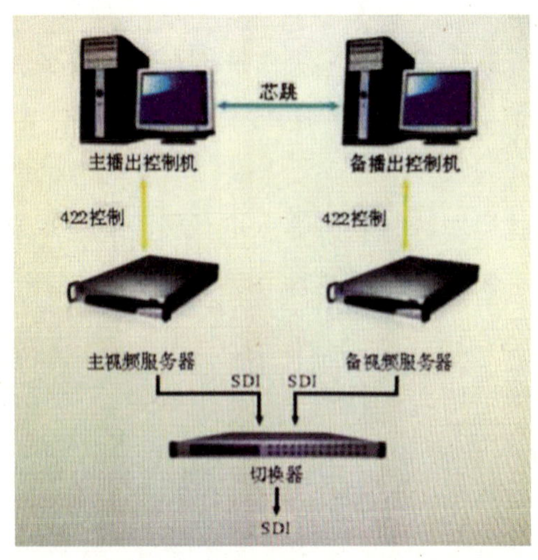

分立上备示意图

软件的主备逻辑关系要求低，从代码实现的角度看也比较简单。其实分立主备就是将视频服务器和播出控制机看作一个整体，并在这个整体上进行一次冗余备份。

同时，分立主备方式的缺点也同样明显，即当播出控制机和视频服务器有一个出现问题的时候，作为一个整体的另一个设备即使是正常的，也无法发挥其功能。在极端情况下，当主播出控制机和备视频服务器同时出现问题的时候，整个播出系统就不能正常工作了。这时，虽然备播出控制机和主视频服务器都是正常的，但是却不能将它们组成一对来播出，即使可以临时组成一组，也需要进行人工调整控制线以及必要的配置操作，这样势必影响对播出故障的应急处理效率。

下面就平潭台硬盘自动播出系统的播出环节及结构性能，作简要介绍。

一、硬盘自动播出系统的优越性

电视播出是一个系统工程。牵涉部门多，且中心设备复杂，难免会出现某些意外事件或各种设备突发故障，如采用录像机播出就有可能出现卡带、磁头堵塞的现象，自动播出中心也有可能出现死机、播控程序失控等现象，这些都会造成播出中出现黑场、彩条、杂波、劣播等现象，产生播出事故。针对这一情况我们可以利用硬盘播出系统，采用服务器双热备份，将待播节目提前写入硬盘中，然后按节目播出单写入硬盘，编辑好节目播出顺序，备妥主备机的节目，一旦主播出现中心信号问题，可以立即切出备播信号，外界看来画面分毫不差，几乎是天衣无缝。这样就降低了停播和劣播事故。

随着数字化摄、录、编设备及宽带光纤网等的日益成熟，硬盘自动播出已进入视频领域，并逐步取代传统设备，从根本上改变了电视台传统的播出方式，具有明显的优势。其特点如下：

1.以硬盘作为储存媒体，提高了图像和声音质量，可以长期保存并多次播放而不影响重量，实现了资源共享，提高资源利用率。

2.克服了卡带录像机机械结构维护困难、费用高、可靠性差等缺点，从而达到提高节目信号质量的目的。在节目录入、节目播出单设置上自动化程度高，大大减轻了劳动强度，并且播出的精度得到很大提高。

3.硬盘播出系统为Client/Server结构连接，通用性较好，可以在开放底层接口的条件下灵活实现各种应用，能够很好地与未来的全数字、网络化、资源共享的节目编播体系相衔接。

二、硬盘自动播出系统的选择

在选择硬盘播出系统时，结合实际情况，遵循安全性与先进性并重、经济性和可扩容升级并重的原则。实践证明，系统合理、稳定性好、性价比高、经济安全，使播出重量得到明显提高。

硬盘自动播出系统的周边设备主要功能：

1.采集机、编辑机和上载机实现无带化，光纤远程上载。

2.切换器切换输出信号和预监信号（输出到电视墙监看信号、有线机房）。

3.音频分配器和均衡器使音频平均衡输出。

4.字幕机是制作台标、字幕及挂角动画输出的设备。

5.卫星授时器是给硬盘自动播出系统授时。

三、硬盘播出系统操作主要流程

硬盘播出系统是播出的最后端。必须保证MPEG等格式素材上传到节目库中来，才有可能编辑播出列表。其中有一个步骤是必须经过审核、审批。

1.查找栏目下的目标素材

平潭台主要栏目分为新闻、专题、电视剧、动画片、综艺等几大类。这些栏目名称可以由入库系统在节目库里创建。制作人员只需按照节目单来编辑播出列表，实现播出任务。直接点击鼠标，所有栏目的列表会出现，直接选取栏目名称，如新闻，然后点击“搜索”按钮。系统会把“新闻”类的所有素材显示在窗口里。如果想要按时间查找素材文件，可以把“时间”的选项选中，此时的“时间”为素材入库时间。

2.编辑播出节目单

编辑播出节目单的顺序要依据电视台节目播出单的顺序来完成，一般情况是按照一定的顺序播出，但顺序可以随时调整。

把找到的素材文件直接拖拽到节目单里，系统会自动把这一条设置为定时播出，也可以修改预定播出时间。

组播表有四种播出表类型：定时播出、顺延播出、定时插播和跟随插播。

定时播出：只要系统时间设置到定时时间，该定时素材就会播放。

顺延播出：仅跟随一个定时组或顺延组，当该顺延素材之前的定时组或顺延组播放完后，该素材才能被播放。

定时插播：到定时插播时间，该定时插播就会被播出，直到该组播出完毕后，才返回到前一个被插播的素材，从被插播处播出剩余部分。

跟随插播：跟随插播总是跟着前一个不是跟随插播的组进行播出。

3.系统权限

系统集中权限管理。系统管理员设定全网络权限。

系统管理员：本系统的最高权限，可以进行所有操作。

责任编辑：不允许修改主备机设置，但可以进行其他的所有操作。

4.播出系统管理和数据备份

为确保系统的正常有序运行，达到“安全、可靠”的目的，结合实际情况，制定了使用管理规定，主要有：

（1）所有人员只能在设定权限内操作，无权删除、调价节目库中数据文件。

（2）提高操作人员安全意识，不准把移动存储设备（含U盘、光盘）带入机房进行安装、拷贝等操作。真正实现网络的物理隔离。

（3）节目录制后工作人员上载节目到播出服务器，按节目交接单上的素材名称进行审核，节目交播单上必须有三审领导签字。

（4）定期对相关设备进行整理优化、备份。主备服务器采用“心跳检测”自动进行双机热备份。

总　结

该系统构建经济、安全、可靠且易于维护，便于升级扩容，满足了县级电视台日常播出的实际需求，有较高的性价比。几年来稳定运行，降低了运营成本，提高了经济效益，提高了节目制作质量，减轻了播出一线人员的工作强度，消除了播出失误，确保了安全播出，也为下一步平潭台实现数字化全台网打下了坚实的基础。

陈友强 / 文

座右铭：不忘初心，牢记使命。

个人简介：陈友强，平潭广播电视台播出部技术员。

浅析视频压缩编码与存储技术在电视播出中的应用

摘要： 随着经济的不断发展，数字电视已经普及到千家万户，并成为人们生活中的一部分。播控系统作为数字电视的基础，其稳定性、安全性与数字电视普及工作息息相关。为了进一步改善和优化播控系统，加强对其内部关键技术进行研究十分必要。本文从数字电视播控系统关键技术入手，阐述播出视频压缩编码与存储技术在数字电视中的应用技术。

关键词： 数字电视　视频编码　视频压缩　数据存储

一、视频压缩编码

（一）为什么需要视频压缩编码标准

在新媒体爆发性发展时代，传统媒体受到极大冲击，传统电视台媒体也在积极做出改革，除了以往电视直播形式外，还新增了手机直播、网络直播、汽车媒体直播、微信短视频直播等。比如，电视台记者在采访第一现场采用手机进行直播，手机录制了主播大量的视频，由于视频在存储和传输过程中存在非常多的冗余信息，我们需要通过视频压缩编码去除这些冗余信息，便于快捷安全地传输回电视台，然后由电视台播出中心进行数据分发，给Android、iOS、Win、Web、Mac等应用客户端进行播出。这个时候每个客户端需要知道对方的压缩算法，才能将数据进行还原，但是不同客户端的压缩编码方法方式不同，并且也不能保证方式效率一致，而且有一点误差可能会造成画面无法还原的后果，因此视频编码还必须制定一个共同的标准。

（二）视频压缩编码标准化组织

ITU：International Telecommunications Union

VECG：Video Coding Experts Group（国际电传视讯联盟）

ISO：International Standards Organization

MPEG：Motion Picture Experts Group（国际标准组织机构）

（三）常见视频压缩编码标准

1.H.26X系列（由国际电传视讯联盟主导）

（1）H.261是最早的运动图像压缩标准，它只对CIF和QCIF两种图像格式进行处理，每帧图像分成图像层、宏块组（GOB）层、宏块（MB）层、块（Block）层来处理；并详细制定了视频编码的各个部分，包括运动补偿的帧间预测、DCT(离散余弦变换)、量化、熵编码，以及与固定速率的信道相适配的速率控制等部分。实际的编码算法类似于MPEG算法，但不能与后者兼容。H.261在实时编码时比MPEG所占用的CPU运算量少得多，此算法为了优化带宽占用量，引进了在图像质量与运动幅度之间的平衡折中机制。也就是说，剧烈运动的图像比相对静止的图像质量要差。因此这种方法是属于恒定码流可变质量编码。H.261主要在老的视频会议和视频电话产品中使用，现阶段基本被淘汰。

（2）基于之前的视频编码国际标准（H.261，MPEG-1和H.262/MPEG-2），H.263的性能有了革命性的提高。它的第一版于1995年完成，在所有码率下都优于之前的H.261。之后还有在1998年增加了新的功能的第二版H.263+，或者叫H.263v2，以及在2000年完成的第三版H.263++，即H.263v3。H.263v2（通常也叫作H.263+或者1998年版H.263）是ITU-TH.263视频编码标准第二版的非正式名称。它保持了原先版本H.263的所有技术，但是通过增加了几个附录，显著地提高了编码效率并提供了其他的一些能力，例如增强了抵抗传输信道的数据丢失的能力（Robustness）。H.263+项目于1997年底/1998年初完成。H.263主要用在视频会议、视频电话和网络视频上。

（3）在H.263之后，ITU-T（在与MPEG的合作下）的下一代视频编解码器是H.264，或者叫高级视频编码（AVC）以及MPEG-4第10部分。由于H.264在性能上超越了H.263很多，大多数新的视频会议产品都已经支持了H.264视频编解码器，就像以前支持H.263和H.261一样。H.264/AVC可工作于多种速率，广泛应用于Internet上的多媒体流服务、视频点播、可视游戏、低码率移动多媒体通信（视频手机等）、交互式多媒体应用、实时多媒体监控、数字电视与演播电视和虚拟视频会议等，大有在上述领域一统天下的趋势，有非常广泛的开发和应用前景。H.264是一种视频高压缩技术，同时称为MPEG-4 AVC或MPEG-4 Part10。H.264集中体现了当今国际视频编码解码技术的最新成果。在相同的重建图像质量下，H.264比其他视频压缩编码具有更高的压缩比、更好的IP和无线网络信道适应性。

（4）H.265：高效率视频编码（High Efficiency Video Coding，简称HEVC）是一种视频压缩标准，H.264/MPEG-4 AVC的继任者。可支持4K分辨率甚至超高画质电视，最高分辨率可达到8192×4320（8K分辨率），这是目前发展的趋势，市场上已经出现了越来越多的大众化编码软件。

2. MPEG视频编码

MPEG系列视频编码（由国际标准组织机构下属的运动图像专家组研发）采用了帧间压缩，仅存储连续帧之间有差别的地方，从而达到较大的压缩比。MPEG目前比较常用MPEG-1、MPEG-2和MPEG-4三个版本，以适应于不同带宽和图像质量的要求。

（1）MPEG-1的视频压缩算法依赖于两个基本技术，一是基于16×16（像素×行）块的运动补偿，二是基于变换域的压缩技术来减少空域冗余度，压缩比相比M-JPEG要高，对运动不激烈的视频信号可获得较好的图像质量，但当运动激烈时，图像会产生马赛克现象。MPEG-1以1.5Mbps的数据率传输视音频信号，主要使用在VCD上，有些在线视频也使用这种格式。

（2）MPEG-2获得更高分辨率（720×572），提供广播级的视音频编码标准。MPEG-2作为MPEG-1的兼容扩展，支持隔行扫描的视频格式和许多高级性能包括支持多层次的可调视频编码，适合多种质量如多种速率和多种分辨率的场合。它适用于运动变化较大，要求图像质量很高的实时图像。对每秒30帧、720×572分辨率的视频信号进行压缩。MPEG-2等同于H.262，使用在DVD、SVCD和大多数数字视频广播系统中。

（3）MPEG－4是为移动通信设备在互联网实时传输视音频信号而制定的低速率、高压缩比的视音频编码标准。MPEG－4标准是面向对象的压缩方式，不是像MPEG－1和MPEG－2那样简单地将图像分为一些像块，而是根据图像的内容，将其中的对象（物体、人物、背景）分离出来，分别进行帧内、帧间编码，并允许在不同的对象之间灵活分配码率，对重要的对象分配较多的字节，对次要的对象分配较少的字节，从而大大提高了压缩比，在较低的码率下获得较好的效果。MPEG－4支持MPEG－1、MPEG－2中大多数功能，提供不同的视频标准源格式、码率、帧频下矩形图形图像的有效编码。MPEG－4标准可以使用在网络传输、广播和媒体存储上。

3.MPEG－2和H.264比较

在现阶段的标清应用环境下，MPEG－2的确是比较好的视频压缩格式。但随着高清应用的快速推进，迫切需要更高压缩比的技术出现。虽然开发至今已有20多年的MPEG－2也支持高清视频压缩，但也遇到了当年MPEG－1遇到的问题，当图像分辨率提高后，压缩效率明显降低。以索尼公司采用MPEG－2，4:2:2P@HL的高清压缩格式XDCAM HD422为例，视频码流就达到了50Mb/s。

在众多的新技术方案中，由ITU－T VCEG 和ISO/IEC MPEG共同开发的视频处理标准，ITU－T作为标准建议H.264，ISO/IEC作为国际标准14496－10（MPEG－4 第10部分）高级视频编码（AVC）脱颖而出。H.264/AVC相对MPEG－2而言，在编码和解码上有诸多技术革新，主要有如下几点：

（1）选择运动补偿大小和形状比以前的标准更灵活，最小的亮度运动补偿块可以小到4×4。

（2）MPEG－2的运动矢量限制在已编码参考图像的内部，而H.264/AVC的图像边界外推法使运动矢量可跨越图像边界。

（3）在MPEG－2及以前的标准中，P帧只使用一帧、B帧只使用两帧图像进行预测，而H.264/AVC使用高级图像选择技术，可以用以前已编码过且保留在缓冲区的大量的图像进行预测，大大提高了编码效率。

（4）MPEG－2中B帧图像不能作为预测图像，H.264/AVC却在很多情况可以利用B帧图像作为参考。

（5）以前的标准最多1/2精度运动补偿，首次1/4采样精度运动补偿出现在MPEG－4第二部分高级类中，并且H.264/AVC大大减少了内插值处理的复杂度。

（6）消除了参考图像顺序和显示图像顺序的相关性，MPEG－2中，参考图像顺序依赖显示图像顺序，H.264/AVC消除了该限制，可以任意选择。

（7）帧内编码可以直接空间预测，将编码图像边缘进行外推应用到当前帧内编码图像的预测。

（8）H.264/AVC采用新技术，允许加权运动补偿预测和偏移一定量。在常见的淡入淡出场景中该技术可极大提高编码效率。

（9）在MPEG-2标准中，预测编码图像的“跳过”区不能有运动。当编码有全局运动的图像时该限制非常有害。H.264/AVC对“跳过”区的运动采用推测方法。对双预测的B帧图像，采用高级运动预测方法，称为“直接”运动补偿，进一步改善了编码效率。

（10）采用了循环去块效应滤波器。MPEG中基于宏块的视频编码在图像中存在块效应，这主要来源于预测和残余编码，H.264/AVC采用的自适应去块效应滤波技术能够有效消除块效应，改善视频的主观和客观质量。

（11）H.264/AVC使用了两种熵编码方法，CAVLC（上下文自适应的可变长编码）和CABAC（上下文自适应二进制算术编码）两种都是基于上下文的熵编码技术，相对于以前的RLE或VLC大大地前进了一步。

总而言之，H.264/AVC在提高编码效率方面，并没有一个单一的算法做出了特别的贡献，而是大量的小的改善算法综合产生的结果。由于具有了更高的压缩效率，具备了对网络流媒体视频良好的兼容性，H.264/AVC更适合交互和非交互式应用及高清电视应用。比如光盘存储格式的蓝光Blu-ray采用了H.264/AVC作为高清视频编码标准。专业应用上，松下的AVC-Intra、苹果的QuickTime HD都采用了H.264/AVC编码压缩技术。我们有理由相信，专业视频领域中H.264/AVC完全取代MPEG-2地位的日子应该不会太远，视频服务器采用H.264/AVC编码也将成为必然。

二、磁盘阵列技术在播控中的应用

国家广电总局对播出安全的要求非常高，播出事故是以多少秒多少帧来计算的。我们也在不断努力，力求在播出系统上把故障率降到最低。视频服务器的播出流程中，存放播出节目的存储系统具有举足轻重的地位。我们现有的2个播出频道中，全天24小时、全年365天不停机播出对存储系统的要求非常高，存储系统必须能在超高负荷下提供最大的安全保障，不能因为随机的磁盘或控制器损坏而导致数据丢失和存取失灵。存储系统的存取速度和数据安全性是我们最关心的因素。毫无疑问，磁盘阵列技术是最佳的选择。磁盘阵列技术主要指的是把在线设备发生频繁读写交换的数据进行数字压缩编码，然后将这些数据通过存储管理软件从硬盘转移到光盘库中，把数据的索引保留在硬盘中。如果有用户需要访问近线存储光盘库的时候，可以先通过管理软件确定存储的位置，然后将目标光盘装入驱动器，启动读写操作，进而完成数据的访问过程。

对于一些使用频繁的视频，适合把它们存储到局域网NAS存储服务器中，这样可以保持实时、直接、快速的访问或者下载。对于那些使用频率很少的视频素材，把它们只存储在光盘中即可，然后对光盘进行编号，以方便后期管理人员查找。此外，对于一些比较珍贵的稀少素材，可以对其采用在线和离线共同存储方式，即在服务器和光盘中都同时存储素材，这样就可以避免当在线资料受到破坏时材料丢失。一旦发生这种情况，还可以从光盘中进行拷贝。目前，为了进一步满足电视台的更多需求，增加了近线存储方式，这样一来视频网络的存储方式就更加灵活了，电视台可以根据实际需求来决定。

（一）存储系统的技术结构

在电视台视频制作过程中，既要实现对视频数据的大规模存储，又要保证这些数据便于检索，这种情况下就要依靠网络来实现，存储系统的技术机构一定要具有高速度、大容量、易于管理、开放性、实用性及可靠性特点。满足这些要求的存储方式有下面几种：DAS、NAS、FC－SAN、ISCSI－SAN。下面就这几种存储方式进行简单的介绍。

1．DAS数据存储方式

DAS为直接连接存储（Direct Attached Storage）的缩写，该方式是把外置的存储设备连接到主机上。连接的方式有多种，在实际中一般多采用SCSI连接方式。这种连接方式也会受到一些限制，表现在：一是SCSI盘会受到固化控制器的限制，进而使得在线扩容无法正常进行；二是该方式与服务器连接的距离最长只达到5米；三是具体连接中可以连接的服务器一般只有两台，数量很有限。在具体的DAS存储模式中，数据的存储是主机系统的一个重要部分，数据和文件的管理都要依赖主机系统。所以这一存储方式具有磁盘读写带宽的利用率高、存储的中间环节少、购置的成本低的优点。其缺点主要包括：数据会占用主机很大的存储空间，进而影响主机的性能，其拓展能力不够，以及主机的硬件故障。这些都会在一定程度上影响视频存储的效率。

2.NAS 数据存储方式

NAS（Network Attached Storage）是一种在以太网上实现数据存储的技术，实质为一个嵌有网络通信及文件管理功能的专用存储服务器。具有以下特点：可直接通过双绞网线连接至IP网络，作为网络的一个节点存在；即插即用，且物理位置灵活，可放置在工作组内，也可放在其他地点与网络连接；内嵌的操作系统及硬件体系结构专门针对文件及存储管理进行设计和优化，响应速度快，数据传输速率高。NAS按照TCP/IP协议进行通信，以文件方式进行数据传输，由于NAS自带文件管理系统，因此使用不同操作系统的客户机可通过同一文件管理系统，实现异构平台之间的数据级共享。

3.FC-SAN数据存储方式

FC-SAN模式为通过支持SAN协议的光纤信道交换机，将主机与存储系统连接起来，建立专用于数据存储的区域，其核心技术为光纤信道协议，支持HIPPI、IPI、SCSI、IP及ATM等多种高级协议，最大的特点是将网络及设备的通信协议与传输物理介质隔离开，使多种协议设备可在同一个物理连接上传送。FC则是为解决传统SCSI传输距离限制而发展起来的一种技术。与传统技术相比，SAN最大的特点是将存储设备从传统的以太网中隔离出来，成为独立的存储局域网络。另一大特点是完全采用光纤连接，目前其数据传输速度已达4Gb/s，传输距离可达100千米，一条单一的FC环路最大可以承载126个设备。

4.ISCSI-SAN（又称IIP-SAN）存储方式

鉴于光纤信道型SAN昂贵且管理复杂，近年来ISCSI-SAN开始快速发展。ISCSI协议定义了在TCP/IP网络发送、接收数据块级存储数据的规则和方法：发送端将SCSI命令和数据封装到TCP/IP包中，通过网络转发，接收端收到TCP/IP包之后，将其还原为SCSI命令和数据并执行，完成后将返回的SCSI命令和数据封装到TCP/IP包中再回传至发送端。对于用户来说，使用远程存储设备就像访问本地SCSI设备一样简单。

（二）存储容量的考虑

电视台所采用的上载端与播出端分离的播出体系，在网络结构上明显不同，在存储容量的考虑上也会有所区别。上载端所有编、解码通道共享SAN的存储不必考虑镜像备份的问题，而播出端基于主、备镜像服务器的配置，实际有效存储容量将只有50%。

按照播出节目采用8Mb/s视频码率，两路16bit量化、48KHz取样音频计算1小时节目需要的存储空间为：

$$(8Mbps+16bit\times 48KHz\times 2\div 1024)\times 3600s\div 8\div 1024=4.175GB$$

我们在上载端可实现2个频道每天20小时的不重复节目上载（实际上没有哪个频道会有这么多不重复节目需要上载和播出，这个要求已经考虑了非常大的冗余量），总共可以保存30天的节目存储量。那么总的存储容量需求是：

4.175GB×20h×2×30d÷1024=4.89TB。

根据上面的计算，系统为上载端的SAN考虑了12块Seagate 2T（St32000645NS）企业级硬盘，除去RAID 3校验盘之后SAN的有效存储容量为20T，完全能够满足要求。

在播出端每台播出服务器负责一个频道的播出，仍然假设每个频道每天播出20小时的不重复节目，每台服务器需能够保存30天的播出节目。那么总的存储容量需求是：4.175GB×20h×2×30÷1024=4.89TB。系统为播出端K2 summit主备播出服务器分别配备了6块2T容量硬盘专业级硬盘，完全能够满足要求播出端视频存储需求。

结　语

总之，随着广电产业的发展，电视台作为生产视频节目的主要机构，为了满足时代的发展要求，要制作更加精良的电视节目来满足人们的需求。面对越来越多的节目，做好其压缩编码和存储具有重要的意义。这样一来，可以对视频进行随时的检索和观看，所以加强对视频网络存储技术的研究就显得尤为重要。现在是高科技时代，网络化已经基本普及各行各业，所以在今后的工作中，电视台工作人员要善于运用压缩编码和网络存储技术，根据视频的实际需要选择合适的压缩存储方式，进而使得电视台视频的存储更加安全、高效、灵活。

参考资料

①刘中枢. MPEG-2视频编码技术. 世界广播电视，2005.1.

②张琦.电视节目播控系统——存储体系的发展.世界广播电视，2005.2.

③孙继业、马新萍、王丹.数字电视技术领域应用的存储结构.现代电视技术，2005.4.

④张琦.电视节目播控系统硬盘播出系统.世界广播电视，2005.6.

⑤毕厚杰.新一代视频压缩编码标准—H.264/AVC，人民邮电出版社，2004.10.

⑥吴澍.多媒体及存储技术在电视台播控中心建设中的综合应用，电子科技大学出版社，2008.11.

陈扬鑫 / 文

座右铭：发挥工匠精神，砥砺前行，做一个合格的媒体技术人员。

个人简介：陈扬鑫，平潭广播电视台播出部技术员。

浅谈IPv4升级IPv6方案

摘要：下一代互联网（IPv6）对网络地址进行了革命性的定义，对云计算、5G和人工智能等目前尖端技术的研发起到如虎添翼的作用。本文说明国家对IPv6部署的重视，介绍IPv6在新闻媒体行业流媒体传输中的优势，同时阐释本人对平潭广播电视台IPv4升级IPv6方案的粗浅研究。

关键词：IPv6　下一代互联网　互联网协议第六版

2017年11月26日中共中央办公厅国务院办公厅印发《推进互联网协议第六版（IPv6）规模部署行动计划》，其中对市地级以上新闻及广播电视媒体网站系统进行升级要求。这次印发部署行动计划，可以看出国家对发展互联网的迫切愿望。

中科院吕述望教授在接受东南卫视采访中提到："我们没有互联网，我们只有因特网，我们实际用的是美国的网，用它的服务器，美国总统有权随时关掉一个国家的互联网通道，控制它是很方便的事。我每天用手机上着的网，是按照规定租用给租用费，像我们使用电话一样。"为了彻底改变我国第一代互联网落后于人的状况，抓住下一代互联网发展的机遇，取得发展的先机，我国相关研究人员在20世纪90年代末开始了下一代互联网的研究。2003年，国务院批复了由国家发改委主导的8部委《关于推动我国下一代互联网有关工作的请示》，随后国家发改委正式批准中国下一代互联网示范工程（CNGI）（www.cngi.cn），CNGI项目开始实施。CNGI专家委员会由工程院牵头。CNGI初步形成了仅次于美国的下一代互联网产业群，彻底改变了第一代互联网时期受制于人的被动局面，并为未来我国信息化产业乃至整个社会经济转型奠定了重要基础。

与IPV4相比，IPV6具有以下几个优势：

1.IPv6具有更大的地址空间。IPv4中规定IP地址长度为32，最大地址个数为2^{32}；而IPv6中IP地址的长度为128，即最大地址个数为2^{128}。与32位地址空间相比，其地址空间增加了$2^{128}-2^{32}$个。近乎无穷的IP地址让IPv6能容得下海量设备，这将与5G等技术一起，支撑移动互联网、物联网、工业互联网、云计算、大数据、人工智能等新兴业态的快速发展。

2.IPv6使用更小的路由表。IPv6的地址分配一开始就遵循聚类（Aggregation）的原则，这使得路由器能在路由表中用一条记录（Entry）表示一片子网，大大减小了路由器中路由表的长度，提高了路由器转发数据包的速度。

3.IPv6增加了增强的组播（Multicast）支持以及对流的控制（Flow Control），这使得网络上的多媒体应用有了长足发展的机会，为服务质量（QoS，Quality of Service）控制提供了良好的网络平台。

4.IPv6加入了对自动配置（Auto Configuration）的支持。这是对DHCP协议的改进和扩展，使得网络（尤其是局域网）的管理更加方便和快捷。

5.IPv6具有更高的安全性。在使用IPv6网络中用户可以对网络层的数据进行加密并对IP报文进行校验，IPV6中的加密与鉴别选项提供了分组的保密性与完整性，极大地增强了网络的安全性。

6.允许扩充。新的技术或应用需要时，IPV6允许协议进行扩充。

7.更好的头部格式。IPV6使用新的头部格式，其选项与基本头部分开，如果需要，可将选项插入到基本头部与上层数据之间。这就简化和加速了路由选择过程，因为大多数的选项不需要由路由选择。

8.新的选项。IPV6有一些新的选项来实现附加的功能。

IPv6不可能立刻替代IPv4，因此在相当一段时间内IPv4和IPv6会共存在一个环境中。要提供平稳的转换过程，使得对现有的使用者影响最小，就需要有良好的转换机制。IETF推荐了双协议栈、隧道技术以及网络地址转换等转换机制。

1.IPv6/IPv4双协议栈技术

双栈机制就是使IPv6网络节点具有一个IPv4栈和一个IPv6栈，同时支持IPv4和IPv6协议。IPv6和IPv4是功能相近的网络层协议，两者都应用于相同的物理平台，并承载相同的传输层协议TCP或UDP，如果一台主机同时支持IPv6和IPv4协议，那么该主机就可以和仅支持IPv4或IPv6协议的主机通信。

2.隧道技术

隧道机制就是必要时将IPv6数据包作为数据封装在IPv4数据包里，使IPv6数据包能在已有的IPv4基础设施（主要是指IPv4路由器）上传输的机制。随着IPv6的发展，出现了一些运行IPv4协议的骨干网络隔离开的局部IPv6网络，为了实现这些IPv6网络之间的通信，必须采用隧道技术。隧道对于源站点和目的站点是透明的，在隧道的入口处，路由器将IPv6的数据分组封装在IPv4中，该IPv4分组的源地址和目的地址分别是隧道入口和出口的IPv4地址，在隧道出口处，再将IPv6分组取出转发给目的站点。隧道技术的优点在于隧道的透明性，IPv6主机之间的通信可以忽略隧道的存在，隧道只起到物理通道的作用。隧道技术在IPv4向IPv6演进的初期应用非常广泛。但是，隧道技术不能实现IPv4主机和IPv6主机之间的通信。

3.网络地址转换技术

网络地址转换（Network Address Translator，NAT）技术是将IPv4地址和IPv6地址分别看作内部地址和全局地址，或者相反。例如，内部的IPv4主机要和外部的IPv6主机通信时，在NAT服务器中将IPv4地址（相当于内部地址）变换成IPv6地址（相当于全局地址），服务器维护一个IPv4与IPv6地址的映射表。反之，当内部的IPv6主机和外部的IPv4主机进行通信时，则IPv6主机映射成内部地址，IPv4主机映射成全局地址。NAT技术可以解决IPv4主机和IPv6主机之间的互通问题。

图1的网络接口层与OSI参考模型中的物理层和数据链路层相对应。网络接口

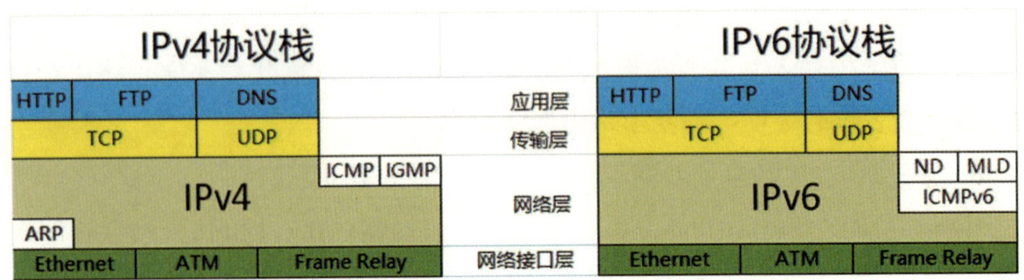

图1

层是TCP/IP与各种LAN或WAN的接口。可以看出，IPv6和IPv4的区别都在网络层，但是二层交换机转发数据包都是根据MAC地址转发，工作在OSI模型的数据链路层，所以单位网络地址如果要升级IPv6交换机都不用升级，电脑操作系统升级操作到Windows7以上版本就可以（含Windows7）。

这次平潭广播电视台新址的设备采购，个人建议是要求厂家尽量用能够支持IPv4和IPv6双栈协议的设备，便于后期上级突然硬性要求改造IPv6，节约后期改造费用。单位网络如果升级，可以以IPv6/IPv4双协议栈技术为主，其他过渡技术为辅，如果没有额外采购支持IPv6的路由器，此方案部署的成本最低，基本上不用对目前在用的交换机进行升级。目前普及率最高的Windows7操作系统就能比较好地支持IPv6/IPv4双协议栈。从本地连接和无线网络连接的属性就可以看出，都有“Internet协议版本4（TCP/IPv4)”和“Internet协议版本6（TCP/IPv6)”，可分别对它们进行设置。

以园区网络为例。在一个园区网络中，内部的终端数量庞大，业务种类丰富。在园区网从IPv4升级为IPv6/IPv4双栈网络中，要考虑所涉及的网络设备、安全以及无线用户接入等方面的部署。

IPv6园区网建设经过了多种方案的变化演进，从早期的使用隧道接入到部分网络采用双栈组网，再到现在的以双栈组网为主。这样的变化是由IPv6业务的开展及网络设备的不断创新所推动的。

图2是一个典型的园区网组网方式，将一个园区网络分为接入、汇聚、核心的层次性结构。一般的网络设计中，接入层网络为二层网络，用户的网关设置在汇聚层。核心层互连汇聚层做高速转发。在功能模块的划分中，园区网络主要由网络出口、数据中心及用户接入三大部分组成。

将该类型组网升级为双栈网络时，常规选择采用双栈部署，从汇聚层到核心层网络开始升级，然后根据网络的情况，升级防火墙等附加的业务设备。在另外的一些情况中，可以采用双栈网络为主、隧道技术为补充的升级方式。在一个双栈网络升级后，原有的应用服务器可能无法同网络一起一步到位升级为双栈服务器，在这种情况下如果有一部分纯IPv6用户要访问IPv4的服务器，需要在网络中部署NAT-PT设备，进行IPv6和IPv4的协议转换。

可见，将一张仅支持IPv4的园区网升级为支持IPv6/IPv4双栈的网络，涉及多项网络技术，面临着多种升级方式的选择。在这种情况下，对园区网络进行IPv6技术升级前，需要制定详细的升级流程：

1.制订网络设备的升级计划。

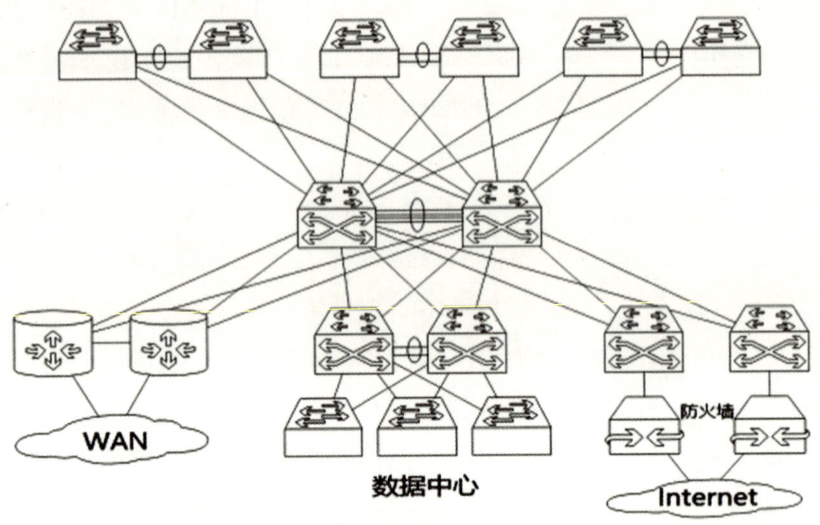

图2

2.评估网络中的现有产品对IPv6的支持情况。

3.评估网络中需要升级到双栈的网络服务。

4.制定IPv6地址的分配方案。

5.制定详细的IPv6网络升级方案（还包括机房建设细节，如温湿度调节、给排水、UPS等设计，此部分本文省略）。

6.在升级后进行必需的IPv6技术培训。

通过上述的IPv6升级步骤，逐步将园区升级为IPv6/IPv4双栈网络，满足现阶段的双栈用户的接入需求。

双栈模式的园区网的骨干网络在进行建设时，遵循分层的网络建设模式。主要关注汇聚层与核心层的IPv6技术部署。部署IPv6后的双栈园区骨干网如图3所示，在核心层和汇聚层使用双栈交换机，接入层可使用现有的二层接入交换机组网或者将不支持IPv6的三层交换机降为二层使用，用以保护历史投资。根据用户带宽的需要，选用“百兆到桌面”或“千兆到桌面”的模式。在升级后，IPv6网络部分与原有园区网IPv4部分融合，园区网中双栈用户可以同时访问IPv6和IPv4网络。对于双栈终端，IPv4网关和IPv6网关均部署在汇聚三层交换机上。由于网内所有三层设备均是双栈设备，既运行IPv4也运行IPv6路由协议，不同协议的数据转发路径可能一致，也可以不同。

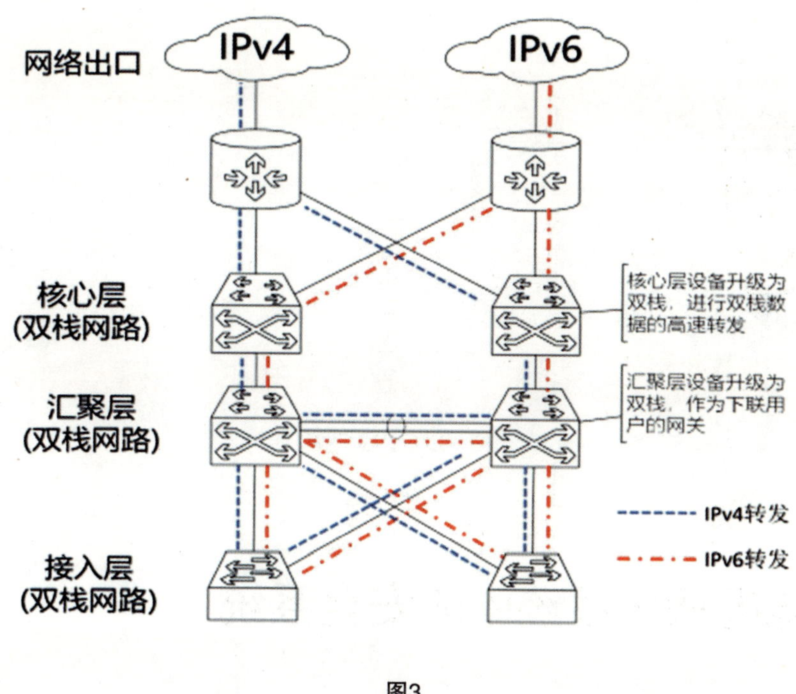

图3

为提高网络的可靠性，汇聚层与核心层之间、接入层与汇聚层之间采用双链路上联实现链路冗余；汇聚设备作为用户接入点网关设备，通过运行VRRP协议实现网关冗余；核心节点采用双核心部署，保证节点冗余。在使用了双栈技术的网络中，所有双栈的终端用户都有明确的IPv6数据转发路径，IPv6与IPv4层面的数据路径明确，便于网络管理及故障定位。双栈模式的IPv6园区网络建设是目前最为常见的模式。

薛志立 / 文

座右铭：努力未必能成功，不努力必无成就。

个人简介：薛志立，平潭广播电视台播出部技术员。

浅谈电视播出系统中的安全系统

摘要：平潭广播电视台建立的是全硬盘数字化的网络播出系统，使用中需考虑各方面因素，包括电气工程、网络安全、系统备份、播出系统等。由于硬盘播出的系统设计需求，绝大部分的节目素材都需要提前上载采集，由上载设备引发的机械事故能得到及时的发现处理，提高播出的工作效率。

关键词：播出系统　电气工程　网络安全　系统备份

播出系统是广播电视系统中的关键环节，各家电视台都把安全播出放在重要位置，播控中心是电视制作播出的最后环节，保障安全播出向来是电视台各项安全工作中的重中之重。为保障电视安全稳定地无缝播出，需考虑各方面因素，包括电气工程、网络安全、系统备份等。

一、电气工程

1.供配电

整个系统电气负荷属于一级，采用双回路供电，当一路外电停电或出现故障时，配电房可自动切换至备份回路。系统内设备均为双路电源配置，各电源柜、电源线、开关标签要明确。

2.不间断电源系统（UPS）

为了保证用电的安全可靠，系统设备都由UPS电源供电。采用互为主备的两套UPS电源系统，当主机出现故障时自动转换到备机。UPS基本容量应在设备计算负荷的1.2倍以上，同时留有余量，能支持整个系统2小时以上，给查找、排除故障提供充足的时间。UPS系统整体运行状态提供监控。

3.防雷、防静电和接地系统

整个系统大量的电子设备工作电压较低，精密设备较多，对雷击的耐受力较差，一旦遭受雷击，往往造成巨大损失，所以各种防范雷击的措施要求较高。为防止高压雷电波侵入机房设备，中心机房采用联合接地方式。接地系统包括防雷接地、交流工作接地、直流接地、PE保护接地、屏蔽接地及防静电接地等。

二、网络安全

1.物理隔离、网段专用

播出机房将所有播出设备与周边系统进行隔离，同时将播出线上的设备与互联网隔离，即播出设备只与内网设备连接，同时只与相同网段设备通过交换机交换数据。这种专用网段的方式还应用于上载服务器、二级存储服务器、迁移服务器、数据库，通过这种方式，实现播出系统中设备间的数据的安全传输，不受外部网络恶意攻击。所以从本质上讲，播出系统完全处于一个局域网之中。

2.台内素材的专线传输

由于一些新闻性和实效性强的节目素材存在着“当天编辑，当天播出”的情况，所以需要将节目制作的非线性编辑网（非编网络）与播出系统的上载工作站进行互通，用以降低节目由制作到最后播出的时间成本，提高工作人员的工作效率。由非编建立一个共享文件夹，与播出内部一台专用机子进行互通，再通过摆渡软件将该文件夹内的素材互通到播出上载网络中。在高速地进行素材传输的同时，保证了播出系统的安全性。

3.上载转码、技术保障

一条待播的素材，从制作开始，经过制作部门的三级审核后，使用专用移动存储设备拷贝至专用计算机，然后通过摆渡工作站将待上载节目素材传输至上载工作站。连接专用移动存储设备的计算机定期进行病毒库更新升级，防止外部病毒的入侵。当素材准备通过上载服务器进入二级存储服务器和K2视频播出服务器时，除了要求上载人员实名使用专用移动存储设备外，播出机房还会对素材转码进行再一次的检查。首先，技审服务器会对已经上载完毕但是还存储在本地的节目素材进行审核，滤除节目素材问题；其次，经过上载卡的解析之后的节目素材会以MPG格式传输，这样就能将病毒和非法文件拒之门外。同时，整个传输过程中，迁移服务器对文件完整性进行检查，保证待播节目素材在二级存储服务器上的合法性和合理性。节目素材传输上载框架图如图1。

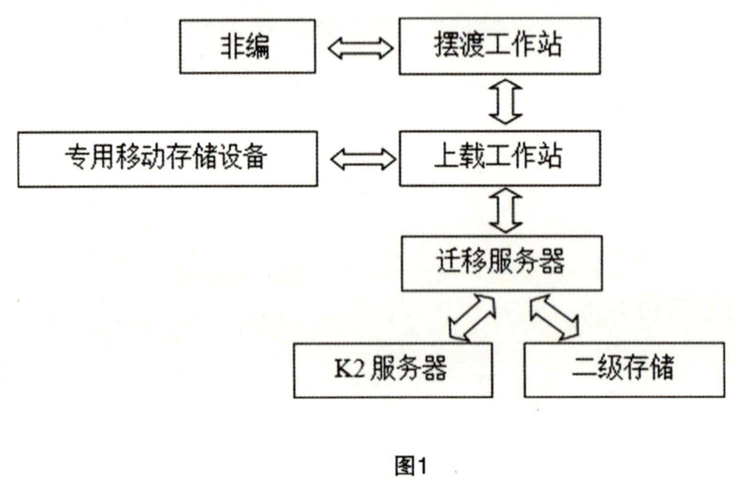

图1

三、系统备份

1.系统概述

播出系统以视频服务器为核心，周边系统包括播控系统、二级存储服务器、迁移服务器、技术审片服务器、数据库、上载工作站等。平潭广播电视台使用的是美国草谷公司生产的K2 SUMMIT视频服务器，建设以视频服务器为核心的4通道的播出系统。其他主要服务器设备还包括：数据库服务器系统，采用SQLServer

2008数据库和集群软件EMC Autorstart；技审服务器，安装的是新奥特公司的监控软件，利用网络实现播出网内重要设备及端口实时的监测；迁移服务器，将蓝鲸二级存储的素材手动或者自动地实现播出视频服务器互相迁移。整套系统通过局域网相连接，实现素材自动迁移和手动迁移结合、自动播出和人工应急播出互相辅助的工作方式。全系统所有环节和功能点都进行冗余设计，避免任何的单点故障。节目素材的核心存储、核心数据库服务器、视频播出服务器、播出工作站等都采用双机主备方式，确保数据的安全。所有服务器均采用双电源，并结合64位操作系统提高运行稳定性。

2.服务器备份

（1）数据库服务器

数据库服务器双机工作方式是Active（活动）/standby（待机），主机运行时，备机处于待机状态。通过双机镜像软件EMC Autostart 5.3实现切换，属于纯软件模式。当主机故障时，备机马上启动，将主机服务、数据源等工作接替，这种切换模式主要适用于主备机配置一样且数据访问量不大的情况。纯软件双机热备方式，可靠系数高，因为同时有2个磁盘作为数据源，且系统采用RAIDI，进一步提高安全系数。

对数据库服务器的访问和数据实时更新，EMC Autostart软件运用了虚拟IP技

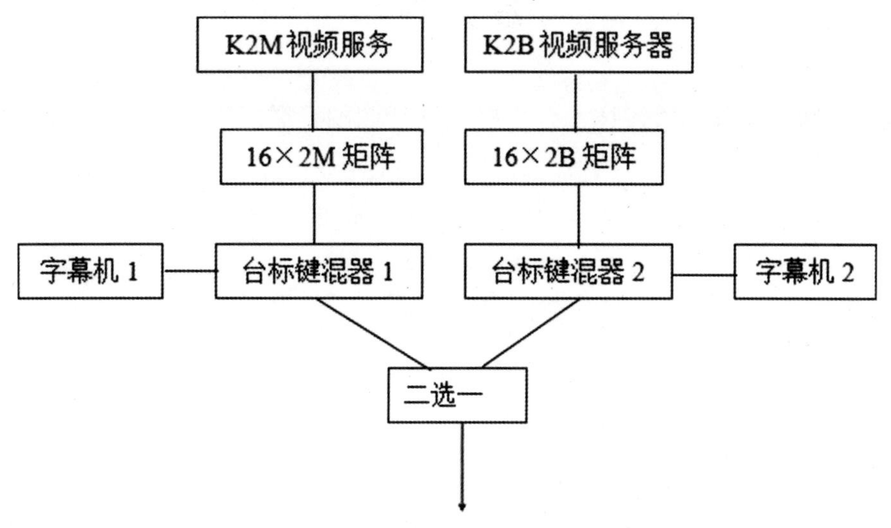

图2

术。虚拟IP技术即通过EMC Autostart软件配置出一个IP地址，与真实存在的IP地址不一样，它并不参与数据的传输交换，只是在服务器切换时，热备份软件自动将这个地址解析到正常运行的服务器上。对播出网内部用户来说，客户机始终访问的是虚拟IP地址，无论是哪台服务器处于在线状态，操作人员都无须确认。

（2）视频服务器

播出服务器双机工作方式是Active（活动）/Active（活动），2台服务器实时同步播放。主备播出服务器的信号通过视分板卡分别接入32×32数字矩阵、16×2数字矩阵、多画面分割器中，便于各路信号的切换、调取以及监看监听。16×2的输出信号经过键混、台标机、字幕机，最后将2路信号接入2选1倒换器后输出1路信号。硬件框架图如图2。

视频服务器4通道播出系统分别为垫片播放通道、技术审片通道、审片通道、播出通道；数字矩阵16×2的输入信号中包含直播信号、演播室信号、CCTV1光纤信号、垫片等，其中输入信号均实现主备两条线路；最后经过二选一的输出信号回路至32×32总控数字矩阵中，又将总控输出信号接入K2视频服务器。各个节点的信号均接入多画面分割器，输出至视频、音频监视器，方便值班人员实时监听、监看，便于及时发现故障并分析可能的故障节点。通过32×32数字矩阵操作面板、16×2数字矩阵操作面板、二选一操作面板，值班人员可以及时地对故障进行应急性处理，随后进一步对故障设备进行故障检查及排除。

结束语

先进的播出设备和播放技术为广播电视行业的发展提供了良好机遇的同时，也给安全播出带来了巨大的挑战。对于一个电视台来说，无论规模或者覆盖面的大小，安全播出都是我们必须首要考虑的问题，而安全播出的重中之重是构建完善的播出安全系统。技术人员应该拥有及时解决播出事故的能力，更应该不断学习，为构建更加完善的安全系统提供强有力的技术支撑。

吴重阳 / 文

座右铭：老老实实做人，踏踏实实做事。

个人简介：吴重阳，平潭广播电视台播出部副主任。

浅谈卫星接收天线的种类及安装调试

摘要： 随着我国广播电视行业的发展，卫星传送早已成为广播电视数据传输的重要渠道。在卫星通信传输过程中，接收上行地球站传送来的卫星信号要靠地面卫星接收系统来完成，因此，卫星接收系统发挥着重要作用，而卫星接收天线的调试又是完成信号接收的关键环节。鉴于此，本文结合笔者工作经验，主要对卫星天线的种类做介绍，并从实用的角度阐述了卫星接收天线的安装、调试方法和实际工作中一些需要注意的相关事宜。

关键词： 卫星接收天线　种类　安装调试　保养

目前，我国的广播事业已经取得了令人瞩目的成就。卫星广播电视从最早的模拟到数字，从C波段到KU波段，从传输到直播，发展可谓迅速。卫星直播电视的开播，更是解决了我国偏远山村收看电视难的问题，包括现阶段的村村通广电工程也是利用卫星信号进行覆盖的。因此，卫星接收天线如果没有安装调试好，将对广播电视信号的传输效果造成很大影响，所以要求相关工作人员掌握卫星天线的调试方法十分有必要。

一、卫星接收天线的作用

一个完整的卫星接收系统是由卫星接收天线、高频头、馈源、线缆、功分器和卫星接收机等几部分组成的。

最常用的卫星接收天线就是我们所说的大锅，是一个抛物面，它把从星空传来的卫星信号能量反射会聚成一个焦点。馈源是在天线焦点处设置的一个卫星信号的喇叭，它把会聚到焦点的能量全部收集起来。高频头是将馈源送来的信号进行降频和放大后再传送到卫星接收机。一般来说，天线的口径越大，节目信号越强，接收到的信号质量越高。

二、卫星天线的种类

卫星天线的类型可分为两种，正馈和偏馈。正馈天线即我们说的大锅，常用于接收C波段的节目。它属于一次反射式天线，卫星信号经反射面反射后，聚焦到天线的中心焦点处。偏馈天线是指天线的馈源和高频头的安装位置偏离反射面的正前方，因此对反射面没有遮挡，即没有馈源阴影的影响，从而提高了天线的口面效率。偏馈天线也叫小锅，常用于接收Ku波段的节目。

1.按天线的接收性质和构造分类

（1）旋转抛物面天线

也称为中心聚焦天线，是最常用的卫星接收天线形式，由一个反射面和馈源组成。高频头和馈源安置于天线的中央焦点。其盘面为正圆，成抛物线形。旋转抛物面天线的盘面（反射面）以铝合金板状结构最为普遍，这种结构的天线，强度大、精度高、结实耐用、反射效率高，但它的重量大、风阻较大，对天线支架的要求比较严格，价格偏高。现在常用的卫星接收天线的反射面均为铝质网状结构，它重量轻、对风的阻力小，价格相对便宜，但精度差、强度较低、耐用性比较差。

（2）卡塞格伦天线

卡塞格伦天线是双曲面天线，由主反射面、副反射面和馈源组成。这类天线多为大口径接收天线，其馈源位于抛物面顶点附近，焦距较短，馈线的长度也较短。馈源是指向天空的，由馈源漏溢的电波产生的噪声温度低。由于用了副反射面，在设计时增加了灵活性，容易控制天线开口上场的分布，其设备的机械结构和调整维护也比较简单。

（3）球形反射面天线

球形反射面天线是指反射面是球面的一部分，在接收系统中，使用此种天线的目的就是进行多星接收，在焦点上，安装了多个馈源，并根据所接收卫星的方向适当地调整各馈源的位置。

（4）微带天线

在Ku波段可以使用微带天线作为接收天线。它采用微带技术，高频头设置在天线内部，外形是一块平板，所以也称平面天线。它是采用在一块薄介质基片上，一面贴上一薄金属层作为接地板，另一面用光刻腐蚀等方法做出一定形状的金属贴片，利用微带线和轴线探针对贴片馈电的形式接收信号。这种天线的体积小、重量轻、电性能多样化，价格较低，比较适合在家中使用。

2.按天线的使用材料分类

（1）板状天线：钢板、铝板、不锈钢、玻璃钢、塑酯等材质构成的天线。

（2）网状天线：用金属丝网模压成型，多用于C波段的个人接收方式。

（3）螺旋天线：通常由多个螺旋部分和一个反射器组成，螺旋部分的长度等于或略大于接收信号的一个波长，反射器呈圆形或方形，用在接收L波段的广播电视上。

3.按天线的驱动方式分类

（1）普通天线：通过手动来调节天线的方位角、仰角、极化角，结构简单，价格低，但使用麻烦，精度低。

（2）电动天线：通过低速电动机驱动减速换向机构（蜗轮等）来调节天线的方位角和仰角。

（3）自动跟踪天线：这种天线精度高，捕捉时间短，使用寿命长，操作简单，多用在轮船、汽车、火车等移动的交通工具上。

三、卫星天线调试方法

下面以旋转抛物面天线为例，介绍一下怎样调试卫星天线。

1.做好相关器材的准备工作

任何工作都需要做好充足的前期准备，才能保证工作顺利开展，卫星天线的调试工作也不例外，所以在进行卫星接收天线调试之前要做好准备工作，特别是设备器材方面的准备。卫星接收天线在安装时主要需要用到卫星接收天线和卫星接收机，同时还要借助很多工具进行辅助才能完成安装，为保证调试工作的效率、提高调试速度，在安装前一定要对整个过程中所需要的工具都准备完全。

2.地面站点的选择

为了保证地面站工作的稳定，我们在选择地面站点时应排除站点周围电磁的影响因素，确保卫星接收天线的接收面无遮挡。此外，在选择地面站点时，对站点周围的环境也需要加以考虑，如尽量避开高压供电或雷电等干扰因素。

3.对卫星和节目的相关数据进行全面的了解

对卫星工作的相关数据和节目数据进行充分了解能够为卫星接收天线的调试施工奠定良好的基础，确保接收天线调试的质量和效率，为广播电视节目的信号传输效果提升创造有利条件。但是对这些数据的了解工作是一个非常复杂的环节，需要非常严谨的工作态度，相关工作人员可以通过将某些数据输入到卫星接收机中，对卫星及节目的有关数据进行获取和全面了解，以提高获取数据的全面性，保证数据信息质量。

4.卫星接收天线的安装

首先，依据卫星天线说明书正确安装卫星接收天线的底座。特别需要注意的是，在安装底座时，要确保卫星接收天线的主轴支架与地面呈现水平垂直状态，同时还要考虑到当地的气候情况，如台风等因素，视具体情况对底座进行加宽加高处理，以应对不同级别的台风。卫星天线的主轴安装完毕之后，参考卫星天线安装说明书及技术条件，不但要把卫星接收天线的抛物面安装的效果达到标准的规定，而且还要把卫星接收天线的馈源和高频头安装完毕，最后才可以设定卫星接收天线架的位置。在安装卫星接收天线的过程中，要确保安装过程不会对天线的增益有所影响。同时，在安装时，不但要对卫星接收天线抛物面的形状精度正确把控，还要精确掌控全反射面与馈源之间的尺寸联系，而且必须让馈源口校准主反射面的焦距。为了使天线的方向与广播卫星完全对准吻合，就需要严格遵循设计的要求规范来执行，从而保证最终安装的效果满足设计的要求，从而增强天线的增益。另外，在安装的过程中，一定要避免反射面的异变，同时，馈源的内部绝不容许有水、灰尘等杂物的进入。

5.卫星接收天线的调试

卫星天线安装完成后，调试工作也是一项非常重要的环节。在进行调试之前，需要先通过公式计算出天线的方位角、仰角、极化角这三大参数。方位角是从指北方向线起依顺时针方向至目标方向线间的水平夹角。仰角是指从接收点仰望卫星天线的视线与水平线构成的夹角。极化角是指接收点地平面与接收天线口面的交线和电波的水平极化矢量之间的夹角。

下面介绍卫星天线调试的详细步骤：第一，借助指南针准确找出正南的方向位置；利用量角器或其他仪器对卫星接收天线进行调试，使其达到已计算好的方位角与仰角的效果；设定方位角的位置。第二，慢慢调整卫星接收天线抛物面的仰角，利用已经调试好的卫星接收机以及已经调试好的监视器进行全程的监控，等到监视器上面呈现出了图像，就可以对卫星接收天线抛物面的仰角进行下一步的调试，不断地调试，只有当监视器上面呈现的图像质量达到最佳效果才可以。第三，把调试好的卫星接收天线抛物面仰角的螺杆固定好，并且做上明显的标记，接着再微调卫星接收天线的方位角，直到图像的质量达到最佳效果为止。第四，把卫星接收天线固定好，做好标记。若当地台风较多，则最好用钢索将卫星天线固定到墙体或地面上。

四、卫星天线的保养

当卫星天线调试完成后，其方位角、仰角等就基本不动了。为了消除卫星漂移带来的影响，可依据实际收测结果，定期或不定期对天线进行微调，使之能始终处于最佳的接收状态。为防止天线遭雷击，最好在天线上方安装避雷针。从室外高频头到室内接收机的电线馈线也最好穿于金属管道内，以免长时间裸露在外面造成老化。要保持馈源和反射面的清洁，千万不要让馈源进水。

五、结语

随着卫星传输信号量的逐年增加，卫星接收天线的调试工作的重要性不言而喻，卫星接收天线所接收信号的质量与效果与其前期安装时的调试工作有着非常密切的联系，因此对于卫星接收天线的调试工作要给予高度重视。通过本文对卫星接收天线的介绍，在没有专业工具及缺乏安装经验的情况下，可以比较高效地完成卫星接收天线的安装调试工作。同时本文对卫星接收天线的保养进行了简单介绍，对卫星接收天线的保养，在一定程度上可以延长卫星天线的使用寿命和保障信号接收的强度。

吴杰 / 文

座右铭：认真勤恳，脚踏实地，厚积薄发。

个人简介：吴杰，平潭广播电视台播出部播控组组长。

浅析不间断电源（UPS）及其发展趋势

摘要： 随着微型计算机应用的日益普及和信息处理技术的不断发展，国民经济、国防军工、政府部门的各个领域要保障计算机信息网络系统的安全、可靠运行，就离不开不间断电源（UPS），这已成为信息业界乃至各行各业的共识。本文分别介绍UPS的发展历程、UPS的功能、UPS组成和UPS发展趋势。

关键词： 不间断电源　整流　逆变　稳频电源

不间断电源（UPS）是一种含有储能装置，以整流器、逆变器为主要组成部分的稳压稳频的交流电源。它不仅在输入电源中断时可立即供应电力，也可在电源输入正常时，对品质不良的电源进行稳压、稳频、滤除噪声、净化电源、避免高频干扰等，以提供使用者稳定纯净的电源。

一、UPS的发展

最初的UPS是21世纪60年代初由旋转电动机供应能量的动态UPS，即不间断是

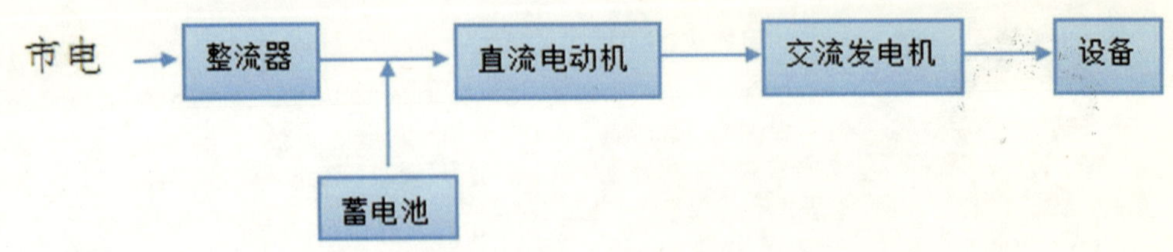

图1 早期UPS典型框图

靠动能维持。这种早期UPS的输出稳定是靠惯性飞轮对短时间电压突变和干扰无反应；不间断性是靠断电后飞轮的惯性延长供电时间。当然这种UPS的后备时间是很短的（一般不超过15秒），于是人们开始使用备用蓄电池组，这是早期UPS的典型结构，框图如图1所示。这样的UPS虽然可以靠增大蓄电池容量来延长后备时间，但转换效率低，于是出现了内燃式UPS系统，这种UPS靠内燃机提供断电后的能量。动态UPS设备庞大笨重、操作不够灵活，而且效率低、噪声大。

随着电力电子学的发展，为实现大功率的电能转换，于是出现了静态UPS，它的主电路和控制电路均采用半导体器件，它也是目前绝大多数概念中的UPS，其典型框图如图2所示。基本原理是：市电输入经整流器将交流电变成直流电，一方面给蓄电池组充电，另一方面为逆变器提供能量，再将直流电变成交流电，经转换开关送到负载；当逆变器发生故障时，另一路备用电源（旁路电源）经过转

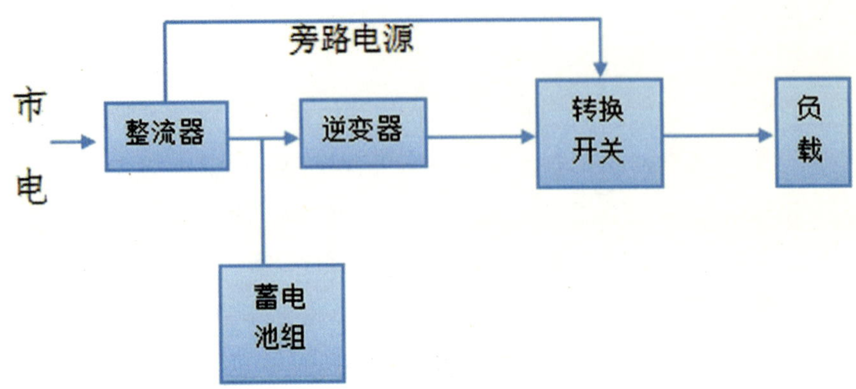

图2 静态UPS典型框图

换开关实现向负载供电。

静态UPS的工作方式有在线式和后备式，两者主体结构大体相同，只是后者在市电正常时工作在旁路，而前者只有当逆变器故障或过载时才由旁路电源供电。一般来说，从性能上讲，在线式优于后备式；从容量上讲，后备式一般不大于3KVA，而在线式不受此限制，目前单机容量可以做到600KVA以上，比如EXIDE公司。

UPS的装机容量正不断扩大，并联成为扩大容量或者冗余系统的必然方法。比如，M.G、EXIDE等公司的UPS机内信号用微机处理、通信采用普通信号，而SIEL公司采用光纤通信，从而实现多台UPS的同相同幅、均负载的功能。

由于单相进单相出给市电配电带来极大困难，于是出现了三相入单相出的UPS，其最大容量可达60KVA以上，这种单相输出的UPS在切换到旁路时，满负载情况下市电对应的一相将严重超载，因此厂家推出了三相入三相出的UPS产品，而且有三相负载100%不平衡产品，如PIM产品。

为改善后备式UPS的供电质量，人们研制了净化UPS，即将净化电源加在旁路电源上，如国产宝合UPS产品。

结合后备式UPS效率高和在线式UPS供电质量高的优点，人们提出了三端口UPS。它使得离线式和在线式有机结合在一起，产品如APC、BEST等。

二、不间断电源（UPS）的功能

1.双路电源之间的无间断切换

两路电源（一类供电电源和二类供电电源）可通过UPS实现无间断切换。

2.隔离干扰功能

在UPS中，交流输入电压经整流后，加入逆变器，逆变器对负载供电。这样可将电网电压瞬时间断、谐波、电压波动、频率波动以及噪声等电网干扰与负载隔离，即使负载不干扰电网，也使电网中的干扰不影响负载。

3.电压变换功能

通过UPS，可以将输入电压变换成需要的电压。

4.频率变换功能

通过UPS，可以将输入电压的频率变换成需要的频率。

5.后备功能

UPS中的蓄电池，贮存一定的能量，市电间断时蓄电池通过逆变器可继续供电。后备时间可以为5min、10min、15min、30min、90min甚至更长。

三、UPS基本工作原理

1.在线式UPS工作原理

在线式UPS由整流滤电路、逆变器、输出变压器及滤波器、静态开关、充电电路、蓄电池组和控制监测、显示告警及保护电路组成。在线式UPS的输出电压波形通常为标准正弦波。

2.后备式UPS工作原理

后备式UPS与在线式UPS差别是：没有输入整流滤波器，逆变器只由蓄电池供电，市电正常时，逆变器不工作。输出没有滤波器，输出电压波形一般为方波。市电正常时输出变压器起交流稳压器的作用。

当市电正常时，UPS工作在市电旁路状态，转换开关切换到市电输入端，输入市电经转换开关接至输出变压器，然后给负载供电。市电变换时，通过继电器改变变压器的接点，可稳定输出电压。

当市电出现故障时，UPS工作在后备状态，检测控制电路检测到市电故障后，启动逆变器并将转换开关切换至逆变器端，由蓄电池经逆变器给负载供电，逆变器输出波形为方波。负载变化时，逆变器通过改变输出方波的宽度实现稳压。

四、UPS组成

UPS通常由以下7个部分组成：输入整流滤波电路、功率因数校正电路、蓄电池组、充电电路、逆变电路、静态开关电路、控制监测显示及保护电路。

1.输入整流滤波电路

UPS中，常用的整流电路有单相不可控和可控整流电路、三相不可控和可控整流电路。滤波器可分为电容输入或电感输入两种。

2.功率因数校正电路

UPS中，交流市电经整流后都采用大容量电容器进行滤波，而且整流电路输出端还并联有蓄电池。在电容器或蓄电池充电期间将形成脉冲电流。该电流峰值很高，产生高次谐波电流并导致功率因数下降，功率因数校正电路可使电网输入电流变为与输入电压同相位的正弦波。

3.蓄电池组

蓄电池组是UPS的心脏。市电正常时，蓄电池充电，将电能转化为化学能并储存起来。市电中断时，UPS蓄电池中的电量维持逆变器工作。目前中小型UPS中广泛使用阀控铅酸蓄电池。长延时（4h或8h）UPS中，蓄电池的成本甚至超过主机的成本。正确使用维护蓄电池组，对延长蓄电池使用寿命关系极大，使用正确，阀控铅酸蓄电池的寿命可达10年以上。

4.充电电路

UPS中，一般充电电路都是独立工作的，也就是说，即使不用逆变器，只要交流电源接通，充电电路就开始工作。充电过程中，首先采用恒流充电，当蓄电池的电压达到浮充电压后，即转为恒压充电，直到电池被充足，因此，充电电路一般有两个反馈回路，一个作电流反馈，另一个作电压反馈。主电路一般采用开关型整流电路，为了缩短充电时间，各种快速充电电路在UPS中也得到了应用。

5.逆变电路

逆变器的作用是将市电整流后的直流电压或蓄电池电压变成交流电压。在后备式UPS中，逆变器输出电压波形一般为准方波；在线式UPS中，逆变器输出电压波形多为正弦脉宽调制波（SPWM），该波形经LC低通滤波器滤波后，可得到标准正弦波。

6.静态开关电路

静态开关的作用是保护着UPS、负载，并实现市电旁路供电和逆变器供电的转换。UPS过载时，为了保护逆变器，当市电正常时，通过静态开关将输出由逆变器转换到市电；逆变器出现故障时，为了保证负载不断电，UPS的输出也通过静态开关输出切换到市电。由于UPS内部一般都有同步锁相电路，同时静态开关转换时间较短，因此在转换过程中不会出现供电间断。小型UPS一般采用快速继电器作为静态开关，大中型UPS则采用反向并联的快速晶闸管作静态开关。

7.控制、监测、显示及保护电路

UPS输出电压的精度、波形失真度以及工作可靠性均与控制电路密切相关。控制电路主要有SPWM产生电路、闭环调压电路、同步锁相电路等。为了使UPS可靠工作，一般的UPS中都有：电池电压过低自动保护电路、逆变器输出过载或短路自动保护电路、逆变器过压自动保护电路、市电电压过高自动保护电路、UPS延迟启动自动保护电路等。为了随时掌握和了解工作状态和运行情况，UPS中还设有监测电路、显示电路及报警电路。

五、UPS发展趋势

1.智能化

智能化的UPS的硬件部分，是由普通的UPS加上微机而组成的。微机通过对各类信息的分析综合，完成UPS正常的控制功能，此外还应完成以下功能。

（1）对UPS实现实时监测，对重要数据进行分析处理，从中判定各部分电路工作是否正常。

（2）UPS发生故障时，根据监测结果及时分析，诊断出故障部位，并给出处理方法。

（3）UPS发生故障时，根据现场需要及时采取必要的自身应急保护动作，以防故障面扩大。

（4）能根据不同电池的要求，对电池进行不同方式的充电。

（5）UPS运行出现异常或发生故障时，能够实时自动记录有关信息，显示监测的数据，并形成档案，供技术人员查阅。

（6）用程序控制UPS启动或停止，实现无人值守。

（7）可以随时向计算机输入信息或从联网机获取信息。

2.高频化

第一代UPS的功率开关为晶闸管，第二代UPS的功率开关为功率晶体管，第三代UPS的功率开关为功率场效应控器件（MOSFET和1GBT）。功率晶体管开关速度比晶闸管高一个数量级，场效应晶体管（MOSFET）的开关速度比功率晶体管又高了一个数量级。变化电路频率的提高，使滤波电感和电容大大减少，UPS效率、动态响应特性和精度大大提高，体积和噪声也大大减小，比如平潭广播电视台高清改造使用的施耐德APC电源。

3.绿色化

各种用电设备及电源装置产生的谐波电流及滞后电流严重污染电网，随着各种政策法规的出台，要求无污染的绿色电源装置的呼声越来越高，UPS电源除加装高效输入滤波器外，还应在电网输入端采用功率因数校正技术，消除整流滤波电路产生的谐波电流，使UPS的输入功率因数达到0.98以上。

在巨大的市场需求推动下，未来几年，我国数据中心投资仍将保持较快增长，对UPS的市场需求也将保持同步增长。UPS系统通过技术升级，不断提高产品的转化效率、降低能耗。

施晓凌 / 文

座右铭：心存善念，学会感恩。

个人简介：施晓凌，平潭广播电视台编委、专题节目部主任。

对小岛屿国家海洋圆桌会议“平潭蓝”文艺晚会的录制的几点思考

一

2017年9月21日，中国—小岛屿国家海洋部长圆桌会议在福建平潭召开。这也是平潭历史上首次召开的国家级大型会议。为了以全新的面貌和姿态迎接远道而来的国际友人，平潭专门为这次会议推出了两台高水平的文艺演出。一场是以“岚岛之夜”为主题的裸眼3D水幕艺术秀，在竹屿湖上演，另外一场是以“平潭蓝”为主题的室内文艺会演。为了让平潭观众在电视屏幕上欣赏到这两台精彩的文艺演出，平潭党工委、管委会决定由平潭广播电视台全程录制并播出这两台文艺演出。平潭广播电视台2012年建台，人员少、设备差，此前从未录制和直播过类似的大型文艺演出，因此，对此次文艺演出的录制既是挑战，也是难得的练兵机会。此前区传媒中心争取多名挂职干部到平潭广播电视台挂职，为平潭广播电视台弥补了专业人才的紧缺。挂职干部的专业性和从业经验，为此次文艺会演的顺利录制提供了专业的指导和技术支持。通过此次的文艺会演的录制，我们才能

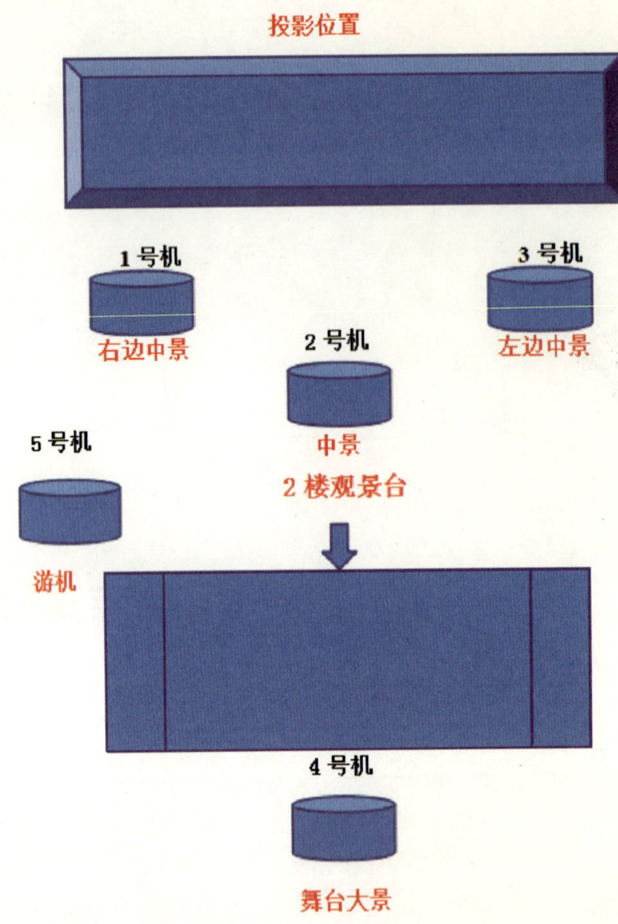

"平潭蓝"文艺晚会机位布置设置图

在尝试和实践中找到自己的问题，补齐自己的短板。

平潭广播电视台自身容量比较小，还有人员短缺，许多岗位都没有专业的对应人员，无法专门设置晚会录制和直播团队，都是各部门临时抽调人员参加。为了能把最美的晚会盛宴呈现给电视机前的观众朋友们，我们克服眼前的困难，寻找问题，解决问题，针对现场能出现的问题提前做出假设，在设备上，提前做好调试。"岚岛之夜"为主题的裸眼3D水幕艺术秀是户外大型数字化艺术视觉盛宴，将裸眼3D、水幕投影和炫彩激光相融合，使之形成变幻莫测、身临其境的奇幻效果。这种户外水幕秀，讲究视觉效果和画面的冲击力。为了能达到录制的效果，我们在机器上不断地进行调试。

二

平潭台以往的节目生产主要都是以拍新闻节目为主，拍摄画面都比较单一，缺少艺术和美感。对于这种晚会的录制，就需要经验丰富的人员作为“领头羊”。对于晚会的录制，主要靠机位设置、镜头调试、灯光布置、导播的调度、技术保障等多方面的配合，才能完成一系列的任务。“岚岛之夜”3D水幕艺术秀现场情况比较复杂，而且场地受限，机位没办法固定到较好的位置，因为晚上湖面的水汽大，自然光弱，对摄像机的镜头对焦和白平衡设置都产生很大的影响。考虑到画面的呈现效果，我们采取5机位录制，1号、2号、3号负责左中右，4号负责二楼的大景，5号机负责游机。

以2号机的白平衡参数为标准，其他机器统一设置到标准参数值，就会避免摄像机白平衡出现色差问题。前期工作准备好，后期录制关键在于导播，导播是整个晚会的调度者、指挥者。导播根据不同的机位进行不同的画面切换。但是平潭电视台缺少的就是导播人员，因为岗位的特殊性，无法做到专门设置导播岗位。缺少经验的导播，画面切得没有规律，无法根据音乐的节奏，把画面很好地诠释出来，会让画面变得很生硬，缺少唯美感和艺术感。一场15分钟的3D水幕秀，现场导播演练了两遍才初步能够用5个机位的画面来切换和衔接，关键在于随着音乐节奏来切画面的感觉还是无法掌握，因为这种感觉不是一蹴而成，而是需要大量的实践经验来摸索完成的。

三

为了弥补平潭广播电视台晚会录制和直播的短板，平潭广播电视台领导高度重视，针对晚会录制情况提出可操作性的意见和建议。要求组建录制团队，由平潭广播电视台总编辑高宏斌做晚会总导演，各部门抽调业务骨干，设置专人导播，并对3D水幕秀录制回来的画面进行研究和琢磨，在画面中寻找问题、寻找差错，为“平潭蓝”文艺晚会顺利录制做好准备。

只有这样才会自我提升，对于晚会录制人员也是一次很好的经验积累，只有在实践时才会认识到自身的差距。针对“平潭蓝”文艺晚会的录制，我们提前5小时进入晚会现场，对机位设置、白平衡的调白、舞美布局、舞台区域功能、节目彩排、音乐节奏、舞台灯光、主要演员的走路方向进行整体的了解。因为当天

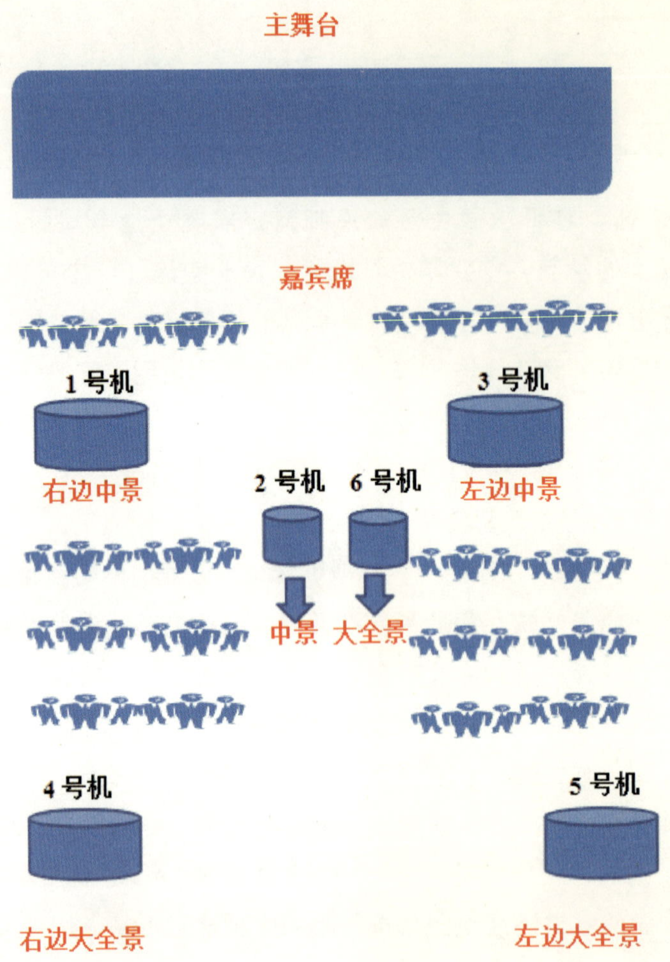

“平潭蓝”文艺晚会机位布置设置图

海峡卫视的录制团队也在现场录制，这让我们经验不足的团队在布置机器上就遇到问题。当天晚上我们采用6机位录制，在布置过程中很多位置都被海峡卫视的团队占用，关键是很多机位都会出现穿帮的情况。从厦门来平潭挂职的平潭广播电视台总编辑高宏斌在晚会导演及录制方面经验比较丰富，亲自为我们进行指导，给出合理的机位布置位置。

机位布置好，最重要的是灯光和白平衡设置，晚会的灯光效果好坏是决定整场晚会的重要因素。在现场，6个机位通过灯光定点设置白平衡，但始终找不到一个标准的参照值，不是偏蓝就是偏黄。白平衡的参数一直是6700。为了解决这个问题，我们参考了海峡卫视的做法，但是在导播台呈现的效果还是有很多的差别，最终我们还是尝试用老办法来做，以2号机主机位来调试，以它作为白平衡标准参数，其他机器统一调到这个参数，最后顺利解决画面色差的问题。前期工作都准备好，最关键的又回到导播。首先导播对这次画面的呈现有了初步的框架，把握住动静结合、跟着音乐的节奏来切换自己想要表达的画面。整场晚会下来，总体来说还是切得比较顺利，但是问题的关键还是在于音乐和画面的节奏把握欠缺，画面切换过于着急。多机位画面切换，在画面选择上和摄像人员配合不够，不能第一时间切到自己想要的画面，还会出现同景画面重叠切换，导致画面有硬切的感觉。

四

在平潭台直播录制的几场大型文艺活动，特别是类似这两场高水平的文艺晚会录制，把自身录制晚会的不足表现得特别明显。第一，要有一个经验丰富的人员，作为晚会录制的统筹工作，熟悉晚会录制，能把控晚会录制的全部流程，对晚会出现的问题，能及时应对。第二，组建团队、统筹人员，做到合理分工，提高团队凝聚力。第三，在硬件上，必须配备专业的8路切换台，摄像机要有统一的型号。在人员上，要有熟悉晚会录制的技术人员，只有技术做好保障，晚会才能安全顺利地录制。第四，录制团队每个人都要熟悉晚会录制的流程，做到每个人负责的区域都清楚。第五，做好前期准备工作，提早进入录制现场，节目彩排、节目的音乐节奏、舞台灯光、主要演员的走路方向要做好标记。第六，设置专职导播的重要性，导播是全场晚会录制的指挥者和把控者，画面切得好与坏，都在于导播。第七，组建晚会直播录制小组，平常还是做自己的本职工作，有活动的时候，小组成员马上召集在一起，长期下来，对于整个小组成员的默契度有很大的帮助，因为现场直播录制是考验整个团队的配合，无论哪个工种都不能出现差错。

通过这次活动，使我深受触动的是：以往录制节目，许多时候都认为是实践问题，但仔细思考，实际上是理论问题。虽然说实践出真知，但如果已有现成的经验而不认真吸取，仅凭一己之力去摸索，就会走许多弯路，就会耗许多宝贵时间。实践证明，尤其对个人而言，所有的进步都是既有理论的支撑，又有实践的体验，否则，很难达到理想的效果。

后记：拥抱春天，奔向未来

高宏斌 / 文

一沓散发着油墨清香的文稿放在我的桌面上。

这是平潭广播电视台和平潭时报社的编采及技术人员业务研讨和工作探索的心得，全部文稿共有46篇，其中“传媒研究”12篇，“岚台传播”3篇，“新闻广角”12篇，“媒体融合”7篇，“媒介技术”12篇，涉及时下广播电视和报纸宣传的各个方面，可谓内容丰富，异彩纷呈。细细读来，有见地，有水平，令人十分欣慰。

平潭岛是我国第五大岛，也是祖国大陆离宝岛台湾最近的地方。2009年7月平潭综合实验区设立，2011年8月平潭综合实验区传媒中心挂牌（下辖平潭时报社和平潭广播电视台），2011年9月14日《平潭时报》创刊，2011年6月19日平潭广播电视台正式开播，2013年8月21日平潭广播电台也开始播出。通过这一连串的数字，大家可以感受到，平潭新闻事业的发展是与平潭综合实验区建设的脚步并行的。几年来，在综合实验区党工委和管委会的领导下，按照平潭党工委宣传部的要求，平潭综合实验区传媒中心坚持正确的政治导向，充分发挥新闻传媒的重大作用，为平潭“一岛两窗三区”建设立下汗马功劳，做出卓越贡献。可以这样说，平潭传媒人，既是平潭开发建设的见证人，更是平潭开发建设的实践者。

习近平总书记在福建工作多年，十分关心平潭的建设和发展，曾先后21次来平潭考察和调研，为平潭留下了非常宝贵的精神财富。随着大规模的开发和建设，平潭这个昔日默默无闻的贫困小岛，如今以崭新的姿态向世人展示出自己特有的风貌和气质，所有这些，都是我们在平潭做好新闻工作的动力和基础。平潭作为两岸融合的窗口和对外交流的窗口，地位非常重要，责任重大，使命光荣。作为祖国大陆离台湾最近的地方，在新闻宣传和两岸合作、文化交流等方面的确有着自己的特殊性。在这些年来的平潭新闻传播和两岸新闻的交流探索和发展中，平潭传媒人有着自己的心得，也做出了自己的努力，尤其是在讲好中国故事、讲好平潭故事方面做出了成绩，受到了上级领导和广大受众的肯定和好评。

但是，我们也必须承认，长期以来，由于大家忙于完成繁重的新闻编采工作，普遍存在着重具体操作、轻理论积累，重完成工作任务、轻学习研讨的现象。尤其是平潭传媒从业者大多都比较年轻。因此，能把自己这些年来的工作体会上升到理论角度进行梳理，是十分难能可贵的。应该这样说，我们的编采技术人员一定要学会“两条腿”走路，一方面要认真按照上级要求，完成业务工作和宣传任务，另一方面，一定要善于学习，勤于积累，对自己在工作中获得的经验体会甚至教训进行总结归纳，形成文字，这样既可以提升自己的业务能力，又可以与同事们分享，使他们少走弯路。实践离不开理论指导，反过来，实践又可以丰富理论、完善理论。所以，只有理论和实践结合起来，我们的工作才能推进得更快，发展得更好。

当我看完所有的文章，动手写这篇短文的时候，正是己亥年正月十五日，岚岛虽有寒意，但窗外花红草绿，春光迷人，依稀还能听到孩子们过年的欢笑声和鞭炮的响声。也正是在这个时候，平潭传媒中心、平潭广播电视台和平潭时报社崭新的办公场所已经改造完成。平潭广播电视台的高清改造也已就绪。

这是一个伟大的时代，更是一个美好的时代。一年之计在于春，我们有理由相信，平潭传媒人一定会牢记使命，紧扣时代脉搏，采写出更多更好的无愧于时代、无愧于人民、无愧于平潭的优秀作品。

（本文作者系平潭广播电视台总编辑）

余小梅

郑敏

黄兴红

郭良蕙　　陈晴

司马中原

林清玄　　林怀民

王[illegible]涛　　吴[illegible]　　[illegible]文[illegible]

林[illegible]树

[illegible]　　蔡力泽　　[illegible]

何文　　许[illegible]

吴[illegible]阳　　[illegible]

丁[illegible]　　[illegible]望舒　　黄凡

林玉玲　　[illegible]